U0110620

古典文獻研究輯刊

十六編

潘美月・杜潔祥 主編

第 28 冊

《黃氏日抄》研究(上)

葛曉愛 著

國家圖書館出版品預行編目資料

《黃氏日抄》研究（上）／葛曉愛　著 — 初版 — 新北市：花
木蘭文化出版社，2013〔民 102〕

目 4+196 面：19×26 公分

（古典文獻研究輯刊 十六編：第 28 冊）

ISBN：978-986-322-179-1（精裝）

1.（宋）黃震　2. 學術思想

011.08　　　　　　　　　　　　　　102002365

ISBN-978-986-322-179-1

古典文獻研究輯刊
十六編　第二八冊　　　　　　ISBN：978-986-322-179-1

《黃氏日抄》研究（上）

作　　者　葛曉愛
主　　編　潘美月　杜潔祥
總 編 輯　杜潔祥
企劃出版　北京大學文化資源研究中心
出　　版　花木蘭文化出版社
發 行 所　花木蘭文化出版社
發 行 人　高小娟
聯絡地址　235 新北市中和區中安街七二號十三樓
　　　　　電話：02-2923-1455／傳真：02-2923-1452
網　　址　http://www.huamulan.tw 信箱 sut81518@gmail.com
印　　刷　普羅文化出版廣告事業
初　　版　2013 年 3 月
定　　價　十六編 30 冊（精裝）新台幣 50,000 元
版權所有・請勿翻印

《黃氏日抄》研究（上）

葛曉愛　著

作者簡介

葛曉愛（1976～），女，山東海陽人，北京師範大學歷史學博士。1998 年 7 月，畢業於山東師範大學，取得歷史學學士學位；2001 年 7 月，畢業於北京師範大學，取得歷史學碩士學位；2004 年 7 月，畢業於北京師範大學，師從曾貽芬教授，取得歷史學博士學位。現就職於北京大眾世紀文化有限公司，目前正在為中華書局做《黃氏日抄》的點校工作。

提　　要

　　《黃氏日抄》是黃震的代表作，本書對《日抄》的體例、內容、價值進行了全面、系統的研究。

　　上編為圍繞理學的體例，分三章：會歸一理的結構安排、詳略據理的材料取捨、窮理明道的著述形式。借助尊孔崇朱的宏觀結構、精理入微的微觀結構，《日抄》會歸一理。以「文以載道」為指導，根據群書的不同情況，黃震靈活採摘材料以闡發己意。序說開宗明義、評論闡發思想、自注補充正文的著述形式，反映出黃震窮理致用的思想。

　　中編為致廣大、盡精微的內容，分三章：唯求本意的注釋學、學求其是的考證學、影響深遠的辨偽學。黃震注釋群書以求其本意，綜合運用各種注釋形式又自出新意，了無漢宋、古今、朱學門戶。黃震採用廣泛系統的考證形式、參伍錯綜的考證方法，考證史事、文獻，考論結合、實事求是，是乾嘉考證學之淵源。黃震繼承朱子的辨偽方法，就書籍的內容和來歷，展開了對五十多部書籍的辨偽工作，結論多正確可從，而且黃震重視偽書的濟世價值。

　　下編為嘉惠後學的價值，分兩章：《日知錄》學習的榜樣、文獻資料的寶庫。《日知錄》是學習《日抄》的典範，其體例和考論結合出於《日抄》而勝於《日抄》。《日抄》所引資料浩繁，其中主要是宋人的經解，為學術研究提供了新課題。

目

次

前　言

　　黃震（1213～1281），字東發，南宋慶元府（今屬浙江）慈溪人。黃震爲朱門四傳，且與何基等「北山四先生」同爲宋代端平以後閩、浙、贛地區朱學後勁之翹楚。黃震爲學，頗得朱學深奧，博而能醇；學宗朱子，又多所發明。《慈溪黃氏日抄分類》（簡稱《黃氏日抄》）是黃震的代表作。

一、研究現狀

　　明末清初，比較全面闡述黃震學術思想的學者爲黃宗羲和全祖望。黃宗羲的《四明朱門學案二》首先把黃震之學作爲一獨立學派予以介紹，奠定了黃震在宋代及整個中國學術史上的地位。全祖望在補正前人成說的基礎上所成的《東發學案》，對黃震的學術淵源、學術特色作了概括。後人研究黃震，無不剔發、稱引其說。

　　二十世紀以來，陳垣先生最早對黃震的卒年進行考證。黃震之卒年，史無明文記載，他根據〔宋〕陳著所撰《本堂集》卷九十《挽黃提舉震及挽黃祖勉夢幹》各三首，認爲「其挽祖勉詩云，『誰料生芻奠，今年又乃翁』。又云，『九京不可作，喬梓北風悲』。則東發父子同一年卒也。」又「《挽祖勉》詩有『辰龍竟歸夢』之句，辰龍似指元至元十七年庚辰，則東發卒年當六十有八。」〔註1〕即把黃震的卒年繫於 1280 年。此說既出，因立論有據，一直爲學者們所宗。不過，新發現的《黃震墓誌銘》〔註2〕證明黃震的卒年當爲 1281 年。

　　其後，錢穆先生於 1971 年發表《黃東發學述》，認爲「後儒治朱學，能

〔註1〕　陳垣《黃東發之卒年》，《輔仁學誌》十二卷一、二期，1943 年 12 月，第 286 頁。

〔註2〕　《黃震墓誌》現已收入俞福海主編的《寧波市志外編》（中華書局，1998 年 5 月版）第二輯《碑記選・墓誌銘碑類》。

深得朱子奧旨者，殆莫踰於黃氏」〔註3〕。錢穆先生此文對全祖望的觀點作了進一步的闡揚，考述黃震爲學的梗概，並補謝山所不及，與《東發學案》合之兩美，相得益彰。

　　與錢穆先生同時，臺灣學者林政華先後發表了《黃震對宋代理學之研究》〔註4〕、《黃震之經學提要》〔註5〕、《宋末大儒黃震之行誼》〔註6〕、《所謂宋紹定二年刊本黃氏日抄辨誤》〔註7〕、《黃東發的生平與經學》〔註8〕、《黃震的春秋二霸說》〔註9〕、《黃氏日抄中宋人易注輯佚》〔註10〕、《黃震著述版本敘錄兼述日抄體之影響》〔註11〕、《黃東發對於前朝理學之評述》〔註12〕、《〈黃震之經學〉摘要》〔註13〕、《黃東發學說對於補正現行師專國文教本之助益》〔註14〕、《黃東發與朱子》〔註15〕、《簡介宋末大儒黃震的易學》〔註16〕。其碩士論文《黃震之諸子學》被收入臺灣嘉新水泥公司文化基金會研究論文第314種，大陸華東師範大學圖書館有藏。林政華的博士論文《黃震之經學》有打字印刷本，《〈黃震之經學〉摘要》即該論文的摘要。總的看來，林政華的研究涉及如下六個方面：一、《黃氏日抄》的體裁。他認爲黃震之前，無「日抄體」之作，黃震之後「日抄體」大行，從後世命名書籍的情況出發，通過一一檢舉明清時將其著作命名爲「某某日抄」者，以考見「日抄體」之無窮影響力。二、黃震著作的版本。他考證了黃震的《黃氏日抄》、《古今紀要》、《古今紀要遺編》、《戊辰修史傳》的版本及東發佚文。三、黃震的生平事迹。四、黃震的經學、理學思想。五、黃震辨別子部書真僞的方法和成就。六、《黃氏日抄》中王安石、楊時、鄒安道、徐直方、蔡淵《易》說輯佚。林政華的

〔註3〕　錢穆《黃東發學述》，《圖書季刊》，1971年1月，第1卷第3期。後收入臺灣國立編譯館《宋史研究集》第8輯，1976年。
〔註4〕　《臺北師專學報》，1966年，第6期。
〔註5〕　《木鐸》，1967年，第7期。
〔註6〕　《浙江月刊》，1972年，第4卷第6期。
〔註7〕　《書目季刊》，1972年，第7卷第1期。
〔註8〕　《孔孟月刊》，1973年，第12卷第4期。
〔註9〕　《孔孟月刊》，1975年，第13卷第10期。
〔註10〕　《書目季刊》，1976年，第10卷第3期。
〔註11〕　《書目季刊》，1976年，第9卷第4期。
〔註12〕　《書目季刊》，1977年，第11卷第3期。
〔註13〕　《華學月刊》，1978年，第74期。
〔註14〕　《國民教育》，1978年，第21卷第9期。
〔註15〕　《孔孟學報》，1980年，第39期。
〔註16〕　《易學研究》，第3、4期。

系列論文代表了臺灣學界研究黃震及《黃氏日抄》的最高水準。

　　從八十年代開始，大陸學者對黃震的研究日漸增多。1984 年，樊克政先生撰文《黃震對程朱理學的繼承與修正》〔註 17〕，剖析了黃震對程朱理學的繼承與修正，以釋「海內外對黃震的研究很不充分」之憾。是年《宋明理學史》（上卷）〔註 18〕付梓刊行，其第二十二章爲「程朱理學的修正者——黃震及其思想」。此章由樊克政先生執筆，觀點同上文。1987 年，倪士毅與翁福清發表《貞瑉可珍——從〈黃震墓誌〉補正〈宋史〉與〈宋元學案〉之誤》〔註 19〕，利用在慈溪縣新發現的《黃震墓誌銘》訂正《宋史·黃震傳》、《宋元學案·東發學案》，搞清了黃震的卒年、仕履、官階陞遷、儒雅名字與《宋元學案》的出入等問題。朱錫光撰寫的《關於黃震生平事迹和思想作風的幾個問題》〔註 20〕，對黃震的生平事迹和思想作風作了深入研究。

　　九十年代以來，吳懷祺先生發表了《宋代學術史著和黃震對理學的總結》〔註 21〕，該文剔出《黃氏日抄》中《讀本朝諸儒理學書》、《讀本朝諸儒書》、《讀諸儒書》與《伊洛淵源錄》、《道命錄》並列，評價「黃震對理學的總結」。次年，其《宋代史學思想史》〔註 22〕出版，獨闢一節論述「黃震對理學的總結和對歷史的總結」。2002 年，其《中國史學思想通史·宋遼金卷》〔註 23〕出版，觀點同上。

　　繼而，寧波大學的張偉同志發表了《論黃震理學思想的時代特色及歷史地位》〔註 24〕、《從黃震的仕履看南宋後期的地方政情》〔註 25〕、《黃震史學探微》〔註 26〕、《黃震的生平及學術思想研究》〔註 27〕（張偉同志博士論文《黃震研究》〔註 28〕的摘要）、《黃震生平及學術成就述略》〔註 29〕、《黃震的社會

〔註 17〕《中國史研究》，1984 年，第 1 期。
〔註 18〕《宋明理學史》，人民出版社，1984 年。
〔註 19〕《浙江師範大學學報》，1987 年，第 1 期。
〔註 20〕《宋史研究集刊》第 2 輯，1988 年浙江省社聯《探索》雜誌增刊。
〔註 21〕《史學史研究》，1991 年，第 2 期。
〔註 22〕《宋代史學思想史》，黃山書社，1992 年。
〔註 23〕《中國史學思想通史·宋遼金卷》，黃山書社，2002 年。
〔註 24〕《杭州大學學報》，1996 年，第 1 期。
〔註 25〕《寧波師院學報》，1996 年，第 2 期。
〔註 26〕《史學史研究》，1997 年，第 3 期。
〔註 27〕《宋史研究通訊》，1999 年，第 2 期。
〔註 28〕浙江大學 1999 年博士論文。
〔註 29〕《浙江萬里學院學報》，2001 年，第 3 期。

政治思想及改革觀》〔註30〕、《黃震心理學思想探微》〔註31〕（與人合撰）。
總的看來，這些文章不出張偉同志博士論文《黃震研究》的範圍。《黃震研究》
分兩部分。第一部分爲黃震的生平、學術淵源及著述篇，利用新發現的《黃
震墓誌銘》，解決研究黃震生平事迹中所面臨的諸多疑難，如黃震的卒年、官
階昇序、居官履歷等。同時對黃震的籍貫與師承以及全祖望有關《黃氏日抄》
所闕二卷的推測，提出自己的看法。第二部分爲黃震的學術思想篇，結構安
排先經學、次理學、後史學。對黃震的經學，在臺灣學者林政華先生的研究
基礎上，分兩宋經學的發展、黃震與諸經學和黃震經學思想特點三個方面。
對黃震的理學，分南宋後期的理學、黃震對兩宋理學的總結、黃震理學思想
的主要內容、黃震理學的時代特色和黃震理學的影響五個方面。對黃震的史
學，首先對其史著進行相關考辨，特別是對《古今紀要》與《理度兩朝政要》
兩書的關係，提出了自己的看法。其次對黃震的史學思想作了一些闡述。2003
年張偉《黃震與東發學派》〔註32〕出版，該書在其博士論文的基礎上，增加
題爲「東發後學」一章。

　　2000 年，日本學者神林裕子撰成《黃震的〈四書〉學研究》〔註33〕，「研
討黃震《四書》注解所具的特色，以究明黃震在元代的定位。」

　　上述基本上反映出海內外學界研究黃震及《黃氏日抄》的大概。可見，
進入七十年代以來，學者們對黃震的研究主要集中在其生平以及理學、經學、
史學思想諸方面；對《黃氏日抄》的研究主要集中在其版本和體裁、辨別子
部書眞僞的方法和成就上。

二、研究意義

　　首先，研究《黃氏日抄》的體例是理解黃震學術（首先是經學、史學、
理學思想）的門徑。對於《黃氏日抄》而言，體例比體裁更重要。黃震將自
己的代表作命名爲「日抄」，僅表明他自己的謙虛治學態度。眾所周知，《黃
氏日抄》的性質是箚記，內容則主要包括經、史、子、集四部，體現出黃震
諸方面的思想。黃震以筆記的形式反映其思想，那麼，《黃氏日抄》必須在體

〔註30〕《寧波大學學報》，2001 年，第 2 期。
〔註31〕《心理學探新》，2001 年，第 1 期。
〔註32〕張偉《黃震與東發學派》，人民出版社，2003 年。
〔註33〕神林裕子《黃震的〈四書〉學研究》，《元代經學國際研討會論文集》（下），
　　　　臺灣辰益出版公司，2002 年。

例上有所突破，這種突破即在於「分類」。《黃氏日抄》「分類」的重要性在於，它必須擔負起囊括如此豐富的內容，反映如此龐雜的思想的艱巨任務。《黃氏日抄》的「分類」反映在結構安排、材料取捨、著述形式諸方面都必須有自己的鮮明特點，否則，亦不足以擔此重任。事實上，《黃氏日抄》的體例也確實起到了擔綱的作用。所以，研究《黃氏日抄》的體例必將有助於我們深入理解黃震爲學的特點和本質。

其次，研究《黃氏日抄》的內容是全面理解黃震思想（不僅是經學、史學、理學思想）的又一途徑，有助於加深理解黃震的經學、史學、理學思想。《黃氏日抄》中有大量關於注釋、考證、辨僞的論述。《黃氏日抄》不僅蘊含黃震的經學、理學、史學思想，還體現出黃震豐富的文獻學內容和思想。《黃氏日抄》在注釋學、考證學、辨僞學諸方面均有獨到的見解和實踐。而且《黃氏日抄》的文獻學與其經學、史學、理學是糾纏在一起的，你中有我，我中有你。另一方面，研究《黃氏日抄》的內容是認識宋代文獻學特點的重要參考，也有助於確立黃震的文獻學在宋代文獻學史乃至中國文獻學史中的歷史地位。《黃氏日抄》的內容及其所反映的文獻學思想離不開時代的影響，分析黃震的具體文獻工作實踐以及他對當時文獻學界的看法，瞭解他對時代流風的同情與反對，是把握宋代文獻學特色以及認識黃震文獻學地位的重要途徑。

最後，研究《黃氏日抄》的價值是確立《黃氏日抄》及黃震在中國學術史上的地位的鑰匙。《黃氏日抄》別出心裁的體例被後代學者繼承。清初顧炎武所著《日知錄》，繼承和發展《黃氏日抄》的體例與考論結合，作爲有清一代開派宗師，顧炎武的治學方法影響無數聰明才俊奔赴考据學，是促成考据學成爲清代「顯學」的原因之一。《黃氏日抄》的影響不可謂不深。另一方面，《黃氏日抄》有重要的文獻價值。《黃氏日抄》中徵引了許多前人的著作，其中主要是宋人的經解著作。時移世易，這些著作或已亡佚，或已不全，全賴《黃氏日抄》的保存之功。而且《黃氏日抄》「讀經」、「讀史」、「讀集」、「讀本朝諸儒理學書」、「讀本朝諸儒書」、「讀諸儒書」中皆有可資輯佚的資料，其涉及範圍之廣，數量之大，也應引起我們的重視。其中的部分內容甚至可以起到改寫學術史的作用。所以研究後人對《黃氏日抄》體例與考論結合的繼承與發展及其文獻價值是確立《黃氏日抄》及黃震在中國學術史上地位的最佳切入點。

在《黃氏日抄》中，黃震的經學、史學、理學思想寓於其對四部文獻的分類、選擇及隨後的注釋、或考證、或辨偽、或評論中。目前學界對《黃氏日抄》的體例以及黃震的注釋、考證、辨偽的方法和原則等的研究很不充分。另一方面，《黃氏日抄》的價值已如上所述，而海內外學界於此少有著述。所以，對《黃氏日抄》的文獻學進行研究亟須加強。本論文的創新之處即在於彌補學界對《黃氏日抄》的體例、內容、價值研究不充分的缺憾，以期從上述三方面對《黃氏日抄》作出恰如其分的評價，並力求最終凸顯出《黃氏日抄》及黃震在宋代文獻學史及中國文獻學史，乃至中國學術史中的準確地位。

上　編

圍繞理學的體例

第一章　會歸一理的結構安排

　　《黃氏日抄》是黃震的代表作，是其「每閱經、史、子、集，輒疏其精要辯論」〔註1〕而成，皆為躬行自得之言。《黃氏日抄》中所讀書籍涉及經、史、子、集四部，但是黃震對所讀書籍的分類卻依次為經、孔氏書、本朝諸儒理學書、本朝諸儒書、諸儒書、史、子、集，與經、史、子、集的四部分類法不同；不獨如此，上述各部分中對所讀書籍所作的結構安排也很獨特。顯然，黃震將自己的思想貫穿之《黃氏日抄》的結構安排，顯示出黃震獨具匠心。

第一節　尊孔崇朱的宏觀結構

　　在經、史、子、集四部之外，別出孔氏書、本朝諸儒理學書、本朝諸儒書、諸儒書，是《黃氏日抄》的宏觀結構特點，與黃震遠尊孔子，近崇朱子的思想有關。

一、次孔氏書於經後

　　《黃氏日抄》次孔氏書於經後，是與黃震的宇宙觀分不開的。黃震的宇宙觀以道源於天〔註2〕。他認為道無所不在，「天地民物之所以位，天下國家之所以立者，道也」，正是因為「道非超出事外，有待於冥求而後得」，即「日用常行者無非道」，所以黃震認為「道」之名正是「取象於人所共由之

〔註1〕　（元）馬澤修、袁桷纂《延祐四明志》卷5《人物考（中）》，《四庫全書》本，第491冊，第423頁。

〔註2〕　《黃氏日抄》卷88《江西提舉司撫州臨汝書院山長廳記》，《四庫全書》本，第708冊，第941頁。

路」〔註3〕。

「道」爲人日常所當行之路，自然而然，「道即理也」，即「粲然於天地間者，皆理也。不謂之理而謂之道者，道者，大路之名，人之無有不由於理，亦猶人之無有不由於路，謂理爲道者，正以人所常行，欲人之曉然易見，而非超出於人事之外，他有所謂高深之道也」〔註4〕。黃震又說：「夫道，即日用常行之理。不謂之理而謂之道者，道者，大路之稱，即其所易見，形其所難見，使知人之未有不由於理，亦猶人之未有不由於路，故謂理爲道。而凡粲然天地間，人之所常行者皆道矣」。〔註5〕

但是「人則未必盡能合於道，時則有備道之聖人作爲君師，而人道以立。自羲、黃、堯、舜以至於今，世世相承，以維持人道於不壞不泯，皆聖人之力矣」〔註6〕。人道歷聖相傳，「闢於伏羲，傳於堯、舜、禹、湯、文、武、周公，而集大成於孔子」〔註7〕。

黃震以六經爲治道之根源〔註8〕，又曾說「夫所貴乎經學，以其明義理也」〔註9〕，可見在黃震看來，無所不在的「道」載於「經」。而孔子獨於春秋之世眾說淆亂之際，刪《詩》、《書》，定《禮》、《樂》，作《春秋》，繫《易辭》，「立大中至正之極，明日用常行之道」〔註10〕，從而成爲自堯舜以來，稱大成之集第一人，因此，黃震平生以孔學爲旨歸，嘗自述云：「余自幼至老，所學者此而已」〔註11〕。

〔註3〕　《黃氏日抄》卷94《臨汝書院朱文公祠》，《四庫全書》本，第708冊，第1008頁。

〔註4〕　《黃氏日抄》卷82《臨汝書堂癸酉歲旦講義》，《四庫全書》本，第708冊，第842頁。

〔註5〕　《黃氏日抄》卷55讀《諸子一・抱朴子》，《四庫全書》本，第708冊，第416頁。

〔註6〕　《黃氏日抄》卷55讀《諸子一・抱朴子》，《四庫全書》本，第708冊，第416頁。

〔註7〕　《黃氏日抄》卷88《江西提舉司撫州臨汝書院山長廳記》，《四庫全書》本，第708冊，第941頁。

〔註8〕　《黃氏日抄》卷50讀《(正)史五・名臣言行錄》，《四庫全書》本，第708冊，第339頁。

〔註9〕　《黃氏日抄》卷87《撫州新建增差教授廳記》，《四庫全書》本，第708冊，第930頁。

〔註10〕　《黃氏日抄》卷82《臨汝書堂癸酉歲旦講義》，《四庫全書》本，第708冊，第843頁。

〔註11〕　《黃氏日抄》卷91《題李縣尉闓所作》，《四庫全書》本，第708冊，第977頁。

是黃震之學，乃繼武洙泗者也。黃震不僅自己以孔子爲師，而且懸孔子爲萬世之師，倡言「理雖歷萬世而無變，講之者每隨世變而輒易，要當以孔子爲準的耳」〔註 12〕，「苟有異於孔子者，皆非吾之所謂道矣！」〔註 13〕

黃震對孔子的尊崇可謂無以復加，其平生維護孔學，更是不遺餘力，世有忤之者，必加摒斥。黃震生當理學內部朱陸之學各自爲說，各立門戶的時代，對此他痛心疾首，認爲「蓋孔子平日只是平說實理，若有先達特立於鄉曲，必有新奇之說自立門庭，學者翕然回應。因此，一番前輩出，一番議論改，孔夫子遂變成堂前放世老說古老鬮話，名雖尊之，實則違之，檢點起來全不相似。天下到處皆有此弊，其人俞賢，則其說俞行。」〔註 14〕因此，黃震再次重申「若各師其師而不以孔子爲師，流弊安有窮已哉？」〔註 15〕「學者常能以孔子之教爲主，以《論語》之說爲正，庶幾不爲時尚所移。」〔註 16〕黃震的思想具有向傳統儒學回歸的傾向。

概言之，黃震認爲孔子闡經明道，爲萬世之師，因此次與孔子有關的孔氏書於經後。

二、次本朝諸儒理學書、本朝諸儒書、諸儒書於孔氏書後

讀《孔氏書》之後，《黃氏日抄》從卷三十三至卷四十一《讀本朝諸儒理學書》、卷四十二至四十四《讀本朝諸儒書》、卷四十五《讀諸儒書》，這十三卷是黃震所編的「簡而明的理學史，既有學派宗主介紹，也有學派學術要點的輯錄與評論，更有學術淵源與學統分合之辨析」〔註 17〕。

（一）本朝諸儒理學書、本朝諸儒書、諸儒書的編撰特點

在這部「簡而明」的宋代理學史中，黃震將自己的理學思路貫穿其中，把宋代理學家的著作分爲三類，即本朝諸儒理學書、本朝諸儒書、諸儒書。《讀本朝諸儒理學書》依次討論周敦頤、程灝、程頤、張載、朱熹、張栻、呂祖

〔註 12〕《黃氏日抄》卷 40 讀《本朝諸儒理學書·東萊先生文集》，《四庫全書》本，第 708 冊，第 174 頁。

〔註 13〕《黃氏日抄》卷 88《江西提舉司撫州臨汝書院山長廳記》，《四庫全書》本，第 708 冊，第 941 頁。

〔註 14〕《黃氏日抄》卷 85《回樓新恩》，《四庫全書》本，第 708 冊，第 883 頁。

〔註 15〕《黃氏日抄》卷 85《回陳總領》，《四庫全書》本，第 708 冊，第 881 頁。

〔註 16〕《黃氏日抄》卷 82《撫州辛未冬至講義》，《四庫全書》本，第 708 冊，第 841 頁。

〔註 17〕吳懷祺《中國史學思想通史·宋遼金卷》，黃山書社，2002 年，第 407 頁。

謙、黃榦、楊時、謝良佐、尹焞的學術要點，黃震自言其意在「以究正學之終始」；《讀本朝諸儒書》依次討論張九成、陸九淵、陸九齡、陸九韶、李侗、司馬光、劉安世的學術要點，「以見其源流之益別」〔註 18〕；《讀諸儒書》討論石介、孫復、胡瑗的學術要點，「以示歸根復命之意」〔註 19〕。可見，黃震的這部簡明宋代理學史具有以諸儒思想之正變爲次第，而非依諸儒時代先後、聞「道」早晚、師承淵源爲序的編撰特點。

另一方面，這部宋代理學史的編撰還具有宗朱學的特點。首先，黃震以朱熹的著作入本朝諸儒理學書，以示朱熹爲理學正宗。其次，其中評論朱熹的文字比重非常大。在這十三卷中，黃震依次論及二十一位理學家，而其中僅評論朱熹的文字就多達五卷。

這部宋代理學史的編撰以諸儒思想之正變爲次第且宗朱學是與黃震所處的學術大勢密切相連的。

黃震生當朱學哀榮備至之時。朱熹死後的第十年（南宋寧宗嘉定三年，1210 年）十月，詔賜諡朱熹曰文。1213 年，黃震出生。寧宗之後的宋理宗是尊朱派的代表，曾斷言朱學「歷萬世無弊」〔註 20〕。隨後，朱熹被追封信國公〔註 21〕，又與周、張、二程從祀孔子廟庭。在統治者的大力扶植下，程朱理學作爲儒學正宗，成爲統治階級的官方哲學思想。

那麼，是否朱學就擁有了獨佔眞理的權力呢？答案是否定的。事實是：「象山陸氏始倡爲高遠驚世之論，謂『此心本明，不假言議，惟當自求以得之。凡講學即是異端，六經皆吾注腳。』一時間人風靡從之。」〔註 22〕於是就出現了「晦庵先生以義理之學闡於閩，象山先生以義理之學行於江西。……一時學士大夫雷動風從，如在洙泗，天下並稱之曰朱陸」〔註 23〕的情況。而黃震所在的四明，學者則多以陸學爲宗，元人方回曾說：「王尙書應麟伯厚曾語予，曰『朱文公之學行於天下，而不行於四明；陸象山之學行於四明，而不

〔註 18〕《黃氏日抄》卷 43 讀《本朝諸儒書十一上‧延平李先生師弟答問》，《四庫全書》本，第 708 冊，第 229 頁。

〔註 19〕《黃氏日抄》卷 45 讀《諸儒書十二‧石祖徠文集》，《四庫全書》本，第 708 冊，第 253 頁。

〔註 20〕轉引自蔡尚思《朱子學研究的新方向》，《朱熹與中國文化》，學林出版社，1989 年，第 29 頁。

〔註 21〕《宋史》卷 41《理宗紀一》，中華書局，1977 年，第 789 頁。

〔註 22〕《黃氏日抄‧沈遠序》，元刊本。

〔註 23〕（元）劉壎《隱居通議》卷 1《朱陸》，《四庫全書》本，第 866 冊，第 24 頁。

行於天下』」〔註24〕。葉適也曾說：「有陸子靜後出，號稱徑要簡捷，諸生或立語已感動悟入矣，以故越人爲其學尤眾」〔註25〕。可見，「四明學者祖陸氏而宗楊、袁，朱氏之學弗道也」〔註26〕。

當時思想界的「朱陸」之爭，反映出伊洛之後儒家眞理究竟是由朱學傳承，還是由陸學傳承的問題，而這也正是朱學不能獨佔眞理的內在原因。顯然，朱學在理學傳承中的「集大成」〔註27〕地位亟須確立與彰顯。朱學不能獨佔思想話語霸權的現狀，令服膺朱學的士人憂慮與緊張，對於朱門四傳且有「四明之專宗朱氏者，東發爲最」〔註28〕之譽的黃震而言，更是如此。

因此，黃震對本朝諸儒理學書、本朝諸儒書、諸儒書的排列具有以諸儒思想之正變爲次第，且宗朱學的特點，表明他以朱熹居於宋代理學傳承中的正統地位，希望朱學成爲普遍尊崇的眞理。按照葛兆光先生的說法，「所謂『統』，是一種虛構的歷史系譜，懷有某種意圖的思想家們，把在『過去』曾經出現過的，又經過他們精心挑選的一些人物或思想凸顯出來，按時間線索連綴起來，寫成一種有某種暗示性意味的『歷史』，給這種歷史以神聖的意義，來表達某種思想的合理性和永久性，於是就構成所謂的『統』」〔註29〕。因此，通過這種獨到的排列，黃震把宋代理學思想的薪火相傳描述爲一個歷史系譜，在凸顯理學中的異端——陸學的同時，使後學在追求眞理的時候，有明確的揀擇與摹仿、認同與拒斥的標準——朱學。

黃震的努力起到了很好的效果，使「孔、孟、周、程、朱子正大之學粲然復明，如杲日行空，沈陰積靄廓焉爲之一清，有目者皆可觀也。」〔註30〕

黃震當陸學盛行之日，不爲時尙所動，「獨崇朱氏學，其爲文悉本之」

〔註24〕　（元）方回《桐江續集》卷31《送家自昭晉孫自庵慈湖山長序》，《四庫全書》本，第1193冊，第652頁。

〔註25〕　《葉適集》卷17《胡崇禮墓誌銘》，中華書局，1961年，第338頁。

〔註26〕　王禕《王忠文公集》卷6《送樂仲本序》，《四庫全書》本，第1226冊，第114頁。

〔註27〕　《黃氏日抄》卷39讀《本朝諸儒理學書七·南軒先生文集一》，《四庫全書》本，第708冊，第151頁。

〔註28〕　《宋元學案》卷86《東發學案·序錄》，《黃宗羲全集》第6冊，浙江古籍出版社，1992年，第394頁。

〔註29〕　葛兆光《中國思想史》卷2《七世紀至十九世紀中國的知識、思想與信仰》，復旦大學出版社，2002年，第226頁。

〔註30〕　《黃氏日抄·沈遠序》，元刊本。

〔註 31〕，對朱學在四明地區的流傳起了極為重要的作用。明人謝肅在《密庵稿》中稱：「宋季，朱子理學既行於天下，而明士猶守楊文元（楊簡）、沈正獻（沈煥）二公之說。及文潔先生慈溪黃公稽考經史，一折衷於朱子，著書滿家，於是士方翕然向風，盡變其所學，始知朱子又以繼周、程，而接孔、孟，實文潔有以倡之」。

（二）次本朝諸儒理學書、本朝諸儒書、諸儒書於孔氏書後的原因

黃震遠尊孔子，近崇朱子，認為宋代理學「集成於晦翁」〔註 32〕，其「精究聖賢之傳，排闢異端，所力任者在萬世之道統」〔註 33〕，甚至以朱子與孔子相提並論，云：「愚嘗妄謂孔子窮而在下者也，故能集堯、舜以來列聖之大成。晦翁鬱而不伸者也，故能集伊洛以來諸儒之大成。」〔註 34〕

在黃震看來，朱熹得以與孔子並列，是因為朱熹於理學有如下貢獻：

1. 通解周敦頤《太極圖說》、《通書》

黃震認為宋代「理學闡幽於周子」，但是，如此重要的理學開山人物周敦頤的理學著作《太極圖說》和《通書》，自北宋二程理學盛行以後，卻並未在學者中間引起重視；其《太極圖說》在南宋初年刊行時亦附於《通書》之後，「讀者遂誤以為書之卒章」，所以當時「世或莫之能曉」《太極圖說》、《通書》。

二程雖因周氏以發明理學，而未嘗表彰《太極圖說》與《通書》，所以「二程本學乎周子，而當世猶未皆知周子之道」，鑒於此，朱熹「於湮墜混淆之餘，極討論決擇之力」〔註 35〕，根據潘興嗣所撰《周氏墓誌》，對周氏之書重加編次，置《太極圖說》於《通書》之前，使之成為獨立的著作；又對《通書》的章次先後及各章的名目加以釐正，使之復舊；同時列舉二程書中顯然承用《通書》之說的材料，作為周、程先後授受之證，即「錄程語者所以證

〔註 31〕《延祐四明志》卷 5《人物考（中）》，《四庫全書》本，第 491 冊，第 423 頁。

〔註 32〕《黃氏日抄》卷 33 讀《本朝諸儒理學書一·周子太極通書》，《四庫全書》本，第 708 冊，第 3 頁。

〔註 33〕《黃氏日抄》卷 39 讀《本朝諸儒理學書七·南軒先生文集一》，《四庫全書》本，第 708 冊，第 151 頁。

〔註 34〕《黃氏日抄》卷 38 讀《本朝諸儒理學書一·晦庵先生語類二》，《四庫全書》本，第 708 冊，第 135 頁。

〔註 35〕《黃氏日抄》卷 33 讀《本朝諸儒理學書一·周子太極通書》，《四庫全書》本，第 708 冊，第 4 頁。

《通書》，證《通書》者所以證《太極圖》」〔註36〕。後來朱熹與呂祖謙同編《近思錄》，周氏《太極圖說》亦赫然冠於卷首，從而確立了周敦頤在宋代理學家中的開山地位，也就由此奠定了程朱理學的基礎。

經過朱熹的整理，《太極圖說》與《通書》「太極之理至精，而太極之圖難狀」的問題得到解決，「今三尺童子皆可曉，遂獲聞性命之源，以爲脫去凡近之基本，即盍反而實修其在我者矣」！〔註37〕所以，黃震首先高度評價朱熹的通解對於周敦頤著作的流佈之功，認爲「太極之圖，易通之書，微晦翁，萬世莫之能明也。肅襟莊誦之爲快，何啻蟬脫塵浣而鵬運青冥哉」！〔註38〕其次，黃震認爲朱熹的通解使周氏之學大顯，「昔孔子歷聘天下，從遊三千，然非後世子思、孟子，則不能發明其盛。蓋陽之暢也暮春，日之顯也中天，天下事未有不待乎久者。周子之學，雖傳於二程，實顯於晦翁」〔註39〕。最後，黃震認爲，朱熹「注釋《太極圖》、《通書》，以推大先生之學……所以發明先生推闡理學，有功萬世」〔註40〕。

2. 裒聚《二程遺書》，編輯《近思錄》

黃震認爲宋代理學「盛於程子」，但是當時程氏言論並無定編，程氏門人「各自爲書，先生沒而其傳浸廣。然散出並行，無所統一，傳者頗以己意私竊窳易，歷時既久，殆無全編。」〔註41〕

不過，朱熹因「家有先人舊藏數篇，皆著當時記錄主名，語意相承，首尾通貫，蓋未更後人之手，故其書最爲精善。後益以類訪求，得凡二十五篇，因稍以所聞歲月先後第爲此書。篇目皆因其舊，而又別爲之錄如此，以見分別次序之所以然者」〔註42〕。書成於乾道四年（1168），是二程門人從師受教、所記見聞問答之詞的結集，類似於二程的語錄。乾道九年（1173），朱

〔註36〕《黃氏日抄》卷33 讀《本朝諸儒理學書一·周子太極通書》，《四庫全書》本，第 708 冊，第 4～5 頁。
〔註37〕《黃氏日抄》卷33 讀《本朝諸儒理學書一·周子太極通書》，《四庫全書》本，第 708 冊，第 2 頁。
〔註38〕《黃氏日抄》卷33 讀《本朝諸儒理學書一·周子太極通書》，《四庫全書》本，第 708 冊，第 3 頁。
〔註39〕《黃氏日抄》卷33 讀《本朝諸儒理學書一·周子太極通書》，《四庫全書》本，第 708 冊，第 5 頁。
〔註40〕《黃氏日抄》卷33 讀《本朝諸儒理學書一·周子太極通書》，《四庫全書》本，第 708 冊，第 5 頁。
〔註41〕《晦庵集》卷75《程氏遺書後序》，《四庫全書》本，第 1145 冊，第 551 頁。
〔註42〕《晦庵集》卷75《程氏遺書後序》，《四庫全書》本，第 1145 冊，第 551 頁。

熹又就《遺書》所遺,「取諸集錄,參伍相除」,得「十有二篇,以爲《外書》」〔註43〕,從而將二程遺言搜羅略遍。

可見,二程之學在宋代盛行,然其遺書遺說彙集編校、序次有倫,使學者尊仰,有所依據,蓋亦自朱熹裒聚《二程遺書》始。

然而,朱熹特爲究心的是《近思錄》。此書成於淳熙二年(1175),是朱熹與呂祖謙共同編集的,而以朱熹爲主。朱熹《書近思錄後》云:「淳熙乙未之夏,東萊呂伯恭來自東陽,過予寒泉精舍。留止旬日,相與讀周子、程子、張子之書,歎其廣大閎博,若無津涯,而懼初學者不知所入也。因共掇取其關於大體而切於日用者以爲此編,總六百一十二條,分十四卷。蓋凡學者所以求端用力、處己治人之要,與夫辨異端、觀聖賢之大略,皆粗見其梗概」〔註44〕。朱子嘗云「四子」(即《四書》)乃「六經之階梯」〔註45〕,《近思錄》又爲「四子(即《四書》)之階梯」〔註46〕,所錄因「是近來人說話」,故較《四書》更能「切人身,治人病」〔註47〕。由此可知朱子編輯《近思錄》之功之偉矣。

鑒於此,黃震高度評價朱熹所編《程氏遺書》及《外書》、《近思錄》之功,認爲「程氏發明孔孟正學於千四百年無傳之後,微言奧旨特散見於門人之集錄。賴朱子起而搜逸訪遺,始克成編。其尤切於日用者,已類而爲《近思錄》矣」〔註48〕。

3. 挽救程門溺於異學之弊

佛教自禪宗興起之後,在理論上已經遠遠超過道家,故對儒學的衝擊也大於道家。二程之後,其門人弟子如楊時、謝良佐借禪說儒,尤其是謝良佐,其才高於楊時,卻「因天資之高,必欲不用其心,遂爲禪學所入。雖自謂得伊川一語之救,不入禪學,而終身常以禪之說證儒,未見其不入也」〔註49〕。

〔註43〕《晦庵集》卷75《程氏外書後序》,《四庫全書》本,第1145冊,第560頁。

〔註44〕《晦庵集》卷81《書近思錄後》,《四庫全書》本,第1145冊,第677頁。

〔註45〕《朱子語類》卷105,中華書局,1986年,第2629頁。

〔註46〕《朱子語類》卷105,中華書局,1986年,第2629頁。

〔註47〕《朱子語類》卷105,中華書局,1986年,第2629頁。

〔註48〕《黃氏日抄》卷33讀《本朝諸儒理學書一·周子太極通書》,《四庫全書》本,第708冊,第7頁。

〔註49〕《黃氏日抄》卷41讀《本朝諸儒理學書九·上蔡語錄》,《四庫全書》本,第708冊,第200頁。

　　但是南宋中期以前儒者之闢佛，誠如朱熹所說：「唐之韓文公、本朝之歐陽公，以及閩、洛諸公，皆闡明正道以排佛氏，而其言之要切，如傅奕本傳，宋景文《李蔚贊》，東坡《儲祥觀碑》，陳後山《白鶴宮記》，皆足以盡見其失。此數人皆未深知道，而其言或出於強爲，是以終有不滿人意處」〔註50〕，也就是說上述儒者多從社會效用、現實利害立論，進行批判，並未做到入室操戈。

　　時至黃震生活的南宋後期，雖然理學體系已經形成，使理學能夠在理論上與佛教抗衡，但是佛教根深蒂固的影響，借助其世俗化，使其在社會上仍佔有很大的市場，而黃震終生以捍衛聖人之道自任，力闢禪學，故贊朱子之論，云：「論佛教之害政，古惟一昌黎；論佛教之害人心，今惟一晦翁。害政之迹顯而易見，害人心之實隱而難言，故闢佛者至晦翁而極」〔註51〕。

　　因而黃震高度評價朱熹闢佛之功：「濂洛窮思力索，極而至性以上不可說處，其意固將指義理之所從來，以歸之講學之實用。適不幸與禪學之遁辭言識心而見性者，雖所出異源而同湍急之衝。故二程甫沒，門人高弟多陷溺焉。不有晦翁，孰與救止？……故二程固大有功於聖門，而晦翁尤大有功於程子」〔註52〕。

　　可見「朱子解剝濂溪之圖象，裒列二程之遺書，以明道學之正傳者如此。窮極釋氏之作用爲性，辯詰諸老之流入禪學，以明其徒之似是而非者如彼。使道學之源不差而夫子之道復明，此其有功天下萬世」〔註53〕！朱熹「精究孔孟之正傳，爲千萬世道學之宗主」〔註54〕是黃震次具有宗朱學特點的本朝諸儒理學書、本朝諸儒書、諸儒書於孔氏書後的原因。

　　孔子闡經明道，「集堯、舜以來列聖之大成」；朱子究明孔學，「集伊洛以來諸儒之大成」〔註55〕，故《黃氏日抄》中特出孔氏書、本朝諸儒理學書、

〔註50〕《朱子語類》卷126，中華書局，1986年，第3009～3010頁。

〔註51〕《黃氏日抄》卷34讀《本朝諸儒理學書二·晦庵先生文集一》，《四庫全書》本，第708冊，第35頁。

〔註52〕《黃氏日抄》卷33讀《本朝諸儒理學書一·周子太極通書》，《四庫全書》本，第708冊，第18頁。

〔註53〕《黃氏日抄》卷38讀《本朝諸儒理學書六·晦庵先生語類二》，《四庫全書》本，第708冊，第134頁。

〔註54〕《黃氏日抄》卷38讀《本朝諸儒理學書六·晦庵先生語類二》，《四庫全書》本，第708冊，第135頁。

〔註55〕《黃氏日抄》卷38讀《本朝諸儒理學書六·晦庵先生語類二》，《四庫全書》

本朝諸儒書、諸儒書於經後。

第二節　精理入微的微觀結構

　　《黃氏日抄》結構安排之獨特，不僅表現在別出孔氏書、本朝諸儒理學書、本朝諸儒書、諸儒書的宏觀結構方面，及其具體到經、本朝諸儒理學書、本朝諸儒書、諸儒書、史、子、集的微觀結構，也都貫穿義理，顯示出黃震自出新意，把微觀結構攝入了理學。

一、讀經

　　《黃氏日抄》首列三十一卷「讀經」之作，其次序和卷數如下：《讀孝經》一卷、《讀論語》一卷、《讀孟子》一卷、《讀毛詩》一卷、《讀尚書》一卷、《讀周易》一卷、《讀春秋》七卷、《讀禮記》十六卷、《讀周禮》一卷、《讀三傳》一卷。

　　可見，《黃氏日抄》中所讀經書的排列並非按照其入經的時代先後所形成的歷史的、自然的順序，不同於南宋光宗紹熙間（1190～1194）合刊的《十三經注疏》與晁公武《郡齋讀書志》所採用的經書排列順序——《周易》、《尚書》、《毛詩》、《周禮》、《儀禮》、《禮記》、《春秋左氏傳》、《春秋公羊傳》、《春秋穀梁傳》、《論語》、《孝經》、《爾雅》、《孟子》。《黃氏日抄》中經書的排列順序迥異於時代風氣，值得探究。

　　黃震首列《孝經》，與他「主躬行」的思想有關。黃震遠尊孔子，認為「聖門之學惟欲約之使歸於實行」〔註56〕，又說「孔子惟教人躬行耳！」〔註57〕而其生當「議論日工，躬行日慊」〔註58〕的時代，因而強烈主張「為學以躬行為本」〔註59〕。

　　黃震認為「人生而知愛親，是良心莫先於孝也；親親而後能仁民，仁民

　　　　　　本，第708冊，第135頁。
〔註56〕《黃氏日抄》卷82《撫州辛未冬至講義》，《四庫全書》本，第708冊，第840頁。
〔註57〕《黃氏日抄》卷33讀《本朝諸儒理學書一·周子太極通書》，《四庫全書》本，第708冊，第2頁。
〔註58〕《黃氏日抄》卷91《書擇軒集後》，《四庫全書》本，第708冊，第969頁。
〔註59〕《黃氏日抄》卷82《撫州辛未冬至講義》，《四庫全書》本，第708冊，第839頁。

而後能愛物，是百行莫先於孝也；孩提之童即授之以《孝經》之書，是講學莫先於孝也。孝無一日而可忘，則《孝經》亦豈容一日忘」〔註60〕！在黃震的觀念裏，「孝」不僅爲百行之本，還是良心之本、講學之本，因此「躬行以孝弟爲先」〔註61〕。

而宋儒之《孝經》學以朱子爲代表具有囿於古今門戶和改竄經書的特點。《孝經》今古文久有爭論，東漢鄭玄主今文，孔安國主古文，互爭勝負。至唐玄宗親爲今文《孝經》十八章作注，司馬光據古文《孝經》二十二章作《古文孝經指解》，今古文之爭又起。朱熹就古文《孝經》作《孝經刊誤》，《孝經刊誤‧跋》認爲《孝經》中的《詩》、《書》語都是後儒所竄入，於是朱熹分《孝經》原文爲「經」與「傳」兩部分，全書刪除原文二百二十三字。自《孝經刊誤》出，南宋以後爲《孝經》作注者多用此書。朱子改竄《孝經》的做法開「漢以來注疏家刪削經文雙字者」〔註62〕之先例。黃震雖學宗朱子，而其特重經書，以經書爲「治道之根源」〔註63〕，認爲「夫所貴乎經學，以其明義理也」〔註64〕，所以黃震對朱子改竄《孝經》，且糾結於今古文問題的做法是不能苟同的，其首列《孝經》就是希望時人息口辯，歸踐履，轉而力行孝道，具有強烈的現實意義。

黃震生平最服膺孔子，而《論語》所記爲聖人言論，《孟子》則多闡明聖人之意；其所私淑之朱子亦特重《論語》、《孟子》，認爲「四子」（即《四書》）乃「六經之階梯」〔註65〕，並說「《語》、《孟》工夫少，得效多；六經工夫多，得效少」〔註66〕。自朱子結集《四書章句集注》，《四書》反凌駕於五經之上，後學尊信、研治《語》、《孟》亦多，黃震受朱子之學，亦莫能外，故次列《語》、《孟》於《孝經》之後。

〔註60〕《黃氏日抄》卷90《劉養晦〈孝經解〉序》，《四庫全書》本，第708冊，第963頁。

〔註61〕《黃氏日抄》卷82《撫州辛未冬至講義》，《四庫全書》本，第708冊，第839頁。

〔註62〕朱彝尊《經義考》卷226按語，乾隆二十年（1755）曝書亭刻本，第3頁。

〔註63〕《黃氏日抄》卷50讀《（正）史五‧名臣言行錄》，《四庫全書》本，第708冊，第339頁。

〔註64〕《黃氏日抄》卷87《撫州新建增差教授廳記》，《四庫全書》本，第708冊，第930頁。

〔註65〕《朱子語類》卷105，《四庫全書》本，第702冊，第216頁。

〔註66〕《朱子語類》卷19，中華書局，1986年，第428頁。

　　至於後列《詩》、《書》、《周易》、《春秋》、《禮記》，黃震稱「孔子刪《詩》、定《書》、繫《周易》、作《春秋》，此四書正經也；《禮記》雖漢儒所集，而孔門之《中庸》、《大學》在焉，《樂記》等篇亦多格言」〔註67〕。黃震的這一觀點來自朱子。朱子祖述二程的觀點和做法，認為《禮記·大學》中，經的部分是「孔子之言而曾子敘之」，傳的部分是「曾子之意而門人記之」，《中庸》是「孔門傳授心法」，而由子思「筆之於書，以授孟子」〔註68〕，故合《學》、《庸》以配《論》、《孟》，欲以闡發由孔子經曾參、子思而傳於孟子的儒家道統。受朱子影響，黃震亦認為《禮記》多體現了聖人的思想，故依次列之於《孟子》之後。

　　至於《周禮》，黃震認為「《周禮》實漢成帝時劉歆始列之《七略》，王莽時劉歆始奏置博士爾。《周禮》始用於王莽，大敗；再用於王安石，又大敗。……未有用而效者，恐亦未可再以天下輕試」！〔註69〕《周禮》為經書之後出者，且無濟於世，故列於《禮記》之後。

　　黃震對《三傳》的評價不高，認為「左氏豔而富，其失也誣；穀梁清而婉，其失也短；公羊辨而裁，其失也俗。」〔註70〕《春秋左氏傳》雖因「其曾見當時國史」，「別載行事可以驗」而不可廢，但是其「依經作傳，實自為一書，甚至全年不及經文一字者有之」；「經所不書者，傳亦竊效書法以附見其間，其僭而不知自量亦甚矣」，且又「浮誇而雜，品藻不公」〔註71〕。與《春秋左氏傳》相比，《春秋公羊傳》「未嘗捨經而為之文，此視左氏之僭為賢；文雖不及左氏之核而明白則過之」，但是左氏「依之（指國史）以釋經，公羊不知何所主而然」，「若以次而言，且當據左氏」〔註72〕，而《春秋穀梁傳》「舉大體言，則視《公羊》又寂寥矣」〔註73〕。總之，《三傳》釋經多失聖人之意，故次《三傳》於「讀經」之末。

　　除了經書的次序問題，《日抄》中獨無《儀禮》和《爾雅》。《黃氏日抄》無讀《儀禮》者，黃震未作任何解釋。臺灣學者林政華認為，可能是因朱熹

〔註67〕　《黃氏日抄》卷30讀《周禮》，《四庫全書》本，第707冊，第849頁。

〔註68〕　《中庸章句》題記，《四書章句集注》，齊魯書社，1996年，第1頁。

〔註69〕　《黃氏日抄》卷30讀《周禮》，《四庫全書》本，第707冊，第850頁。

〔註70〕　《黃氏日抄》卷31讀《春秋穀梁傳》，《四庫全書》本，第707冊，第873～874頁。

〔註71〕　《黃氏日抄》卷31讀《春秋左氏傳》，《四庫全書》本，第707冊，第868頁。

〔註72〕　《黃氏日抄》卷31讀《春秋公羊傳》，《四庫全書》本，第707冊，第872頁。

〔註73〕　《黃氏日抄》卷31讀《春秋穀梁傳》，《四庫全書》本，第707冊，第873頁。

已作過《儀禮經傳通解》，故黃震不再闡述〔註74〕。這個觀點很有道理。朱子認爲「《周官》一書，固爲禮之綱領；至其儀法度數，則《儀禮》乃其本經；而《禮記》（之）《郊特牲》、《冠義》等篇，乃其義說耳。」朱子修《儀禮經傳通解》，「欲以《儀禮》爲經，而取《禮記》及諸經史雜書所載有及於禮者，皆以附於本經之下，具列注疏、諸儒之說」，以便糾正自王安石變法以來「廢罷《儀禮》，獨存《禮記》」的所失在於「棄經任傳，遺本宗末」〔註75〕的做法，乃其「《儀禮》爲經，《禮記》爲注疏」思想的具體實踐。而黃震在《儀禮》與《禮記》的關係上，觀點與朱熹相同，認爲「《儀禮》爲經，漢儒所集《禮記》其傳爾」〔註76〕。既然黃震也認爲《禮記》與《儀禮》互爲表裏，則學宗朱子的黃震爲補朱子之未備而僅成《讀禮記》即在情理之中。

至於《爾雅》，是於唐文宗大和年間（827～835）石刻《十二經》時正式列入經書，並置於太學的。儘管《爾雅》本身已經是一部經書，但是宋朝人譽之爲「六籍之戶牖，學者之要津」〔註77〕，可見學者們是以《爾雅》爲「以證古義」〔註78〕的訓詁工具書，蓋黃震亦認同此觀點，故未列《爾雅》於此。

二、讀孔氏書

《黃氏日抄》卷三十二《讀孔氏書》依次討論與孔子有關的《孔子家語》、《孔叢子》、《闕里譜系》。由於原書中讀《孔子家語》基本已經闕佚，讀《闕里譜系》也部分闕佚，只能從現存的資料來考察黃震的思想。

《隋書・經籍志》稱「《孔叢》、《家語》，並孔氏所傳仲尼之旨」。《孔子家語》在《漢書・藝文志》中被列爲《論語》十二家之一。十二家的前九種都是《論語》不同傳本及傳、說，下面便是《家語》二十七卷，後面還有《孔子三朝》七篇，現在《大戴禮記》中，《孔子徒人圖法》二卷則是一種圖說。由此可見《孔子家語》與《論語》關係密切。「《家語》本和《論語》同源，

〔註74〕林政華《黃東發的生平與經學》，《孔孟月刊》，1973年第4期，第12頁。

〔註75〕《晦庵集》卷14《乞修三禮箚子》，《四庫全書》本，第1143冊，第249頁。

〔註76〕《黃氏日抄》卷91《修撫州〈儀禮〉跋》，《四庫全書》本，第708冊，第985頁。

〔註77〕林光甫《艾軒詩說》，轉引自《經史說略・十三經說略》，北京燕山出版社，2002年，第282頁。

〔註78〕《四庫全書總目提要・經部・小學類・爾雅》，海南出版社，1999年，第223頁。

係孔門弟子各記所問，後選一部分輯爲《論語》，所餘即集錄爲《孔子家語》」〔註 79〕。因爲「《論語》者，孔子應答弟子、時人，及弟子相與言而接聞於夫子之語也。當時弟子各有所記。夫子既卒，門人相與輯而論纂，故謂之《論語》」〔註 80〕。《孔子家語》既是結集《論語》所剩餘的材料，則《孔子家語》亦以記載孔子言行爲主，並且兼記孔子某些弟子的言行，是《論語》類的文獻。蓋《孔子家語》與《論語》相類，故黃震次《孔子家語》於《讀孔氏書》之首。

《孔子家語》之後爲《孔叢子》，是因爲黃震認爲《孔叢子》是《家語》之後繼。而且「其文雖類諸子而守論堅確，更戰國秦漢流俗，無所浸淫，眞足言孔氏之書矣」〔註 81〕。黃震的觀點是正確的。李學勤先生就認爲《孔叢子》一書可以說是孔氏家學的學案，由孔子一直記到孔季彥。〔註 82〕

《闕里譜系》顯然是孔門傳衍之明證。所以，黃震讀《孔氏書》依次列《孔子家語》、《孔叢子》、《闕里譜系》，實際上是反映出孔氏家學的發展和演變。

三、讀本朝諸儒理學書

《黃氏日抄》從卷三十三至卷四十一《讀本朝諸儒理學書》依次輯錄並評論周敦頤、程灝、程頤、張載、朱熹、張栻、呂祖謙、黃榦、楊時、謝良佐、尹焞的學術要點。

（一）周敦頤

周敦頤（1017～1073），字茂叔，號濂溪，世稱濂溪先生。黃震首列周敦頤，乃因周子確立宋代理學。黃震認爲「周子文約理精，言有盡而理無窮，蓋《易》、《詩》、《書》、《語》、《孟》之流，孔孟以來一人而已。若其闡性命之根源，多聖賢之未發，尤有功於孔孟，較之聖帝明王之事業，所謂揭中天之日月哉！」因此「本朝理學闡幽於周子」〔註 83〕。

〔註 79〕 李學勤《簡帛佚籍與學術史》，江西教育出版社，2001 年，第 381 頁。
〔註 80〕 《漢書・藝文志》，中華書局，1962 年，第 1717 頁。
〔註 81〕 《黃氏日抄》卷 32 讀《孔氏書・孔叢子》，《四庫全書》本，第 707 冊，第 877 頁。
〔註 82〕 李學勤《簡帛佚籍與學術史》，江西教育出版社，2001 年，第 383 頁。
〔註 83〕 《黃氏日抄》卷 33 讀《本朝諸儒理學書一・周子太極通書》，《四庫全書》本，第 708 冊，第 3 頁。

　　黃震的觀點來源於朱熹。朱熹嘗論周子能明天理，繼孔孟以來道統〔註84〕，又揭示其啓道之秘，云：「道喪千載，聖遠言湮；不有先覺，孰開我人」？〔註85〕朱熹認爲「先生之學之奧，其可以象告者，莫備於太極之一圖。若《通書》之言，蓋皆所以發明其蘊，而誠、動靜、理、性、命等章尤爲著」〔註86〕。

　　《宋元學案》「若論闡發心性義理之精微，端數元公之破暗也」〔註87〕的觀點則承襲黃震。

（二）二程

　　程灝（1032～1085），字伯淳，世稱明道先生。程頤（1033～1107），字正叔，世稱伊川先生。二人合稱「二程」。黃震認爲「（本朝理學）盛於程子」〔註88〕。「自孔孟歿後，異端紛擾者千四百年，中間唯董仲舒『正誼，明道』二語與韓文公《原道》一篇爲得議論之正。迨二程得周子之傳，然後有以其窮極性命之根柢，發揮義理之精微，議者謂比漢、唐諸儒說得向上一層。愚謂豈特視漢、唐爲然？風氣日開，議論日精，濂、洛之言，雖孔孟亦所未發，特推其旨要，不越於孔孟云耳」！〔註89〕同時「程氏之書亦皆祖述其（周子）意」〔註90〕，故次二程於周敦頤之後。

　　《宋元學案》認爲「孔孟而後，漢儒止有傳經之學。性道微言之絕久矣。元公崛起，二程嗣之」〔註91〕，可謂得黃震之說於四百年之後。

〔註84〕《朱子大全》卷79《韶州州學濂溪先生祠記》，民國間上海中華書局鉛印本，第10頁。

〔註85〕《朱子大全》卷 85《六先生畫像贊》，民國間上海中華書局鉛印本，第 9 頁。

〔註86〕《朱子大全》卷76《再定太極通書後序》，民國間上海中華書局鉛印本，第 4 頁。

〔註87〕《宋元學案》卷 11《濂溪學案上》，《黃宗羲全集》第 3 冊，浙江古籍出版社，1992 年，第 586 頁。

〔註88〕《黃氏日抄》卷41 讀《本朝諸儒理學書九‧尹和靖文集》，《四庫全書》本，第 708 冊，第 201 頁。

〔註89〕《黃氏日抄》卷33 讀《本朝諸儒理學書一‧程氏遺書》，《四庫全書》本，708 冊，第 18 頁。

〔註90〕《朱子大全》卷 76《再定太極通書後序》，民國間上海中華書局鉛印本，第 4 頁。

〔註91〕《宋元學案》卷 11《濂溪學案》上「黃百家按語」，《黃宗羲全集》第 3 冊，浙江古籍出版社，1992 年，第 586 頁。

（三）張載

張載（1020～？），字子厚，世稱橫渠先生。張載為二程的表叔。黃震云：「橫渠先生精思力踐，毅然以聖人之事為己任，凡所議論率多超卓，至於變化氣質，謂『形而後有氣質之性，善反之，則天地之性存焉，故氣質之性，君子有弗性焉』，此尤自昔聖賢之所未發，警教後學最為切至者也」。〔註 92〕因而次張載於二程之後。

黃宗羲認為「元公崛起，二程嗣之，又復橫渠諸大儒輩出，聖學大昌」〔註 93〕，指出孔孟的「性道微言」是經過周敦頤、二程及張載「諸大儒」的一番闡幽發微功夫才得以發揚光大，與黃震之說暗合。

（四）朱熹

朱熹（1130～1200），字元晦，一字仲晦，號晦庵，又號晦翁，別稱紫陽。張載之下，即緊接朱熹。黃震認為「程子之門人以其學傳世者，龜山楊氏、上蔡謝氏、和靖尹氏為最顯。龜山不免雜於佛，幸而傳之羅仲素，羅仲素傳之李願中，李願中傳之朱晦翁，晦翁遂能大明程子之學，故以晦翁繼程子」。〔註 94〕黃震所謂「晦翁大明程子之學」乃指朱熹裒聚《二程遺書》，編輯《近思錄》。黃震認為朱熹因「解剝濂溪之圖象，裒列二程之遺書……窮極釋氏之作用為性，辯詰諸老之流入禪學」，而「集伊洛以來諸儒之大成」。

全祖望認為朱熹「致廣大，盡精微，綜羅百代」〔註 95〕，可謂黃震之同調。

（五）張栻、呂祖謙

張栻（1133～1180），字敬夫，一字欽夫，又字樂齋，號南軒，世稱南軒先生。呂祖謙（1137～1181），字伯恭，世稱東萊先生。黃震以張栻、呂祖謙與朱熹同為乾淳三先生，說「乾淳之盛，晦庵、南軒、東萊稱三先生」〔註 96〕，

〔註 92〕《黃氏日抄》卷 33 讀《本朝諸儒理學書一・橫渠語錄》，《四庫全書》本，第 708 冊，第 22～23 頁。

〔註 93〕《宋元學案》卷 11《濂溪學案》上「黃百家按語」，《黃宗羲全集》第 3 冊，浙江古籍出版社，1992 年，第 586 頁。

〔註 94〕《黃氏日抄》卷 41 讀《本朝諸儒理學書九・龜山先生文集》，《四庫全書》本，第 708 冊，第 201 頁。

〔註 95〕《宋元學案》卷 48《晦翁學案》上「全祖望按語」，《黃宗羲全集》第 4 冊，浙江古籍出版社，1992 年，第 816 頁。

〔註 96〕《黃氏日抄》卷 40 讀《本朝諸儒理學書八・東萊先生文集》，《四庫全書》本，

又說「東萊先生以理學朱、張鼎立爲世師」〔註97〕。

張栻是南宋唯一被朱熹稱爲「醇儒」的人，而朱熹自認爲是從張栻而「識乾坤」〔註98〕的。黃震認爲張栻是乾淳間諸儒議論唯一與晦翁相表裏者，稱「晦翁之言精到開拓，足集諸儒之大成，先生之文和平含蓄，庶幾程氏之遺風。晦翁精究聖賢之傳，排闢異說，所力任者在萬世之道統。先生將命君父之間，誓誅仇敵，所力任者在萬世之綱常」。〔註99〕黃宗羲稱朱熹「惟於南軒，爲所歎服。一則曰敬夫見識卓然不可及，從遊之久，反覆開益爲多；一則曰敬夫學問愈高，所見卓然，議論出人表。近讀其語，不覺胸中灑然，誠可歎服。然南軒非與朱子反覆辯難，亦焉取肆哉？」〔註100〕二人相互切磋，共同增進。

呂祖謙於晦庵，則彼此訪求，以求眞是〔註101〕，「與晦庵多相規之說」〔註102〕。由於其「並包融會，以和爲主」〔註103〕，故而「晦翁與先生同心者，先生辯詰之不少恕。象山與晦翁異論者，先生容下之不少忤」〔註104〕。呂祖謙調和朱陸，「鵝湖之會，先生謂元晦『英邁剛明，而工夫就實入細，殊未易量』。謂子靜『亦堅實有力，但欠開闊』。其後象山祭先生文，亦自悔鵝湖之會集，粗心浮氣。然則先生忠厚之至，一時調娛其間，有功於斯道何如耶」？〔註105〕《宋元學案‧東萊學案》收錄黃震評呂祖謙之說〔註106〕，認爲

第 708 冊，第 180 頁。

〔註97〕《黃氏日抄》卷 40 讀《本朝諸儒理學書八‧東萊先生文集》，《四庫全書》本，第 708 冊，第 174 頁。

〔註98〕轉引自《南宋浙東學術論稿》，吳江《文史雜論》，青島出版社，2000 年，第 234 頁。

〔註99〕《黃氏日抄》卷 39 讀《本朝諸儒理學書七‧南軒先生文集》，《四庫全書》本，第 708 冊，第 151 頁。

〔註100〕《宋元學案》卷 50《南軒學案》，《黃宗羲全集》第 4 冊，浙江古籍出版社，1992 年，第 981 頁。

〔註101〕《黃氏日抄》卷 40 讀《本朝諸儒理學書八‧東萊先生文集》，《四庫全書》本，第 708 冊，第 165 頁。

〔註102〕《黃氏日抄》卷 40 讀《本朝諸儒理學書八‧東萊先生文集》，《四庫全書》本，第 708 冊，第 164 頁。

〔註103〕《黃氏日抄》卷 40 讀《本朝諸儒理學書八‧東萊先生文集》，《四庫全書》本，第 708 冊，第 165 頁。

〔註104〕《黃氏日抄》卷 40 讀《本朝諸儒理學書八‧東萊先生文集》，《四庫全書》本，第 708 冊，第 174 頁。

〔註105〕《黃氏日抄》卷 40 讀《本朝諸儒理學書八‧東萊先生文集》，《四庫全書》本，第 708 冊，第 174 頁。

呂祖謙之學「陶鑄同類，以漸化其偏」〔註107〕。

　　黃震以張栻、呂祖謙繼朱熹，乃是因為二人與朱熹齊名友好。《宋元學案》以三人並稱，「晦翁、南軒、東萊，皆其（楊時）所自出」〔註108〕，又「晦翁、南軒、東萊，皆其（胡安國）再傳也」〔註109〕，謂「朱子生平相切磋得力者，東萊……南軒數人而已」〔註110〕則同此觀點。

（六）黃榦

　　黃榦（1152～1221），字直卿，世稱勉齋先生。黃榦在朱熹門人傳播閩學的過程中居首要地位。他以朱熹遺命自任，以孟子闢楊墨自勵，他曾講學於江西廬山白鹿書院，「弟子日盛，巴蜀、江、湖之士皆來，編禮著書，日不暇給，夜與之講論經理，亹亹不倦，借鄰寺以處之。朝夕往來，質疑請益如熹時」〔註111〕。黃震歷述黃榦在傳播朱學中的卓絕努力：

> 晦庵既沒，門人如閩中則潘謙之、楊志仁、林正卿、林子武、李守約、李公晦，江西則甘吉父、黃去私、張元德，江東則李敬子、胡伯量、蔡元思，浙中則葉味道、潘子善、黃子洪，皆號高弟。又獨勉齋先生強毅自立，足任負荷。如輔漢卿疑惡，亦不可不謂性；如李公晦疑喜怒哀樂由聲色臭味者為人心，由仁義禮智者為道心；如林正卿疑大《易》本為垂教，而伏羲、文王特借之以卜筮；如真公刊《近思》後語，先《近思》而後《四書》，先生皆一一辨明，不少恕。甚至晦庵謂《春秋》止是直書，勉齋則謂其間亦有曉然若出於微意者。晦庵論《近思》先太極說，勉齋則謂名「近思」反若「遠思」者。晦庵解「人不知而不慍」，惟成德者能之，勉齋提云，是君子然後能不慍，非不慍然後為君子。晦庵解「敏於事而慎於言」，以

〔註106〕《宋元學案》卷51《東萊學案》，《黃宗羲全集》第5冊，浙江古籍出版社，1992年，第36～37頁。

〔註107〕《宋元學案》卷51《東萊學案》，《黃宗羲全集》第5冊，浙江古籍出版社，1992年，第5頁。

〔註108〕《宋元學案》卷25《龜山學案》，《黃宗羲全集》第4冊，浙江古籍出版社，1992年，第195頁。

〔註109〕《宋元學案》卷34《武夷學案》，《黃宗羲全集》第4冊，浙江古籍出版社，1992年，第449頁。

〔註110〕《宋元學案》卷50《南軒學案》，《黃宗羲全集》第4冊，浙江古籍出版社，1992年，第981頁。

〔註111〕《宋史·黃榦傳》，中華書局，1977年，第12782頁。

慎爲不敢儘其所有餘；勉齋提慎字本無不敢盡之意，特以言易肆，故當謹耳。凡其於晦庵歿後，講學精審不苟如此。

晦庵於門人弟子中，獨授之屋，妻之女，奏之官，親倚獨切，夫豈無見而然哉？勉齋之文宏肆暢達，彷彿晦翁，晦翁不爲講義，而勉齋講義三十二章，皆足發明斯道。其誨學者，嘗曰：「人不知理義，則無以自別於物，周旋斯出，自少至老，不過情欲利害之間，甚至三綱淪，九法斁，亦將何所不至。」其言哀痛至此，其爲天下後世慮也亦遠矣。〔註112〕

鑒於黃榦堅定不移地繼承和傳播朱學，雖然他生當楊時、謝良佐、尹焞之後，但是黃震仍以其居乾淳三先生之次，以明晦庵之傳在焉。

黃宗羲認爲黃榦是寧宗嘉定（1208～1224）之後「足以光其師傳」〔註113〕者，與黃震之論毫無二致。

（七）楊時

楊時（1053～1135），字中立，世稱龜山先生。楊時爲朱子、張栻、東萊所從出者，但是其學則未純。

黃震一方面論其惑於老氏之學，云：「吾儒言仁義道德，異端追搥提仁義，而專稱道德；故韓子之闢異端，專於此辨之。天下無不善之仁義，故曰定名。道有君子之道，有小人之道；德有吉德，有凶德，故曰虛位。……吾儒由仁義而爲道德，則實此虛位；道爲君子之道，德爲吉德。異端棄仁義而居之，則反是矣。……今龜山之說，專卑仁義而遵道，是正溺於老子之學耳」。〔註114〕

另一方面，黃震又論其有時受佛學的影響。黃震指摘楊時溺於佛氏之言，云：「總老言經中說十識，第八庵摩羅識，唐言白淨無垢，第九阿賴邪識，唐言善惡種子。白淨無垢，即孟子之言性善是也」。又云：「龐居士雲神通並妙用，運水與般柴，如許堯舜之道，只於行止疾徐間，教人做了」。〔註115〕又

〔註112〕《黃氏日抄》卷40讀《本朝諸儒理學書八・勉齋先生文集》，《四庫全書》本，第708冊，第180～181頁。

〔註113〕《宋元學案》卷63《勉齋學案・序錄》，《黃宗羲全集》第5冊，浙江古籍出版社，1992年，第429頁。

〔註114〕《黃氏日抄》卷41讀《本朝諸儒理學書九・龜山先生文集》，《四庫全書》本，第708冊，第185頁。

〔註115〕《黃氏日抄》卷41讀《本朝諸儒理學書九・龜山先生文集，《四庫全書》本，

云：「《圓覺經》言：作、止、任、滅是四病。作即所謂助長，止即所謂不芸苗，任、滅即是無事。」〔註116〕又云：「形色爲天性，亦猶所謂色即是空。」〔註117〕黃震認爲龜山「附會至此，可怪可駭，人心一至陷溺，是非即成顛倒」〔註118〕。

朱子雖未及親炙於程子，然其學醇而不雜；龜山雖受業於程門，而其學則「間流於異端」〔註119〕，未能盡醇，故黃震次龜山於朱子之後。

全祖望認爲「龜山獨邀耆壽，遂爲南渡洛學大宗，晦翁、南軒、東萊，皆其所自出。然龜山之夾雜異學，亦不下於上蔡」〔註120〕，則承黃震而來。

（八）謝良佐

謝良佐（1050～1103），字顯道，世稱上蔡先生。謝良佐嘗取資於高僧常揔，故其言多雜釋家之說。《黃氏日抄》讀《上蔡語錄》約二千七百言，幾皆摘其出入於佛，或以禪證儒之說，例如，「出辭氣，猶佛所謂從此心中流出」；「釋氏以性爲日，以念爲雲，去念見性，猶披雲見日」；「儒之仁，佛之覺」〔註121〕，皆是以禪說儒之明證。故黃震論謝良佐之學，云：

> 上蔡信得命及、養得氣完，力去矜誇，名利不得而動，殆爲百世師可也。第因天資之高，必欲不用其心，遂爲禪學所入。雖自謂得伊川一語之救，不入禪學，而終身常以禪之說證儒，未見其不入也。
>
> 然上蔡以禪證儒，是非判然。〔註122〕

正因爲上蔡終身以禪證儒，所以黃震認爲：「上蔡才尤高而弊尤甚，其於佛學

第 708 冊，第 196 頁。

〔註116〕《黃氏日抄》卷41 讀《本朝諸儒理學書九·龜山先生文集，《四庫全書》本，第 708 冊，第 195～196 頁。

〔註117〕《黃氏日抄》卷41 讀《本朝諸儒理學書九·龜山先生文集，《四庫全書》本，第 708 冊，第 196 頁。

〔註118〕《黃氏日抄》卷41 讀《本朝諸儒理學書九·龜山先生文集，《四庫全書》本，第 708 冊，第 196 頁。

〔註119〕《黃氏日抄》卷41 讀《本朝諸儒理學書九·龜山先生文集》，《四庫全書》本，第 708 冊，第 196 頁。

〔註120〕《宋元學案》卷25《龜山學案》，《黃宗羲全集》第 4 冊，浙江古籍出版社，1992 年，第 195 頁。

〔註121〕《黃氏日抄》卷41 讀《本朝諸儒理學書九·上蔡語錄》，《四庫全書》本，第 708 冊，第 199 頁。

〔註122〕《黃氏日抄》卷41 讀《本朝諸儒理學書九·上蔡語錄》，《四庫全書》本，第 708 冊，第 200 頁。

殆不止於雜而已。蓋其所資者僧愓老，……非復程學矣」〔註123〕。因此黃震以上蔡次龜山，是以明源流益別之自始焉。

全祖望稱「洛學之魁，皆推上蔡，晦翁謂其英特過於楊、游，蓋上蔡之才高也。然其墮入蔥嶺處，決裂亦過於楊、游」〔註124〕，得黃震之說之本矣。

（九）尹焞

尹焞（1071～1142），字彥明，一字德充，賜號「和靖處士」。尹焞曾承詔解《語》、《孟》，其進《論語》序，有曰：「孔子以來，道學屢絕，言語文字，去本益賒，是以先聖遺書，雖以講學而傳，或以解說而陋，況其所論所趨，不無差謬。豈惟無益，害有甚焉」，黃震認為此說「蓋和靖恪守師訓，惟事躬行，程門之傳，最得其正；其餘論說盛行者，率染異端。先生此語蓋有為而發」〔註125〕。

黃震述所以次和靖於上蔡之後，云「和靖雖亦以母命誦佛書而未嘗談禪，能恪守其師說而不變，且高宗中興，崇尚儒學之初，程門弟子惟和靖在，故以和靖次上蔡，以明斯道之碩果不食而程門之學固有不流於佛者焉」〔註126〕。

全祖望稱「和靖尹蕭公，於洛學最為晚出，而守其師說最醇，五峰以為程氏後起之龍象，東發以為不失其師傳者，良非過矣」〔註127〕，直言其論源自黃震。

黃震曾自言《黃氏日抄》中《讀本朝諸儒理學書》按照周敦頤、程灝、程頤、張載、朱熹、張栻、呂祖謙、黃榦、楊時、謝良佐、尹焞的順序進行探討的理由，稱「愚所讀先儒諸書始於濂溪，終於文公所傳之勉齋，以究正學之終始焉。次以龜山、上蔡，以見其流雖異而源則同焉。又次以和靖，以

〔註123〕《黃氏日抄》卷41讀《本朝諸儒理學書九・尹和靖文集》，《四庫全書》本，第708冊，第202頁。

〔註124〕《宋元學案》卷24《上蔡學案》，《黃宗羲全集》第4冊，浙江古籍出版社，1992年，第161頁。

〔註125〕《黃氏日抄》卷41讀《本朝諸儒理學書九・尹和靖文集》，《四庫全書》本，第708冊，第201頁。

〔註126〕《黃氏日抄》卷41讀《本朝諸儒理學書九・尹和靖文集》，《四庫全書》本，第708冊，第202頁。

〔註127〕《宋元學案》卷27《和靖學案》，《黃宗羲全集》第4冊，浙江古籍出版社，1992年，第295頁。

見源雖異而其流有不變者焉。」〔註128〕是黃震稱上述理學家著作爲「本朝諸儒理學書」乃因以他們爲理學正宗。

四、讀本朝諸儒書

《黃氏日抄》從卷四十二至四十四《讀本朝諸儒書》，依次輯錄並評論張九成、陸九淵、陸九齡、陸九韶、李侗、司馬光、劉安世的學術要點。

（一）張九成

張九成（1092～1159），字子韶，號橫浦居士，又號無垢居士。黃震終生以「衛正道、闢異端」自居，其所謂異端主要是指禪學。黃震認爲儒者談禪，混淆了儒、禪的區別，世人亦因此而莫辨眞假，以致佛教之說遍佈天下，聖人之道反而隱晦不彰，所以對陷於禪學的學者猛烈批評。

黃震對謝良佐與張九成進行區分，認爲：

> 上蔡以禪證儒，是非判然，後世學者，尚能辨之。上蔡既歿，往往
> 羞於言禪，陰移禪學之說，託名儒學之說，其說愈高，其術愈精，
> 人見其儒也，習之不知已陷於禪，此其弊則又甚矣！〔註129〕

黃震認爲，借儒談禪，陽儒陰釋較之援佛釋儒、以禪證儒則具有更大的迷惑性，學者往往誤入其中而不知，故爲害又甚。黃震認爲張九成即其類，云：「上蔡所資者僧揔老。其後橫浦張氏，又復資僧杲老，一脈相承，非復程學矣」〔註130〕，即黃震認爲，從謝良佐發展到張九成，實以禪正儒到借儒談禪。

僧宗杲教橫浦改頭換面，借儒說禪。宗杲語之曰：「左右既得把柄，入手開導之際，當改頭換面，隨宜說法，使殊途同歸，則住世、出世間，兩無遺憾矣」〔註131〕，因而黃震批評道：

> 所謂《傳心錄》者，首載杲老以天命之謂性爲清淨法身，率性之
> 謂道爲圓滿報身，修道之謂教爲千百億化身，影傍盧喝，聞者驚

〔註128〕《黃氏日抄》卷43讀《本朝諸儒書十一上・延平李先生師弟答問》，《四庫全書》本，第708冊，第229頁。

〔註129〕《黃氏日抄》卷41讀《本朝諸儒理學書九・龜山先生文集》，《四庫全書》本，第708冊，第200頁。

〔註130〕《黃氏日抄》卷41讀《本朝諸儒理學書九・尹和靖文集》，《四庫全書》本，第708冊，第202頁。

〔註131〕轉引自《宋元學案》卷40《橫浦學案》，《黃宗羲全集》第3冊，浙江古籍出版社，1992年，第613～614頁。

喜。至《語》、《孟》等說，世亦多以其文雖說經，而喜談樂道之。
晦翁嘗謂洪適刊此書於會稽，其患烈於洪水夷狄猛獸。豈非講學
之要，毫釐必察。其人既賢，則其書易行，則其害未已，故不得不
甚言之以警世哉！蓋上蔡言禪每明言禪，尚為直情徑行。杲老教
橫浦改頭改面，借儒談禪而不復自認為禪，是為以偽易真，鮮不惑
矣。〔註132〕

黃震認為張九成借儒談禪，是理學之異端，故次張九成於《讀本朝諸儒書》
之首。

全祖望認為「龜山弟子……駁學亦以橫浦為最。晦翁斥其書，比之洪水
猛獸，其可謂哉」〔註133〕與黃震之說一脈相承。

（二）三陸

陸九淵（1139～？），字子靜，號象山翁，世稱象山先生。陸九淵以心學
名家，人多以「朱陸」〔註134〕並稱，黃震則不以為然，謂陸學非道學正統。
黃震批評象山最力處，為其以講說為非、而欲專事踐履以悟得本心之說，黃
震指出其矛盾處：

象山之學，雖謂此心自靈，此理自明，不必他求，空為言議。然亦
未嘗不讀書，未嘗不講授，未嘗不援經析理，凡其所業，未嘗不與
諸儒同。至其於諸儒之讀書、之講授、之援經析理，則指為戕賊、
為陷溺、為繆妄、為欺詐、為異端邪說，甚至襲取閭閻賤婦人穢罵
語，斥之為蛆蟲，得非恃才之高，信己之篤，疾人之已甚，必欲以
明道自任而然耶？〔註135〕

全祖望認為「象山天分高，出語驚人，或失於偏而不自知，是則其病也」與
黃震的觀點相同。其稱「世之耳食雷同，固自以為能羽翼紫陽者，竟詆象山
為異學，則吾未之敢信」〔註136〕與黃震以陸學為理學之異端相反，這與道統

〔註132〕《黃氏日抄》卷42讀《本朝諸儒書十·橫浦日新》，《四庫全書》本，第708
　　　　冊，第206頁。
〔註133〕《宋元學案》卷40《橫浦學案》，《黃宗羲全集》第4冊，浙江古籍出版社，
　　　　1992年，第596頁。
〔註134〕（元）劉壎《隱居通議》卷1《朱陸》，《四庫全書》，第866冊，第13頁。
〔註135〕《黃氏日抄》卷42讀《本朝諸儒書十·橫浦日新》，《四庫全書》本，第708
　　　　冊，第216頁。
〔註136〕《宋元學案》卷58《象山學案》，《黃宗羲全集》第5冊，浙江古籍出版社，
　　　　1992年，第275頁。

傳承具有排他性，而黃震在道統上以朱學爲宗，未免貶低陸學有關。不過，黃震雖宗朱子，但不以朱子之是非爲是非，這在第四章「唯求本意的注釋學」第三節「泯門戶的注釋風格」中「泯朱學門戶」將詳加探討。黃震雖貶陸學，但也充分肯定陸氏的講學之功。淳熙八年（1181），陸九淵應朱熹之邀，曾在廬山白鹿洞書院講解《論語·里仁》「君子喻於義，小人喻於利」章，對這篇被朱熹譽爲「切中學者隱微深錮之病」的《白鹿洞講義》，黃震大爲讚賞，他援引朱熹的評價，說：「象山此時講『君子喻於義，小人喻於利』，分別明白，至今讀之，令人竦動。」進而認爲「使象山更加之壽，則『極高明而道中庸』，未必不與晦翁一也。」〔註137〕黃震承認朱陸之間存在差別，但認爲二者的根本目的都是「欲以明道自任」〔註138〕，故「終無不合」。所以，黃震關於朱陸的思想是，站在朱學的立場上，以朱會陸。也正因爲此，黃震對調停朱陸的呂祖謙大加讚揚。

　　關於陸九淵與程門的學術關係，全祖望說：「象山之學，本無師承，東發以爲遙出於上蔡，予以爲兼出於信陽（王蘋，字信陽，程頤、楊時門人）。蓋程門已有此一種矣。」〔註139〕從黃震說的陸學「遙出於上蔡」，到全祖望的「程門已有此一種」都說明同一問題：陸九淵與二程之學雖無直接的師承關係，但從思想發展的淵源角度考察，二程之學與陸學有傳承關係。

　　象山五兄陸九齡（1132～1180），字子壽，世稱復齋先生，與陸九淵時稱「二陸」。黃震比較二陸之學，云：

> 其學大抵與象山相上下，象山之學，務以自己之精神爲主宰；復齋之學，就於天賦之形色爲躬行，皆以講不傳之學爲己任。……所不同者，象山多怒罵，復齋覺和平爾。〔註140〕

黃震又指出復齋之偏，云：

> 復齋……自譽其所得則在性學，至謂窮天地、亙萬古無以易，而世無其學，難以語人。視孔子之言性，澹然一語而止者，幾張皇矣；

〔註137〕《黃氏日抄》卷36讀《本朝諸儒理學書四·晦庵先生文集三》，《四庫全書》本，第708冊，第84頁。

〔註138〕《黃氏日抄》卷42讀《本朝諸儒書十·陸象山文集》，《四庫全書》本，第708冊，第216頁。

〔註139〕《宋元學案》卷29《震澤學案》，《黃宗羲全集》第4冊，浙江古籍出版社，1992年，第309頁。

〔註140〕《黃氏日抄》卷42讀《本朝諸儒書十·陸復齋文集》，《四庫全書》本，第708冊，第224頁。

夫既不語，世莫得聞。他日謂外形色言天性，外視聽言動言仁，皆
非知性者。復齋所明性學，倘在於是乎？〔註141〕

是復齋之學，亦非得理學正矣。

黃震於讀《復齋文集》之後，又論象山門人傅琴山之學，云：

（琴山）謂《論語》……「學而時習之」，不知所學、所時習者何事；
時習而悦，朋來而樂，不知所悦、所樂者何由；「人不知而不愠」，
不知所以能不愠者何説。既茫然於指歸之所存，則是失珠玩櫝，講
究雖勤，而真實益遠。又謂：近世學失其傳，勞心役智，於道問學
之間，顛本末之序，而終至於本末俱失，若程門附會下學而上達之
説，而不明其旨。此其於聖賢之學入室操戈，一至於此，亦可謂無
忌憚者矣。……其人雖博學多聞，好為議論，而辭繁理寡，終無發
明。〔註142〕

陸九韶，字子美，號梭山居士，與陸九淵、陸九齡並稱「三陸」。黃震摘錄陸
九韶關於齊家之言，曰「言治家不問貧富，皆當取九年熟必有三年蓄之法；
常以其所入，留十之二三備水旱；喪葬不測，雖忍饑而毋變；宗族鄉黨有吉
凶事，苟財不足以助之，惟助以力，如先眾人而往，後眾人而歸有勞；為之、
服之，毋毀所蓄以變定規。如此力行，家不至廢，而身不至有非理之求」，認
為「其說具有條理，殆可推之治國者也。」〔註143〕

全祖望認為「梭山是一樸實頭地人，其言皆切近有補於日用。復齋卻嘗
從襄陵許氏入手，喜為討論之學。」〔註144〕可謂黃震的知音。

可見，黃震認為三陸與傅琴山之心學皆未合理學正道，所以次此派於張
九成之後，以見其源流之益別。

（三）李侗

李侗（1093～1163），字願中，世稱延平先生。三陸之下，《日抄》即繼

〔註141〕《黃氏日抄》卷 42 讀《本朝諸儒書十・陸復齋文集》，《四庫全書》本，第
　　　　708 冊，第 224 頁。

〔註142〕《黃氏日抄》卷 42 讀《本朝諸儒書十・陸復齋文集》，《四庫全書》本，第
　　　　708 冊，第 225～226 頁。

〔註143〕《黃氏日抄》卷 42 讀《本朝諸儒書十・陸復齋文集》，《四庫全書》本，第
　　　　708 冊，第 224～225 頁。

〔註144〕《宋元學案》卷 57《梭山復齋學案》，《黃宗羲全集》第 5 冊，浙江古籍出版
　　　　社，1992 年，第 249 頁。

以李侗，以明李侗爲心學之正者。

李侗從學羅從彥，從彥乃龜山門人。龜山爲心學，延平亦爲心學；然龜山不免於雜，而延平則甚正，朱子嘗師事之。《黃氏日抄》卷四十三爲讀《延平李先生師弟答問》，其字數僅二千餘，而專卷討論，亦可見其重視之一斑矣。

黃震抄錄延平正而無失之言論，如：「某曩時從羅先生學問，終日相對靜坐；只說文字，未嘗及一雜語。先生極好靜坐，某時未有知，退入室中，亦只靜坐而已。先生令靜中看『喜怒哀樂未發之謂中』未發時作何氣象。」又如，「仁即是理，當理而無私，心即仁矣。又曰仁字極難講說，只看天理統體處便是。心字亦難指說，惟認取發用處是心。又曰仁者，人也。人之一體，便是天理，無所不備具」〔註145〕。

雖然延平亦主澄心靜坐，但是其正而無失的言論，「乃反能救文公之幾陷禪學，一轉爲大中至正之歸，致知之學，毫釐之辨，不可不精」，因此，黃震次延平於二陸之後，以明心學雖易流於禪而自有心學之正者。

《宋元學案》認爲「朱子之學，本之李延平，由羅豫章而楊龜山、而程子、而周子。自周子有主靜立極之說傳之二程，其後羅、李二先生專教人默坐澄心，看喜怒哀樂之未發時作何氣象。朱子初從延平遊，固嘗服膺其說，已而又參以程子『主敬』之說。靜字爲稍偏，不復理會。迨其晚年，深悔平日用功未免疏於本領，致有『辜負此翁』之語，固已深信延平立教之無弊。而學人向上一機，必於此二取則矣」〔註146〕，與黃震認爲李侗正而無失的言論挽救朱熹幾陷禪學是一致的。

（四）司馬光、劉安世

《黃氏日抄》卷四十四《讀本朝諸儒書》依次討論司馬光、劉安世的學術要點。

司馬光（1019～1086），字君實，世稱涑水先生。黃震認爲司馬光之書，載「德人之言也」。因摘錄其《迂書》中切於後學之語，如《拾樵篇》云「童子至驪，爭凡芥而相傷。天下之利大於凡芥者多矣，恃其驪而不知戒，能無

〔註145〕《黃氏日抄》卷43讀《本朝諸儒書十一上·延平李先生師弟答問》，《四庫全書》本，第708冊，第228頁。

〔註146〕《宋元學案》卷48《晦翁學案》上，《黃宗羲全集》第4冊，浙江古籍出版社，1992年，第833頁。

傷乎？」又如《羨厭篇》云「厭其所有，羨其所不可得」〔註147〕。全祖望認爲「小程子謂閱人多矣，不雜者司馬、邵、張三人耳，故朱子有『六先生』之目。然於涑水，微嫌其格物之未精……《伊洛淵源錄》中遂挑之。草廬因是敢謂涑水尙在不著不察之列，有是哉？其妄也」〔註148〕，可見全祖望認爲司馬光並非不著不察者，即認爲司馬光之學具有質實的風格，這與黃震的觀點相似。

劉安世（1048～1125），字器之，世稱元城先生，曾從學溫公五年，而後教之以誠。劉安世問誠，溫公曰：「當從不妄語入」。安世力行七年，自此言行一致，表裏相應，遇事坦然。嘗云：「爲學惟在力行，古人云：說得一丈，不如行得一尺；說得一尺，不如行得一寸。故以行爲貴。」〔註149〕故黃震論其人其學，云：「當宣和、大觀間，巋然獨爲善類宗主。至今誦其遺言，無不篤實重厚，使人鄙吝之心爲消。嗚呼！豈不誠大丈夫哉」！〔註150〕《宋元學案》摘錄黃震評劉安世之語，又全祖望稱「元城之得統於溫公，大抵不出『剛健篤實』一語」〔註151〕，表示對黃震評劉安世之語的贊同。

黃震沒有明確說明把司馬光、劉安世置於其中的原因，但是從其讚賞二人篤實的學術色彩中，可知司馬光、劉安世之說有助於教化，故黃震次二人於李侗之後。

黃震自述《讀本朝諸儒書》按照張九成、陸九淵、陸九齡、陸九韶、李侗的順序進行探討的理由：

> 次以橫浦、三陸，以見其源流之益別焉。然上蔡、龜山雖均爲略染
> 禪學而龜山傳之羅仲素，羅仲素傳之李延平，延平亦主澄心靜坐，
> 乃反能救文公之幾陷禪學，一轉爲大中至正之歸，致知之學，毫釐
> 之辨，不可不精蓋如此，故又次延平於此，以明心學雖易流於禪而

〔註147〕《黃氏日抄》卷44讀《本朝諸儒書十一下·溫公迂書》，《四庫全書》本，第708冊，第233頁。

〔註148〕《宋元學案》卷7《涑水學案》，《黃宗羲全集》第3冊，浙江古籍出版社，1992年，第340頁。

〔註149〕《黃氏日抄》卷44讀《本朝諸儒書十一下·元城語》，《四庫全書》本，第708冊，第236頁。

〔註150〕《黃氏日抄》卷44讀《本朝諸儒書十一下·元城道護錄》，《四庫全書》本，第708冊，第240～241頁。

〔註151〕《宋元學案》卷20《元城學案》，《黃宗羲全集》第4冊，浙江古籍出版社，1992年，第63頁。

自有心學之正者焉。〔註152〕

五、讀諸儒書

《黃氏日抄》卷四十五《讀諸儒書》討論石介、孫復、胡瑗的學術要點，黃震認爲石介、孫復、胡瑗三先生，實開理學之先河，黃震贊其功，云：

> 師道之廢，正學之不明久矣。宋興八十年，安定胡先生、泰山孫先生、徂徠石先生始以其學教授，而安定之徒最盛，繼而伊洛之學興矣。故本朝理學雖至伊洛而精，實自三先生而始，故晦庵有伊川不敢忘三先生之語。〔註153〕

石介（1005～1045），字守道，世稱徂徠先生。石介繼韓愈之後，力斥佛老。黃震謂徂徠之學於儒學之明，貢獻極大，嘗云：「徂徠先生學正識卓，辟邪說，衛正道，上繼韓子，以達於孟子，眞百世之師也。」〔註154〕

孫復（992～1057），字明復，世稱泰山先生。石介撰《明隱篇》，謂明復四舉而不得一官，乃退居泰山，聚徒著書，非獨善一身也。所著《春秋尊王發微》十二篇，得春秋大義，影響世人至大，《黃氏日抄》讀《春秋》屢有引述。

胡瑗（993～？），字翼之，世稱安定先生，是慶曆間最受尊崇的教育家。范仲淹聘其爲蘇州教授，後滕宗諒知湖州，又聘其爲教授。胡瑗所至，皆嚴師弟子之禮，以身先之。嘗立經義、治事二齋，因材施教。凡教授二十餘年，天下士彬彬成風，因此黃震認爲師道之立，自安定先生始。〔註155〕

黃震述其讀理學諸書而殿以三先生之用意，云：「震既讀伊洛書，抄其要；繼及其流之或同或異，而終之以徂徠、安定篤實之學，以推發源之自，以示歸根復命之意，使爲吾子孫毋蹈或者末流談虛之失而反之篤行之實」〔註156〕。

〔註152〕《黃氏日抄》卷 43 讀《本朝諸儒書十一上・延平李先生師弟答問》，《四庫全書》本，第 708 冊，第 229 頁。

〔註153〕《黃氏日抄》卷 45 讀《諸儒書十二・石徂徠文集》，《四庫全書》本，第 708 冊，第 253 頁。

〔註154〕《黃氏日抄》卷 45 讀《諸儒書十二・石徂徠文集》，《四庫全書》本，第 708 冊，第 244 頁。

〔註155〕《宋元學案》卷 1《安定學案》，《黃宗羲全集》第 3 冊，浙江古籍出版社，1992 年，第 62～63 頁。

〔註156〕《黃氏日抄》卷 45 讀《諸儒書十二・石徂徠文集》，《四庫全書》本，第 708

《宋元學案》以「安定學案」爲稱首，乃因黃宗羲認爲宋代理學應推源於胡瑗、孫復，觀點如下：「宋世學術之勝，安定（胡瑗）、泰山（孫復）爲之先河」〔註157〕；「宋仁之世，安定先生起於南、泰山先生起於北，天下之世，從者如雲，而正學自此造端矣」〔註158〕；「安定、徂徠卓乎有儒者矩範，然僅可謂有開之必先」〔註159〕。黃宗羲反對以周敦頤爲理學開端，認爲胡瑗、孫復是宋代理學的發端人物，這與黃震以石介、孫復、胡瑗三先生爲宋代理學發源之自頗爲契合。

通過上述分析，可知《宋元學案》對宋代諸儒學術要旨的評價基本因襲了黃震的觀點，這說明《黃氏日抄》對《宋元學案》的學術史觀盡有啓迪之功。

另一方面，黃震讀《本朝諸儒理學書》、《本朝諸儒書》、《諸儒書》，系統總結和記述宋代學術思想發展流變及其派別，既有學派宗主介紹，也有學派學術要點的輯錄與評論，注重闡明各派學術思想的宗旨，把握諸家學術的精髓，更有學術淵源與學統分合之辨析，具備了學術史的所有質素。不過，這部簡明宋代理學史具有以諸儒思想之正變爲次第的編撰特點，這是因爲黃震將自己的思想滲透其中，具有鮮明的時代特色，欲以此彰顯朱學在道統傳承中的正統地位。而《宋元學案》則指出學派思想主旨、列清傳人世系、載明時人和後人的評論，按照時代先後順序，展示出理學爲主的各學術流派的發生、發展和流變。顯然，與黃震所編簡明理學史一脈相承，而愈加細密。

學界一般以《宋元學案》的出現表明學案體史書的成熟和完善。其實《宋元學案》不僅採納黃震的學術史觀，而且繼承了黃震的編撰特點，可見黃震在中國學術史著中的地位。

六、讀史

《黃氏日抄》卷四十六至五十「讀（正）史」中，計有《史記》一卷，《漢

　　　　册，第 253 頁。

〔註157〕《宋元學案》卷 1《安定學案・序錄》，《黃宗羲全集》第 3 册，浙江古籍出版社，1992 年，第 27 頁。

〔註158〕《宋元學案》卷 5《古靈四先生學案》「全祖望按語」，《黃宗羲全集》第 3 册，浙江古籍出版社，1992 年，第 288 頁。

〔註159〕《宋元學案》卷 11《濂溪學案》上「黃百家按語」，《黃宗羲全集》第 3 册，浙江古籍出版社，1992 年，第 586 頁。

書》、《東漢書》一卷、《三國志》、《晉書》、《南史》、《北史》、《隋書》一卷，
《（新）唐書》、《（新）五代史》一卷，《名臣言行錄》一卷。卷五十一至五十
四「讀雜史」，計有蘇子《古史》一卷，《汲冢周書》、《國語》、《戰國策》、《吳
越春秋》、《越絕書》一卷，《春秋世紀》、《春秋臣傳》一卷，《東萊大事記》
一卷。

南宋晁公武《郡齋讀書志》「正史類」依次爲：《史記》、《漢書》、《後漢
書》、《三國志》、《晉書》、《宋書》、《南齊書》、《梁書》、《陳書》、《魏書》、《北
齊書》、《周書》、《隋書》、《舊唐書》、《新唐書》、《舊五代史》、《新五代史》、
《三朝國史》、《兩朝國史》。以《郡齋讀書志·正史類》與《黃氏日抄》「讀
（正）史」所錄史籍比較，發現《黃氏日抄》所讀「（正）史」具有如下四
個特點：

(一)《黃氏日抄》「讀（正）史」中無《宋書》、《南齊書》、《梁書》、
《陳書》、《魏書》、《北齊書》、《周書》。

(二)《南北史》在《郡齋讀書志》中屬於「雜史」，而在《黃氏日抄》
中屬於「（正）史」。

(三)《黃氏日抄》「讀（正）史」中無《舊唐書》、《舊五代史》。

(四)《黃氏日抄》以朱熹《名臣言行錄》取代《三朝國史》、《兩朝國
史》。

關於《黃氏日抄》「讀（正）史」中有《南北史》，而無《宋書》、《南齊
書》、《梁書》、《陳書》、《魏書》、《北齊書》、《周書》，我認爲這主要是因爲《南
北史》是根據「南北七史」再加上《隋書》改寫而成，其刪削南北朝八書繁
冗之功﹝註160﹞不可沒。以《北史》來說，它把北朝（包括魏、北齊、北周和
隋）諸帝的本紀合於一體，再在本紀中區分《魏本紀》、《齊本紀》、《周本紀》
與《隋本紀》，按時間先後順序排列。《南史》對南朝諸帝本紀的處理也是一
樣。除本紀之外，《北史》、《南史》還把皇后、儒林、隱逸、文苑、孝行、列
女、恩倖、藝術與外戚，也按整個北朝與南朝分別合於一體。其他列傳，也
以整個北朝與南朝爲斷限，打破北朝與南朝諸朝代的時間界線，再按傳主的
姓氏、身份特徵和等級差別等因素的不同而分別立合傳。總之，李延壽以這
種編寫方式，把《北史》和《南史》分別變成了北朝通史與南朝通史，分別

﹝註160﹞《四庫全書總目提要·史部二·正史類二·南史》，海南出版社，1999 年，
第 263 頁。

取代了北朝斷代諸史與南朝斷代諸史〔註161〕。

《南北史》的編撰得到了宋代人的讚譽。《新唐書》認為李延壽的《南北史》「頗有條理，刪落釀辭，過本書遠甚」〔註162〕，讓人以為可以用《南北史》取代八書。歐、宋之後，又有晁公武在其《郡齋讀書志》中，也肯定《南北史》「刪繁補闕，過本書（八書）遠甚」，並提出「今之後者，止觀其書，沈約、魏收等的撰著不行」的觀點。蓋黃震身處以《南北史》取代八書的思潮中，亦莫能外。

《黃氏日抄》「讀（正）史」中無《舊唐書》與《舊五代史》，則與二書本身的不足有關。關於《舊唐書》，趙翼《廿二史劄記》卷十六「《舊唐書》前半全用實錄國史舊本」，指出其直接以原始的文書檔案入史的問題，雖史料價值高，但按年月日記載有點像流水賬，而且一般只記簡單的史實而沒有寫出事情的過程和前因後果，無法從中獲得對史事的條理清晰、全面系統的認識。《舊五代史》則在體例、史源、諱改、文字、史觀等方面存在問題，如陶懋炳稱《舊五代史》「紀傳中多有重複，而且兩朝之間的記載又經常自戾」。其「十志」殘缺亦多。〔註163〕因此，兩書傳之不廣。

而《新唐書》、《新五代史》的編撰則仿傚《春秋》，突出褒貶精神，貫徹了統治者的意圖。紀傳體正史講「書法」創始於《新唐書》。趙翼《陔餘叢考》卷十「新、舊唐書本紀書法互有得失」條、《廿二史劄記》卷十六「新書本紀書安史之亂」條就都找出歐陽修撰修《新唐書》本紀時所運用的若干「書法」。歐陽修撰《新五代史》，「法嚴詞約，多取《春秋》遺旨」〔註164〕，如創設各種類傳，將忠臣、節臣和失節之臣，分別列入《臣傳》、《死節傳》、《死事傳》、《一行傳》和《雜傳》。歐著二史的「義例」特點，與黃震「諸史，行事之龜鑒」的觀點契合，故《黃氏日抄》取歐著二史而不取《舊唐書》、《舊五代史》。

《黃氏日抄》「讀（正）史」對史籍的排列，最值得注意的是：朱熹《名臣言行錄》本屬於「傳記」類，而黃震將其列於正史，以充「宋史」；而《郡齋讀書志》中所列宋代「正史」為《三朝國史》、《兩朝國史》。以朱熹私人修

〔註161〕《經史說略‧二十五史說略》，北京燕山出版社，2002 年，第 263～264 頁。
〔註162〕《新唐書‧李延壽傳》，中華書局，1975 年，第 03983 頁。
〔註163〕陶懋炳《新、舊〈五代史〉評議》，《史學史研究》，1987 年，第 2 期。
〔註164〕《宋史‧歐陽修傳》，中華書局，1977 年，第 10381 頁。

撰的「傳記」類言行錄體史書取代官方修撰的紀傳體「正史」，是因爲黃震認爲「史無定體」。黃震這一做法的原因集中反映在讀《名臣言行錄》之末的文字中，茲徵引如下：

> 此錄雖雜取傳記之言，然諸賢出處之本末備矣。豈獨諸賢？凡國朝盛衰之故，亦莫不隱然備見其間矣。如釋藩鎮兵權而天下定，取幽燕、納李繼捧而狄患啓，李文靖鎮以清淨而民生安，寇萊公決策親往而邊好久，王文正苟且順從天書禱祠之妄作而國力幾弊，王沂公相仁宗初年，韓魏公保祐英宗、神宗初年而主少國危之日安若泰山，王安石行新法、開邊隙而天下幾危，宣仁聖烈太后相司馬公而天下再安，范純仁兼用小人致章子厚、蔡京輩紹述安石而國家遂有南遷之禍，盛衰大要不出此數者，皆可考見。然則此錄豈特記諸賢之言行而已哉？愚嘗謂「史無定體」，《書》隨事爲篇，《春秋》紀年以書，班、馬以來分紀傳，而此錄亦朱文公陰寓本朝之史。〔註165〕

黃震認爲《名臣言行錄》不僅反映出大臣的事迹，更重要的是反映出「國朝盛衰之故」，即宋代盛衰的原因，而黃震主張「諸史，行事之龜鑒」〔註166〕，強調歷史的資治功能，認爲史學的任務最根本的不是考察古今盛衰興亡之變，更重要的是要探究盛衰興亡之故，基於這個觀點，他提出「史無定體」，就是說只要史書的內容反映歷史盛衰大勢，即爲正史。因《名臣言行錄》反映「國朝盛衰之故」，故以之充「宋史」。「史無定體」體現出黃震治史具有義理化的傾向。

《黃氏日抄》「讀雜史」諸卷中，有一個比較引人注目的特點：黃震將在《郡齋讀書志》中屬於經部文獻的《春秋列國諸臣傳》列入雜史來討論。這說明黃震是根據書籍的性質決定其歸類，並不因其與經有關而納入經部。可見黃震以歷史學的眼光看，則不僅史部諸書才是史料，史部以外的文獻，如經部文獻，也含有史料。章學誠提出「六經皆史」，其說甚是，但仍不足以概括史料的範圍。而黃震早在宋末元初就將經部文獻納入史學研究的領域，其高下亦不待而言。

〔註165〕《黃氏日抄》卷50讀《（正）史五・名臣言行錄》，《四庫全書》本，第708冊，第345頁。

〔註166〕《黃氏日抄》卷50讀《（正）史五・名臣言行錄》，《四庫全書》本，第708冊，第339頁。

七、讀子

《黃氏日抄》卷五十五至五十八，《讀諸子》依次爲：《老子》、《莊子》、《荀子》、《揚子》、《文中子》、《曾子》、《子華子》、《管子》、《列子》、《墨子》、《文子》、《亢倉子》、《關尹子》、《鶡冠子》、《鬻子》、《商子》、《韓非子》、《鄧析子》、《愼子》、《公孫龍子》、《尹文子》、《淮南子》、《抱朴子》、《劉子》、《聱隅子》、《宋齊丘化書》、《子家子》、《呂氏春秋》、黃石公《素書》、陸賈《新語》、賈誼《新書》、《新序》、《說苑》、《春秋繁露》、《論衡》、《申鑒》、《乾坤鑿度》、《易緯稽覽圖》、《易通卦驗》、《周易參同契》、《古三墳書》、《孫子》、《吳子》、《司馬法》、《唐太宗李衛公問對》、《尉繚子》、《黃石公三略六韜》、《陰符經》。《日抄》考辨博贍，於《讀諸子》可見一斑。

《黃氏日抄》對於子部書的排列有一個很明顯的特點，即以道家之《老子》、《莊子》爲首，而與《郡齋讀書志》首列「儒家」類的做法迥異。

黃震以《老子》、《莊子》爲諸子之首，是與其理學思想密不可分的。

（一）衛正道

黃震遠尊孔子，以「衛正道」自居，黃震所謂正道即孔子學說。黃震站在維護孔子學說的立場上來看諸子學說，認爲其含有毒素，是正道之變，故多持貶斥態度。黃震認爲：

> 夫聖人之治天下，君臣、父子以相生，桑麻、穀粟以相養，其義在六經，其用在民生日用之常，如此而已耳。自周衰，天下亂，諸子蜂起，爭立異說，而各以禍其人之國。……孔子不語怪、力、亂、神，諸子之所語者，怪而已。古語有之：君子道其常，小人道其變。諸子之所道者，變而已。自莊、列以來，無一不然，於以汨沒天下之正理，惑生民之耳目。〔註167〕

諸子所言非怪即變，因此黃震認爲「諸子惟荀卿、揚雄、王通知宗尙孔氏，而未知其儻用於世果何如。餘皆處士橫議，高者誣誕，下者深刻，戲侮聖言，壞亂風俗，蓋無一非孔門之罪人」〔註168〕。黃震讀《歐陽修文集》時，指出《老子》首言「道可道，非常道」，又曰「可道非道」，「是首破天下萬世常行

〔註167〕《黃氏日抄》卷55讀《諸子一·淮南子》，《四庫全書》本，第708冊，第415頁。

〔註168〕《黃氏日抄》卷55讀《諸子一·管子》，《四庫全書》本，第708冊，第405頁。

之理而後來之蕩空者皆從而衍之也」〔註169〕。是黃震認為在這些「罪人」中，道家為諸家之從出者也，故以道家居首。黃震以道家為諸家之從出者是正確的，茲舉道家與兵家、法家的關係加以說明。

1. 道家與兵家

黃震之前，已有學者注意到《老子》與兵家的關係。唐代王眞說，「五千之旨……未嘗有一章不屬意於兵也」，蘇轍說「……此幾於用智也，與管仲、孫武何異」？黃震之後，王夫之說「言兵者師之」，「持機械變詐以徼倖之祖也」；章太炎說它「約《金版》《六韜》之旨」〔註170〕。可見，不少學者認為《老子》是一部兵書。

黃震認為「老子占奸……其後兵家祖其說，如《陰符經》之類是也」〔註171〕。黃震的觀點極得其情。黃震並不以為《老子》本身一定就是講兵的書，但它與兵家關係密切，這關係在於兵家的思想來源與《老子》有關。

隨著學術研究的深入，兵家與道家的關係也被學者深入發掘出來，從而證明黃震兵家祖道家的觀點是正確的。呂思勉曾指出兵家與道家相近之處：

> 孫子曰：「行千里而不勞者，行於無人之地也。攻而必取者，攻其所不守也。守而必固者，守其所不攻也。」又曰：「夫兵形象水，水之形，避高而趨下；兵之形，避實而擊虛。水因地而制流，兵因敵而制勝。故兵無常勢，水無常形。」此道家因任自然之旨也。又曰：「百戰百勝，非善之善者也，不戰而屈人之兵，善之善者也。」又曰：「昔之善戰者，先為不可勝，以待敵之可勝。不可勝在己，可勝在敵。故善戰者，能為不可勝，不可使敵之必可勝。故曰：勝可知而不可為。……故善戰者之勝也，無智名，無勇功。故其戰勝不忒。不忒者，其所措勝；勝已敗者也。故善戰者，立於不敗之地，而不失敵之敗也。」此道家守約之說也。又曰：「兵聞拙速，未睹巧之久也。」又曰：「後人發，先人至。」又曰：「善戰者致人而不致於人。」此道家以靜制動術也。又曰：「善出奇者，無窮如天地，不

〔註169〕《黃氏日抄》卷 61 讀《文集三·歐陽文》，《四庫全書》本，第 708 冊，第 531 頁。

〔註170〕李澤厚《孫老韓合說》，《中國古代思想史論》，人民出版社，1986 年，第 77 頁。

〔註171〕《黃氏日抄》卷 38 讀《本朝諸儒理學書六·晦庵先生語類二》，《四庫全書》本，第 708 冊，第 120 頁。

竭如江河。終而復始，日月是也。死而復生，四時是也。聲不過五，五聲之變，不可勝聽也。色不過五，五色之變，不可勝觀也。味不過五，五味之變，不可勝嘗也。戰勢不過奇正，奇正之變，不可勝窮也。」又曰：「善攻者敵不知其所守，善守者敵不知其所攻。微乎微乎！至於無形。神乎愼乎！至於無聲，故能爲敵之司命。」此則將至變至之術，納之至簡之道；又自處於至虛之地，尤與道家之旨合矣。〔註172〕

張運華亦曾撰文指出「道家與兵家本屬不同學派，兩派宗旨也大相徑庭，但老子書中概括了一系列軍事戰略戰術，致使後世言兵者多受老子的影響。這種影響主要體現在，第一，反戰論；第二，不得已而戰；第三，以奇用兵；第四，柔弱勝剛強。由此形成了道家與兵家的密切關係」。〔註173〕

2. 道家與法家

黃震對於法術非常不以爲然，他認爲：「後世法吏深刻，始於敕律之外，立所謂例，士君子尙羞用之」〔註174〕，可見黃震反對嚴刑峻法。黃震認爲「老子占奸，故爲其學者多流於術數，如申韓之徒是也」〔註175〕。在《黃氏日抄》中，黃震屢屢稱道司馬遷作《史記》以老子與申韓同傳意在說明老子流爲申韓法家之弊，其說如下：

老子與韓非同傳，論者非之。然余觀太史公之旨意，豈苟然哉？於老子曰「無爲自化」，於莊子曰「其要本歸於老子之言」，於申不害曰「本於黃老而主刑名」，於韓非曰「喜刑名法術之學，而其歸本於黃老」。夫無爲自化去刑名固霄壤也，然聖人所以納天下於善者，政教也。世非太古矣，無爲安能自化？政教不施，則其弊不得不出於刑名。此太史公自源徂流，詳著之爲後世戒也。

老子、孔子皆布衣也。太史公列《孔子世家》，贊其爲至聖。至老子則傳之管、晏之次而窮其弊於申韓，豈不以申韓刑名之學又在管、晏功利之下而老子則申韓之發源歟？〔註176〕

〔註172〕呂思勉《先秦學術概論》，中國大百科全書出版社，1985年，第134頁。
〔註173〕張運華《道家與兵家》，《五邑大學學報》，1998年，第1期，第52頁。
〔註174〕《黃氏日抄》卷7讀《春秋一・序》，《四庫全書》本，第707冊，第107頁。
〔註175〕《黃氏日抄》卷38讀《本朝諸儒理學書六・晦庵先生語類二》，《四庫全書》本，第708冊，第120頁。
〔註176〕《黃氏日抄》卷46讀《（正）史一・史記》，《四庫全書》本，第708冊，第

> 太史公作老莊傳，辭簡意足，曲盡老莊之本旨而又即以申韓附之，
> 若曰「清淨無為，其勢必不足以治；及其不治，其勢必不得不以法
> 繩之，而老子之無為常欲自利其藏，於心者已有陰術。莊子之寓言
> 破壞尋常，其矢於口者已無忌憚，以陰術之心行肆無忌憚之說而處
> 不得不以法繩之勢，慘刻不道，尚復何疑？此申韓之出於老莊，而
> 惟太史公能窮極源委而言之。〔註177〕

黃震還稱讚司馬遷雖「生長於黃老荒唐謾語中」，卻「能推尊孔子，黜黃帝乘
龍上天之事不載而極老莊流弊，使與申韓同傳」的「豪傑之士」〔註178〕。

　　黃震的觀點基本上反映出當時道、法的承變關係。「道家所以流為法家
者，即老子、韓非同傳可以知之。《老子》曰『魚不可脫於淵，國之利器不
可以示人』，此二語是法家之根本，唯韓非能解老喻老，故成其為法家矣」
〔註179〕。現代學者在談到法家對於道家思想的吸取和發展時，也說「至於集
法家之大成的韓非，不僅《史記》說他『喜刑名法術之學，而其歸本於黃
老』；他自己還在《解老》、《喻老》中，通過對老子的『道』所作的唯物主義
的闡發，提出了他的唯物主義的自然觀和認識論」〔註180〕。李澤厚先生也認
為《老子》「直接衍化為政治統治的權謀策略（韓非）」〔註181〕。

　　黃震以道家思想為諸子之從出者，是符合歷史情況的。現代學者認為「老
子不僅是道家學派的創始者，從一定的意義上看，他還是先秦諸子的啟蒙者。
舉凡春秋戰國之際的九流百家，大抵都受到過老子思想的影響」〔註182〕，「到
稷下先生時代，道家三派略有先後地並駕齊驅，不僅使先秦思想更加多樣化，
而且也更加深邃了。儒家、墨家都受了他們的影響而發生質變，陰陽、名、
法諸家更是在他們的直接感召下派生了出來」〔註183〕。呂思勉更認為「道家

　　　　270～271頁。
〔註177〕《黃氏日抄》卷51讀《雜史一‧蘇子古史》，《四庫全書》本，第708冊，第
　　　　357頁。
〔註178〕《黃氏日抄》卷51讀《雜史一‧蘇子古史》，《四庫全書》本，第708冊，第
　　　　362頁。
〔註179〕章太炎《國學講演錄‧諸子略說》，華東師範大學出版社，1995年，第166
　　　　～167頁。
〔註180〕張松如、陳鼓應、趙明、張軍《老莊論集》，齊魯書社，1987年，第42頁。
〔註181〕李澤厚《孫老韓合說》，《中國古代思想史論》，人民出版社，1986年，第78頁。
〔註182〕張松如、陳鼓應、趙明、張軍《老莊論集》，齊魯書社，1987年，第40頁。
〔註183〕郭沫若《稷下黃老學派的批判》，《郭沫若全集》歷史編第2卷，人民出版社，
　　　　1982年，第163頁。

之學，實爲諸家之綱領。諸家皆專明一節之用，道家則總攬其全。諸家皆其用，而道家則其體」〔註184〕。

（二）闢異端

黃震的思想不僅具有「衛正道」的特點，而且具有「闢異端」的特點。「闢異端」與「衛正道」相輔相承，「異端之害正，固君子所當闢，然須是吾學明，洞見大本達道之全體。然後據天理以開有我之私；因彼非矣察吾道之正。議論之間，彼此交盡」〔註185〕。宋儒所排闢之「異端」，主要指佛、老之說。黃震就曾指出：「孔子指凡非所當習者爲異端，孟子獨指楊、墨爲異端，自唐韓昌黎至本朝濂溪、伊洛及乾淳諸儒，皆指佛、老爲異端」〔註186〕。排闢「異端」者代不乏人，「漢魏以降，佛、老嘗亂此道，韓文公闢之而道又明。唐中世以後，佛氏始改說心學（即禪宗），以蕩此道，濂、洛諸儒講性理之學以闢之，而道益明。伊川既沒，講濂、洛性理之學者，反又浸淫於佛氏心學之說。晦庵先生復出，而加以是正，歸之平實，而道益大明」〔註187〕。

儘管宋儒均視佛、老爲異端，但是他們看到，佛教禪宗興起後，在理論上已遠遠超出道家，故對儒學的衝擊也大於道家。黃震也認爲「禪學爲異端之異端，鑿空無據，自號教外，正其自納敗缺處」〔註188〕。黃震認爲禪學已不同於初期的佛教，說佛教「本以慈悲不殺，戒人斷惡修善而止」，而至禪學，則「以其前日紛亂吾聖人之常者而紛之，謂善惡爲無二，謂有心而修善爲不可，謂無心而殺人爲無傷，以一切掃除佛氏之初說」〔註189〕。黃震指出佛教固爲異端之說，但世人易辨其荒謬，故也只能蒙蔽愚昧之人；而禪學一出，士大夫「無不助其虐而甚其禍，雖講明儒學者，亦或陰移於其說而不自知，如飲狂泉之國矣」，以至「天下皆邪說」〔註190〕。

〔註184〕呂思勉《先秦學術概論》，中國大百科全書出版社，1985年，第27頁。
〔註185〕《晦庵集》卷39《答范伯崇》，《四庫全書》本，第1144冊，第147頁。
〔註186〕《黃氏日抄》卷42讀《本朝諸儒書十・陸象山文集》，《四庫全書》本，第708冊，第209頁。
〔註187〕《黃氏日抄》卷88《江西提舉司撫州臨汝書院山長廳記》，《四庫全書》本，第708冊，第941頁。
〔註188〕《黃氏日抄》卷34讀《本朝諸儒理學書二・晦庵先生文集一》，《四庫全書》本，第708冊，第26頁。
〔註189〕《黃氏日抄》卷86《龍山壽聖寺記》，《四庫全書》本，第708冊，第898頁。
〔註190〕《黃氏日抄》卷90《欽德載聞道集序》，《四庫全書》本，第708冊，第962頁。

關於道家學說流衍為禪宗及當時儒家學者亦浸淫其弊，黃震曾有如下論述：

> 周室既衰，學校既廢，上無與主張，下無與講習，士始分裂而四出。得志於當世者，外此道（指聖人之道）而為功名，則為管、晏之功利，則為蘇、張之從衡，則為申、韓之法術；不得志於當世者，外此道而為橫議，則為老聃之清虛，則為莊、列之寓言，則為鄒衍之誣誕，凡皆道之不明故也。然得志於當世者，其禍雖烈而禍猶止於一時；不得志於當世者，其說雖高而禍乃及於萬世。凡今之削髮緇衣，喝佛罵祖者，自以為深於禪學，而不知皆戰國之士不得志於當世者戲劇之餘談也。凡今之流於高虛，求異一世者，自以為善談聖經，而不知此即禪學，亦戰國之士不得志於當世者展轉之流毒也。〔註191〕

可見黃震所謂「異端」主要是指佛教之禪宗，而在黃震看來，禪宗是由道家學說而來的。黃震論禪宗源於道家學說，其觀點如下：

> （莊子）謂是即非，非即是，而是非之兩忘，於是乎復蕩而空之，謂人不必有材，心不必有知；而天下生生之理盡絕，於是乎又復引而伸之，謂入水不濡，入火不焦，為天下之至人。嗚呼！此誠亂世之書而後世禪學之所自出也。〔註192〕

> 禪學源於莊、列滑稽戲劇、肆無忌憚之語，懼理之形彼醜謬，而凡聖賢經傳之言理者，皆害己之具也，故以理為障，而獨指其心曰「不立文字，單傳心印」。此蓋不欲言理，為此遁辭，付之不可究詰云耳。〔註193〕

> 由漢及唐，皆尊老莊。其間溢出而為禪學者，亦老莊之餘派。〔註194〕

一言以蔽之，黃震認為禪學即源流於老莊〔註195〕。基於禪學源流於老莊的觀

〔註191〕《黃氏日抄》卷82《臨汝書堂癸酉歲旦講義》，《四庫全書》本，第708冊，第842～843頁。

〔註192〕《黃氏日抄》卷55讀《諸子一・老子》，《四庫全書》本，第708冊，第400頁。

〔註193〕《黃氏日抄》卷5讀《尚書》，《四庫全書》本，第707冊，第66頁。

〔註194〕《黃氏日抄》卷55讀《諸子一・老子》，《四庫全書》本，第708冊，第401頁。

〔註195〕《黃氏日抄》卷33讀《本朝諸儒理學書一・周子太極通書》，《四庫全書》本，

點，黃震以道家之老莊列為諸子之首。

黃震「禪學源流於老莊」的觀點雖未必盡然，譬如，「以理為障」出於《圓覺經》。但是其說也不乏真知灼見，禪宗不立語言文字、單傳心印、冀求頓悟之說，與莊子所謂心齋、坐忘若出一轍，近人多能詳之，黃震於七百年前已見此，斯為卓識也。

關於禪宗與道家的關係，現代學者多有論述，馮友蘭認為「禪宗是中國佛教的一支，它真正是佛學和道家哲學最精妙之處的結合」〔註196〕。臺灣學者林繼平提出「禪宗之『道』，又與《莊子》之『道』無殊，其間關係之密切，我們也就不難想像了。方法一致，其境界也必相通」〔註197〕，又認為「從禪宗的修持方法來看，老莊的道與禪宗的道並無差別。因此禪宗講『真心』、『真我』及『平常心』等很多術語，不外是『道』的代號，最後他將禪宗與道家的關係概括為，「老莊的『道』就是禪宗的『道』」〔註198〕。「禪宗攝取老莊思想，融入大乘佛教之中，使老莊思想變為禪學的化身，使禪學思想具有老莊的形態」。〔註199〕

概言之，黃震「衛正道」，以諸子為「正道」之變；「闢異端」，以禪宗為異端之異端，故其對諸子之從出者及禪宗之淵源所自——道家學說進行批判。這正是《讀諸子》首列道家之《老子》與《莊子》的原因。

八、讀集

《黃氏日抄》卷五十九至六十八依次讀韓愈、柳宗元、歐陽修、蘇軾、曾鞏、王安石、黃庭堅、汪藻、范成大、葉適之文集。文者所以在道，正如「筌者所以在魚」，「蹄者所以在兔」，「言者所以在意」〔註200〕。不為捕魚則不設筌，不為繫兔則不設蹄，不為表意則不發言，不為傳道則不著文。

宋代政治思想大一統的趨向，宋代理學的盛行，使「文以載道」的觀念深入人心。理學家基於「天理」、「人欲」之辨，本來就排斥「雕章鏤句」、「悅人耳目」的文章，他們認為作文也屬於「玩物喪志」的「人欲」的一端，如

第 708 冊，第 2 頁。

〔註196〕馮友蘭《中國哲學簡史》，北京大學出版社，2001 年，第 182 頁。

〔註197〕林繼平《老莊思想與禪宗》，《清華大學學報》，2002 年第 3 期，第 29 頁。

〔註198〕林繼平《老莊思想與禪宗》，《清華大學學報》，2002 年第 3 期，第 30 頁。

〔註199〕王國良《百川彙海——各種學科的興起和發展》，《中國文化新論學術篇——浩瀚的學海》，三聯書店，1991 年，第 30 頁。

〔註200〕《莊子·外物篇》。

果把功夫花在那上面，是有害無益的，故程頤危言「作文害道」，一般理學家甚至認爲只要有道，文辭的工拙是不須理會的。

關於文與道的關係，黃震曰「秦、漢以後之文，鮮復關於道，甚者害道。韓文公始復古文，而猶未必盡純於道。我朝諸儒，始明古道，而又未嘗盡發於文」〔註201〕，從其言辭中，可以看出黃震是主張文道一體的。黃震曾明確指出「文所以建理，理者，文之本；法度，則其枝條；詞藻，則其華實」〔註202〕。黃震曾以朱熹爲文道一體之典範，說他「天才卓絕，學力宏肆，落筆成章，殆於天造。其剖析性理之精微，則日精月明；其窮詰邪說之隱遁，則神搜霆擊；其感慨忠義，發明離騷，則苦雨淒風之變態；其泛應人事，遊戲翰墨，則行雲流水之自然。究而言之，皆此道之流行，猶化工之妙造也」〔註203〕。

黃震生當南宋內憂外患日趨嚴重的時期，他理解的「道」在這裡包含兩方面的意思，一即義理，也就是經書的旨意；二即治道，也就是陳世事、敘民瘼、述安危。黃震曾說「六經，治道之根源；諸史，行事之龜鑒」〔註204〕，可見義理與經世是黃震所謂「道」之兩端。

由於黃震認爲「夫道即理也。粲然於天地間者，皆理也」，理無所不在，文集亦何可不究？因此黃震將唐宋人的文集亦納入其理學的範圍，從文道一體的角度出發選取上述十家文集，依其時代先後爲序，加以摘評，一反宋代理學界崇道貶文的風氣，體現出其文道一體觀。

（一）韓愈

以「理者，文之本」的觀點衡量，黃震認爲「言及經義，是非不謬於聖人，則文人皆無昌黎比者矣」〔註205〕，可見，文人中唯韓愈在黃震的心目中居於泰山北斗的地位。黃震評論韓愈文中之道，曰：

蓋自孟子沒而異端作，中國之不爲夷狄者幾希，公始出而排斥之，

〔註201〕《宋元學案》卷49《晦庵學案下》，《黃宗羲全集》第4冊，浙江古籍出版社，1992年，第922～923頁。

〔註202〕《黃氏日抄》卷91《跋耘溪憖薰》，《四庫全書》本，第708冊，第983頁。

〔註203〕《宋元學案》卷49《晦庵學案下》，《黃宗羲全集》第4冊，浙江古籍出版社，1992年，第922～923頁。

〔註204〕《黃氏日抄》卷50讀《（正）史五‧名臣言行錄》，《四庫全書》本，第708冊，第339頁。

〔註205〕《黃氏日抄》卷59讀《文集一‧韓文》，《四庫全書》本，第708冊，第487頁。

天地之所以位，人之所以異於禽獸，中國之所以異於夷狄，一一條析明盡而世始昭若發蒙。孔孟而後，所以扶植綱常者，公一人而已。孟子沒而邪說熾，性理之不蕩於虛空者尤希，公始出而指喜怒哀樂愛惡欲七者以爲情，指仁義禮智信五者以爲性，人獨於五者之要，指仁與義二者，謂由是而之焉，則爲道。且謂捨是而言道者，非吾之所謂道。孔孟而後，所以辨析義理者，文公一人而已。夫惟綱常非徒禮樂刑政之可扶也，我朝是以復極其根於性命之源，性非徒三品之可盡也。我朝是以復析其微於本然之性、氣質之性之別，功有相因，理日以明，譬之事業，文公則撥亂世而反之正者也。我朝諸儒則於反正之後，究極治要、製禮作樂，躋世太平者也。〔註206〕

可見，黃震認爲「世更八代，異端肆行，昌黎始出，而斥異端，明聖道，以六經之文爲諸儒之倡，其有補斯世，論者謂功不在孟子下」〔註207〕，所以黃震既認同韓愈之文，認爲「自昔詩文不免差誤，惟昌黎之文……獨無之」〔註208〕，更認爲「文起八代之衰」不足以概括韓愈的貢獻，韓愈之文，「止於文字之文而已哉」？〔註209〕韓文論事說理，一一明白透徹，無可指責者，正所謂貫道之器〔註210〕，甚至可以追配六經之作〔註211〕。

　　韓文的貢獻不僅在於文，更在於道，故黃震首列韓愈之文集。

（二）柳宗元

　　「柳以文與韓並稱」，但是黃震認爲，與韓文乃「貫道之器」相比，「柳之達於上聽者皆諛辭，致於公卿大臣者皆罪謫，後羞縮無聊之語、碑碣等作

〔註206〕《黃氏日抄》卷59讀《文集一・韓文》，《四庫全書》本，第708冊，第486頁。

〔註207〕《黃氏日抄》卷59讀《文集一・韓文》，《四庫全書》本，第708冊，第486頁。

〔註208〕《黃氏日抄》卷59讀《文集一・韓文》，《四庫全書》本，第708冊，第487頁。

〔註209〕《黃氏日抄》卷59讀《文集一・韓文》，《四庫全書》本，第708冊，第486頁。

〔註210〕《黃氏日抄》卷60讀《文集二・柳文》，《四庫全書》本，第708冊，第505頁。

〔註211〕《黃氏日抄》卷61讀《文集三・歐陽文》，《四庫全書》本，第708冊，第534頁。

亦老筆與俳語相半，間及經旨義理，則是非多謬於聖人。凡皆不根於道故也」〔註212〕，可見論文中之道，柳宗元不可與韓愈相提並論，所以黃震自稱「愚於韓文無擇，於柳文不能無擇焉，而非徒曰並稱」〔註213〕。

黃震不苟於世俗之見，分別柳文年代先後、文體異同，對韓柳並稱的說法提出自己的見解，認爲與韓文乃「貫道之器」相比，柳文「是非多謬於聖人」，可見黃震辨別義理精微之兢兢。

儘管黃震從「文所以建理」的觀點出發，主張對韓柳之文區別對待，但是他也注意到柳宗元晚年之作，自抒胸臆，「紀志人物以寄其嘲罵，模寫山水以舒其抑鬱，則峻潔精奇，如明珠夜光，見轍奪目」〔註214〕。

可見，黃震認爲柳文「大肆力於文章」〔註215〕，卻「不根於道」。文道一體，得於文，未必得於道。二者苟不能合一，亦不當據此廢彼。這是黃震極寬大的見解。

（三）歐陽修

黃震認爲「（韓）文公沒未幾，俳語之習已復如舊，天下事創之難，而傳之尤不易」，所幸歐陽修得韓文公遺文，「酷好而疾趨之，能使古文粲然復興，今垂三百年」，「其文詞盎溫而自然暢達」，這正是「宋興百年，元氣胥會，鍾之異人」之必然。黃震分析歐陽修復興古文的原因未免失當，但是歐陽修復興古文之功卻堪此評價。黃震高度評價歐陽修之文，稱其「摹寫事情，使人宛然如見，蘇公之開陳治道，使人惻然動心，皆前無古人」。

黃震極爲讚賞歐陽修摒俳語不習，復興古文之功，但是論及歐文所載之道，黃震稱其不盡純於「道」，謂「公雖亦闢異端而不免歸尊老氏，思慕至人，辨《繫辭》，非聖人之言，謂贏秦當繼三代之統」，所以與韓文公《原道》、《原性》等作「已恐不同」。黃震又認爲孔子所言「文王既沒，文不在茲乎！天之將喪斯文也，後死者不得與於斯文也，天之未喪斯文也，匡人其如

〔註212〕《黃氏日抄》卷60讀《文集二‧柳文》，《四庫全書》本，第708冊，第505頁。

〔註213〕《黃氏日抄》卷60讀《文集二‧柳文》，《四庫全書》本，第708冊，第506頁。

〔註214〕《黃氏日抄》卷60讀《文集二‧柳文》，《四庫全書》本，第708冊，第505～506頁。

〔註215〕《黃氏日抄》卷60讀《文集二‧柳文》，《四庫全書》本，第708冊，第506頁。

予何！」中的「斯文」是指「道」，而「非言語文字之云」，這說明黃震對於蘇軾以歐陽修繼韓文公，上達孔孟，謂即孔子之所謂斯文的做法是不能苟同的。

因此，黃震不失時機地提出「求義理者，必於伊洛；言文章者，必於歐蘇……學者惟其所之爲，特不必指此爲彼爾」〔註216〕，指示後學門徑，使其在道與文方面有模仿的標準，而不必苟責前人。

（四）蘇軾

繼歐陽修復興古文之後，蘇軾之「文如長江大河，一瀉千里，至其混浩流轉，曲折變化之妙，則無復可以名狀。蓋能文之士。莫之能尙也」〔註217〕。

更值得一提的是，蘇軾之文，關於治道處甚多，《黃氏日抄》讀蘇軾《上劉侍讀書》與《思堂記》，皆就文章而辨義理。黃震於此有如下表述：

> （蘇文）尤長於指陳世事，述敍民生疾苦，方其年少氣銳，尚欲迅掃宿弊，更張百度，有賈太傅流涕漢庭之風。及既懲創，王氏一意忠厚，思與天下休息，其言切中民隱，發越懇到，使嚴廊崇高之地，如親見閭閻，哀痛之情有不能不惻然感動者，眞可垂訓萬世矣。嗚呼，休哉！〔註218〕

儘管黃震最後稱「至義理之精微，則當求之伊洛之書」，但黃震認爲「蘇公之開陳治道，使人惻然動心」與「歐陽公之摸寫事情，使人宛然如見」相互輝映，皆是「前無古人」〔註219〕，可見黃震欲縋文學與理學於一途之努力。

（五）曾鞏

曾鞏，宋建昌軍南豐（今屬江西）人。黃震論曾鞏，以其與王安石相提並論，分析二人的異同。黃震指出二人的相同之處，「南豐與荊公俱以文學名，當世最相好，且相延譽，其論學皆主考古，其師尊皆主揚雄，其言治皆纖悉於制度，而主《周禮》。荊公更官制，南豐多爲擬制誥以發之。豈公與荊公抱

〔註216〕《黃氏日抄》卷 61 讀《文集三·歐陽文》，《四庫全書》本，第 708 冊，第 534 頁。

〔註217〕《黃氏日抄》卷 62 讀《文集四·蘇文》，《四庫全書》本，第 708 冊，第 551 頁。

〔註218〕《黃氏日抄》卷 62 讀《文集四·蘇文》，《四庫全書》本，第 708 冊，第 551 頁。

〔註219〕《黃氏日抄》卷 61 讀《文集三·歐陽文》，《四庫全書》本，第 708 冊，第 534 頁。

負略相似，特遇於世者不同耶！抑聞古人有言，有治人，無治法，詳於法必略於人。秦法之密，漢綱之疏，其效亦可睹矣」！〔註220〕

曾鞏與王安石的不同之處，在於「南豐比荊公，則能多論及本朝政要，又責誚荊公不能受人之言」，所以，黃震認爲「使南豐得政，當有可觀者乎？」黃震又說「南豐之文多精覆而荊公之文多澄靖，荊公之文多佛語而南豐之文多闢佛」〔註221〕。

黃震兼論曾鞏、王安石，論其文，又論其人、其學，又及歷代之治道、宋初之政制，因文及道，尤可見黃震的文道一體觀。

（六）王安石

黃震認爲《王安石文集》中有論理、論治的成分，謂「論理者，必欲兼仁與智，而又通乎命；有論治者，必欲養士、教士、取士，然後以更天下之法」〔註222〕。黃震讀《王安石文集》，於《上仁宗皇帝書》，謂「方今患在不知法度」〔註223〕；於《上人書》，云「文者，務爲有補於世而已」，稱「論文至此不其盛矣乎？」〔註224〕

但是總的說來，王安石的文章「率曖昧而不彰，迂弱而不振，未見其有黎然當人心，使人心開目明，誦詠不忘者」，所以黃震發出「辨析義理之精微，經綸治道之大要，固有待於致知之眞儒耶」〔註225〕的感歎。

論文，黃震認爲其題詠記偈之文與講理、論治之文，如出兩轍，以律詩而言，「出於自然，追蹤老莊，記志精彩，彷彿昌黎，雖有作者莫之能及。」〔註226〕

〔註220〕《黃氏日抄》卷63讀《文集五·南豐文》，《四庫全書》本，第708冊，第568頁。

〔註221〕《黃氏日抄》卷63讀《文集五·南豐文》，《四庫全書》本，第708冊，第568～569頁。

〔註222〕《黃氏日抄》卷64讀《文集六·王荊公（文）》，《四庫全書》本，第708冊，第581～582頁。

〔註223〕《黃氏日抄》卷64讀《文集六·王荊公（文）》，《四庫全書》本，第708冊，第572頁。

〔註224〕《黃氏日抄》卷64讀《文集六·王荊公（文）》，《四庫全書》本，第708冊，第579頁。

〔註225〕《黃氏日抄》卷64讀《文集六·王荊公（文）》，《四庫全書》本，第708冊，第581～582頁。

〔註226〕《黃氏日抄》卷64讀《文集六·王荊公（文）》，《四庫全書》本，第708冊，第582頁。

（七）黃庭堅

黃庭堅（晚號涪翁）嗜佛老，工嘲詠，善品藻書畫，被譽爲「蘇門四學士」之一。但是黃震深入分析黃庭堅的文集，發現黃庭堅論道，則尊儒家道統，「其論著雖先莊子而後語孟，至晚年自列其文，則欲以合於周孔者爲內集，不合於周孔者爲外集。其說經雖尊荊公而遺程子，至他日議論人物，則謂周茂叔人品最高，謂程伯淳爲平生欣慕」；又闢佛禪，「荊公欲挽愈清老削髮半山，涪翁亦屢諫不容，且識《列子》爲有禪語，而謂普通中事本不從蔥嶺來。」其論學，無門戶之見，「方蘇門與程子學術不同，其徒互相攻詆，獨涪翁超然其間，無一語黨同方。」所以，黃震不同意黃庭堅爲「蘇門學士」的看法，而爲其正名，認爲黃庭堅這種「不緇不磷」的品格，非蘇門弟子可以望其項背。

黃震還進一步分析黃庭堅文集垂芳百世的原因，在於他「實以天性之忠孝吾儒之說」，所以與僧交遊，不過消遣世慮之所爲，並沒有沉溺於佛禪，是「本心之正大不可泯沒者」〔註227〕。

（八）汪藻

黃震論汪藻之文，認爲其「明徹高爽，歐、蘇之外邈焉」；論其人，黃震認爲他於「寡儔艱難，扈從之際敷陳指斥尤多痛快，殆有烈丈夫之氣。」及至文中義理，黃震則表示疑義，認爲「行責詞，則痛詆李綱；草麻制，則力褒秦檜。平居議論，則鄙經學而尊詞章」〔註228〕，這些都與黃震尊經重道的思想相違背，所以黃震深深地感慨學術失其正，其害至於滅沒人才。

理學之外不能無辭章，而辭章亦不能背棄理學，以自成文章。黃震之感慨寓意深矣。

（九）范成大

黃震以范成大比擬蘇軾，謂其「喜佛老，善文章，蹤迹遍天下，審知四方風俗，所至登覽嘯詠，爲世歆慕，往往似東坡。」但是范成大與蘇軾亦有不同之處，「東坡當世道紛更，屢爭天下大事，其文既開闢痛暢而又放浪嶺海，四方人士爲之扼腕，故身益困而名益彰。公遭值壽皇清明之朝，言無不

〔註227〕《黃氏日抄》卷65讀《文集七·黃涪翁文》，《四庫全書》本，第708冊，第590～591頁。
〔註228〕《黃氏日抄》卷66讀《文集八·汪浮溪文》，《四庫全書》本，第708冊，第599頁。

合。凡所奏對，其文皆簡樸無華而又致位兩府。福祿過之，流風遺韻亦易消歇耳！」

論治，黃震讚揚范成大關心民瘼，稱「若公之言治，主貴實而將久。其帥蜀、帥廣皆能寬民力，練軍實。出使萬里外，如言治堂上時，討論申明纖悉具備，可謂刻志當世者矣。然公亦嘗帥沿海討論申明，無異在蜀廣而沿海吾居也。考之事實，率不可行。今無聞焉。或者蜀、廣去天萬里，其弊誠有如公所言者，而沿海於行都爲切近無事之地。公銳意事功，不能不姑爲是條畫而已耶！」

黃震讀《范石湖集》，云：「自昔士大夫建明，多爛然於高文大冊之間，而至今小民疾苦，終蹙然於窮簷敗壁之下，豈非人存則政舉，而有國有家者，常宜以得人爲急務哉？」〔註229〕

（十）葉適

葉適，世稱水心先生。黃震讀《葉水心文集》，論葉適其人，曰：

> 乾淳間，正國家一昌明之會，諸儒彬彬輩出，而說各不同。晦翁本《大學》致知格物以極於治國、平天下，工夫細密，而象山斥其支離，直謂即心是道。陳同甫修皇帝王霸之學，欲前承後續，力拄乾坤，成事業而不問純駁。至陳傅良則又精史學，欲專修漢唐制度、吏治之功。其餘亦各紛紛，大要不出此四者。不歸朱，則歸陸；不陸，則又二陳之歸。雖精粗高下難一律齊，而皆能自白其說，皆足以使人易知。獨水心混然於四者之間，總言統緒，病學者之言。〔註230〕

黃震論葉適之文，認爲水心之「見稱於世者，獨其銘誌序跋筆力橫肆爾。」至於文中內容，黃震則詳爲條辨，「水心能力排老莊，正矣。乃並譏程伊川，則異論也。能力主恢復，正矣。乃反斥張魏公，則大言矣。能力詆本朝兵財靡敝天下而至於弱，正矣。乃欲割兩淮江南荊湖棄諸人，以免養兵，獨以兩浙爲守，又欲抑三等戶代兵茲，又靡弊削弱之尤者也」〔註231〕。

〔註229〕《黃氏日抄》卷67讀《文集九‧范石湖文》，《四庫全書》本，第708冊，第635頁。

〔註230〕《黃氏日抄》卷68讀《文集十‧葉水心文集》，《四庫全書》本，第708冊，第639頁。

〔註231〕《黃氏日抄》卷68讀《文集十‧葉水心文集》，《四庫全書》本，第708冊，第649頁。

　　黃震選取上述十家文集，乃因其中有可以藉以發揮己見的內容，因爲黃震論其文，論其道，兼論其人、其學，無不歸於一理之實，體現了他文道一體的觀點，也說明黃震將理學的範圍擴大到集部諸書。窮理薄文，已成爲理學界中傳統的風氣，無足怪者，黃震之辨，乃彌可珍。

　　通過對《黃氏日抄》中經、孔氏書、本朝諸儒理學書、本朝諸儒書、諸儒書、史、子、集的微觀結構的分析，可見義理之學與微觀結構相終始，義理之學滲透了微觀結構。

　　綜觀《黃氏日抄》所讀諸書的結構，無論是宏觀上別出孔氏書、本朝諸儒理學書、本朝諸儒書、諸儒書的良苦用意，還是微觀上各個部分安排的獨出心裁，都說明黃震將所讀諸書的結構納入了他的理學框架之中，他的每一安排，都與其理學思想息息相關，從而使《黃氏日抄》的結構安排呈現出會歸一理的特點。

第二章　詳略據理的材料取捨

　　黃震將《黃氏日抄》所讀諸書分爲經、孔氏書、本朝諸儒理學書、本朝諸儒書、諸儒書、史、子、集，但是各部分的讀法卻並不相同，如讀經諸卷，是以注釋爲主；讀本朝諸儒理學書、本朝諸儒書、諸儒書、集則以評論爲主；讀史、子則以考辨與評論爲主。

　　不論黃震採取何種讀法，《黃氏日抄》各部分的材料取捨具有相同的特點，即或讀全書，或讀部分篇章。以《黃氏日抄》中「讀經」諸卷爲例，黃震對經書全文進行訓釋者，有《春秋》、《禮記》；而對於《孝經》、《論語》、《孟子》、《毛詩》、《尚書》、《周易》、《周禮》、《三傳》，則僅就部分篇目，採摘數語予以訓釋。

　　《黃氏日抄》的這種取材方式看似雜亂無章，實則有理可尋。從作者的主觀方面來說，選擇怎樣的研究對象，進行怎樣的撰述實踐，都有其廣闊的天地。這種選擇與實踐，不僅體現出作者撰述的能力和水平，而且也深深地反映出作者的總體思想傾向和學術趣味。

第一節　文以載道的著作觀

　　《黃氏日抄》是黃震的代表作，是黃震「以所讀諸書，隨筆箚記，而斷以己意」〔註1〕者，以箚記的形式反映出黃震的思想。

　　黃震曾提出「文所以建理，理者，文之本；法度，則其枝條；詞藻，則

〔註1〕　《四庫全書總目・子部・儒家類二・黃氏日抄》，中華書局，1981 年，第 786頁。

其華實」的觀點，可見黃震雖主張文道一體，但是卻認爲文道之間，道是根本。這一點從黃震對朱熹之文的評價中可以看出。黃震以朱熹之文爲「道之流行」，稱「秦、漢以後之文，鮮復關於道，甚者害道。韓文公始復古文，而猶未必盡純於道。我朝諸儒始明古道，而又未嘗盡發於文。至晦庵先生表章《四書》、開示後學，復作《易本義》、作《詩傳》、面授作《書傳》（指蔡沈《書集傳》）、分授作《禮經疏義》（指《儀禮經傳通解》），且謂《春秋》本魯史舊文，於是明聖人正大本心，以破後世穿鑿凡例。謂《周禮》周公未必盡行，於是教學者非所宜先。於身事一句無預，提挈綱維，疏別緩急，無一不使復還古初。六經之道賴之而昭昭乎如揭中天之日月。其爲文也，孰大於是？宜不必復以文集爲矣」〔註2〕。

黃震「文以載道」的著作觀鮮明而強烈，他既如是主張，又身體力行，所自作文無往非理，以理貫之。

黃震於《黃氏日抄》的結構已經寄寓其理學的思想，可以說通過會歸一理的結構，黃震已經爲《黃氏日抄》搭建起牢固的理學框架。而文章之結構不過是全文之基礎，確定會歸一理的結構之後，黃震就面臨著將「文以建理」的觀點貫穿材料取捨的問題。

作爲理學家，訓釋經文，考論史書是其闡發義理的一般途徑，而黃震則不苟於此。黃震認爲諸子之書與凡文集之行於世者，雖累至千百言，但其中僅有一二合於理者〔註3〕，儘管黃震對子書與文集評價極低，但是他視界開闊，經史之外，又能旁及諸子及詩文之屬，將這「一二合於理者」納入其理學的範疇。

黃震學尊孔子，具有傳統儒家以德不以力的思想。黃震在讀《孫子》時，說「孫子言兵，首謂『兵者，國之大事，死生之地，存亡之道』，而切切欲道民使之與上同，意欲不戰而屈人兵；欲先爲不可勝，以待敵之可勝；欲無恃其不來，恃吾有以待之。至論將，則謂『進不求名，退不避罪，惟民是保而利於主』，蓋始終未嘗言殺，而以久於兵爲戒」〔註4〕。黃震讀《三略·

〔註2〕 《黃氏日抄》卷36讀《本朝諸儒理學書四·晦庵先生文集三》，《四庫全書》本，第708冊，第98頁。

〔註3〕 《黃氏日抄》卷33讀《本朝諸儒理學書一·周子太極通書》，《四庫全書》本，第708冊，第3頁。

〔註4〕 《黃氏日抄》卷58讀《諸子四·孫子》，《四庫全書》本，第708冊，第458頁。

下略》所云：「夫以義誅不義，若決江河而溉爝火，臨不測而擠欲墮，其克必矣。所以優遊恬淡而不進者，重傷人物也」，認爲「此語足以發明仁人用兵之本心」〔註5〕。而黃震評論《尉繚子》「雖欲審囚決獄，不殺無罪，兵不血刃，而天下親。然立爲什伍相揭之法，專務殺其士卒，使之畏己，而以殺卒之半爲善用兵」，認爲此說非惟與孫、吳言兵不類，而且與仁人用兵大相逕庭。〔註6〕

在如何改革薦舉這一問題上，黃震比較贊同葉適的觀點，葉適曾說「使天下之大吏得薦舉天下之卑官，宜若爲善法也，而今乃爲大害」。黃震先分析關升、改官的流弊，稱「此今世第一當務之急也。夫人主所與共治天下者，人才耳！今顧困於三薦關升、五薦改官之弊例，中朝士大夫弊於爲人求，監司、太守弊於無以應中朝之求，下之小官弊於宛轉中朝以代己之求，甚至交易成市，以求充所謂三者五者弊例之數，而人才淪胥以敗矣。所與共治天下者，將誰屬邪？」然後建議：「今盍多其考，累其任，使其積日計月而無在官之過者，可以循至於次第之京官，毋必舉焉。其誠可舉者，因今之法而舉之，與之以今之所與之官。若是，則庶幾士之稍自重者知有常途之可由，而不汲汲焉爲是卑身屈體以求之，而僕隸賤人之所恥者亦或知恥矣。其舉人者不困於求者之多，庶幾乎知所自立，而或能眞舉其賢能以報上矣。」

黃震重視人才在治國中的作用，他認爲「水心積日計月循至京官之說，雖猶不免於賢愚同滯，然猶愈於今之賢者以不求而困，不肖者反以肆求而達也。嗚呼悲夫，奈何亦未之能行耶？」〔註7〕也就是說葉適的循資遷官之說，雖非盡善，但切實可行，至少可以使賢能者不困於求進，而止天下奔競之風。

上述例證說明黃震以所選材料爲其闡發理學思想的基礎，通過對這些材料的讚揚引申，或貶斥爲戒，黃震從正反兩方面將其理學的思想和觀念灌注《黃氏日抄》之中，從而使材料取捨，成爲結構安排之後的反映黃震理學思

〔註5〕《黃氏日抄》卷58讀《諸子四・黃石公三略六韜》，《四庫全書》本，第708冊，第461～462頁。
〔註6〕《黃氏日抄》卷58讀《諸子四・尉繚子》，《四庫全書》本，第708冊，第460頁。
〔註7〕《黃氏日抄》卷68讀《文集十・葉水心文集》，《四庫全書》本，第708冊，第663頁。

想的途徑。在「文以載道」的著作觀指導下，黃震必然選取可以用來闡發理學思想的材料。

第二節　書籍客觀情況不同

　　既然《黃氏日抄》的材料取捨在主觀上是以「文以載道」的著作觀爲指導，究竟什麼樣的材料被黃震選取，用以闡發其理學思想？這與黃震所讀諸書的客觀情況，即其研究現狀和觀點，是分不開的。黃震必須從所讀諸書的客觀實際出發，具體情況具體對待，所以《黃氏日抄》中材料的取捨不可能拘於統一，而是或讀全書，或讀部分篇章。

一、研究現狀不同

　　任何學術研究工作都離不開前人的研究基礎，否則，研究工作就成了無源之水，無本之木。《黃氏日抄》中黃震對諸書的注釋、考評當然離不開前人的研究成果，黃震正是針對所讀諸書的不同研究現狀，或就全書，或就部分篇章隨時闡發。

　　《黃氏日抄》注全書者有《禮記》和《春秋》。先看《讀禮記》，黃震總結研究《禮記》的現狀，提出讀《禮記》之法，稱：

> 吳郡衛湜集《禮記》解，自鄭康成而下得一百四十六家，惟方氏、馬氏、陸氏有全書，其餘僅解篇章。凡講義論說嘗及之者，皆取之以足其數。其書浩瀚，惟嚴陵郡有官本。岳公珂《集解》亦然，皆未易遍觀。天台賈蒙繼之，始選取二十六家，視衛、岳爲要而其採取亦互有不同。其書又惟儀眞郡學有錄本，世罕得其傳，今因併合各家所集而類抄之。昔《呂氏讀詩記》簡要而文爲姓氏所隔，高氏《春秋集注》文成一家而不知元注之姓氏爲誰。僭竊參用其法，使諸家注文爲一而各出姓氏於下方，間亦節錄或附己意，然所謂存十一於千百，不過老眼便於觀省，後生志學之士自當求之各家全書云。〔註8〕

從這段文字中，可以清楚地看出《禮記》的研究成果存在或「文爲姓氏所隔」，或「文成一家而不知元注爲誰」的弊端，針對這種情況，黃震採取「使

諸家注文爲一而各出姓氏於下方」的方法讀《禮記》全文。

宋人治《春秋》，多側重義理方面，最明顯的是用褒貶、凡例之說釋《春秋》，這從黃震對褒貶、凡例之說的全盤否定中可以得知，黃震曰：

> 自褒貶、凡例之說興，讀《春秋》者往往穿鑿聖經，以求合其所謂凡例，又變移凡例以遷就其所謂褒貶。如國各有稱號，書之所以別也，今必曰以某事也，故國以罪之，及有不合，則又遁其辭；人必有姓氏，書之所以別也，今必曰以某事也，故名以誅之，及有不合，則又遁其辭；事必有月日，至必有地所，此記事之常，否則闕文也，今必曰以某事也，故致以危之，故不月以外之，故不日以略之，及有不合，則又爲之遁其辭。　是則非以義理求聖經，反以聖經釋凡例也，聖人豈先有凡例而後作經乎？何乃一一以經而求合凡例耶！《春秋》正次王、王次春，以天子上承天而下統諸侯，弒君弒父者書「殺」，世子殺大夫者，書「以其邑叛」、「以其邑來奔」者，書明白洞達，一一皆天子之事，而天之爲也。今必謂其陰寓褒貶，使人測度而自知，如優戲之所謂隱者，已大不可，況又於褒貶生凡例耶？理無定形，隨萬變而不齊。後世法吏深刻，始於敕律之外，立所謂「例」，士君子尚羞用之，果誰爲《春秋》先立例，而聖人必以是書之，而後世以是求之耶？〔註9〕

從這段文字中，可以看出黃震認爲褒貶、凡例之說乃是對聖經的穿鑿，面對這種情況，黃震頗爲憂慮，認爲「以例求《春秋》，動皆逆詐，億不信之心」〔註10〕，即以褒貶、凡例求《春秋》之本意會動搖其經典的權威地位，這是持「六經，治道之根源」觀的黃震所絕不能容忍的，因此黃震「私摭先儒凡外褒貶、凡例而說《春秋》者，集錄之使子孫考焉」而讀《春秋》全文乃是扭轉以褒貶、凡例之說注釋《春秋》的現狀的努力。

另一方面，黃震尊崇朱熹，而朱子研究《禮記》、《春秋》的現狀是未有專門的注釋書問世，因此，學宗朱子的黃震爲補朱子之未備而對《禮記》和《春秋》全文進行訓釋即在情理之中。姚世昌認爲「五經，朱子於《春秋》、《禮記》無成書。慈溪黃東發取二經，爲之集解，其意甚精，蓋有志補朱子

〔註9〕　《黃氏日抄》卷7讀《春秋一・序》，《四庫全書》本，第707冊，第106～107頁。

〔註10〕　《黃氏日抄》卷7讀《春秋一・序》，《四庫全書》本，第707冊，第107頁。

之未備者。且不欲顯，故附於《日抄》中。其後程端學有《春秋本義》、陳澔有《禮記集說》，皆不能過之。」〔註11〕

　　黃震之前，《孝經》研究中最為特出的是古今門戶和改竄經書的情況，黃震讀《孝經》僅就這兩方面予以闡發。黃震注意到《孝經》研究中的今古文之爭，並加以糾正，謂：

> 漢興，河間人顏芝之子得《孝經》十八章，是為《今文孝經》；魯恭王壞孔子屋壁，得《孝經》二十二章，是為《古文孝經》。鄭康成諸儒主今文，孔安國、馬融主古文，而今文獨行。唐明皇詔議二家孰從，劉知幾謂宜行古文，諸儒爭之，卒亦行今文。明皇自注《孝經》，遂用今文十八章者為定本。我朝司馬溫公在秘閣，始專主《古文孝經》作為《指解》而上之，至以世俗信偽疑真為言。愚按《孝經》一耳，古文、今文特所傳微有不同。如首章，今文云「仲尼居，曾子侍」；古文則云「仲尼閒居，曾子侍坐」。今文云「子曰先王有至德要道」；古文則云「參先王有至德要道」。今文云「夫孝，德之本也，教之所由生也」；古文則云「夫孝，德之本，教之所由生」。文之或增或減，不過如此，於大義固無不同。至於分章之多寡，今文三才章其政不嚴而治，與先王見教之可以化民通為一章，古文則分為二章；今文聖治章第九其所因者本也，與父子之道天性通為一章，古文亦分為二章；不愛其親而愛他人者，古文又分為一章。章句之分合，率不過如此，於大義亦無不同。古文又云「閨門之內具禮矣乎？嚴父嚴兄、妻子臣妾，猶百姓徒役也」，此二十二字今文全無之，而古文自為一章，與前之分章者三，共增為二十二，所異者又不過如此，非今文與古文各為一書也。〔註12〕

《孝經》今古文久有爭論，東漢鄭玄主今文，孔安國主古文，互爭勝負。至唐玄宗親為今文《孝經》十八章作注，司馬光據古文《孝經》二十二章作《古文孝經指解》，今古文之爭又起。黃震在對今、古文《孝經》的歧異之處作了一番比較後得出結論：今、古文《孝經》並非各為一書，兩者不過所傳微有不同，而大義則無不同。由此，他對學者是古文而非今文頗不以為然，說：「若以今文為偽，而必以古文為真，恐未必然。」

〔註11〕朱彝尊《經義考》卷142，中華書局，1998年，第750頁。
〔註12〕《黃氏日抄》卷1讀《孝經》，《四庫全書》本，第707冊，第2～3頁。

至於《孝經》的增竄問題，黃震對此提出自己的觀點：

> 晦庵朱先生因衡山胡侍郎及玉山汪端明之言，就《古文孝經》作《孝
> 經刊誤》，以「天子」至「庶人」皆去「子曰」及引《詩》云之語而
> 並五章爲一章，云疑所謂《孝經》者本文止如此，而指此爲經，其
> 餘則移置次第而名之爲傳，並刊其用他書竄入者，如「孝，天之經，
> 地之義」，至「因地之義（應爲利）」爲《春秋左氏傳》載子太叔爲
> 趙簡子道子產之言；如「以順則逆」以下爲《左氏傳》所載季文子、
> 北宮文子之言；如「進思盡忠，退思補過」亦《左傳》所載士貞子
> 之言，遂以《孝經》爲出於漢初《左氏傳》未盛行之前，且云「不
> 知何世何人爲之」。凡係先儒考《孝經》之異同如此。愚按《孝經》
> 視《論語》雖有衍文，其每章引《詩》爲斷，雖與劉向《説苑》、《新
> 序》、《列女傳》文法相類，而孝爲百行之本，孔門發明孝之爲義，
> 自是萬世學者所當奉奉服膺，他皆文義之細，而不容不考，至晦庵
> （指撰《孝經刊誤》）疏剔暸然矣。〔註13〕

在黃震看來，《孝經》雖有衍文，不容不辨，但畢竟屬「文義之細」，於《孝
經》大旨無妨，學者當重在領悟其大義，身體而力行。

《黃氏日抄》讀《易經》一卷，黃震分析前人研究《易經》的成果，
曰：

> 《易》，聖人之書也，所以明斯道之變易，無往不在也。王弼間以老
> 莊虛無之説參之，誤矣。我朝理學大明，伊川程先生始作《易傳》
> 以明聖人之道，謂《易》有聖人之道四焉：以言者尚其辭，以動者
> 尚其變，以製器者尚其象，以卜筮者尚其占，吉凶消長之理，進退
> 存亡之道，備於辭。推辭考卦，可以知變，而象與占在其中，故其
> 爲傳，專主於辭，發理精明如揭日月矣。時則有若康節邵先生，才
> 奇學博，探賾造化，又別求《易》於辭之外，謂今之《易》，後天之
> 《易》也，而有先天之《易》焉，用以推占事物，無不可以前知。
> 自是二説並興，言理學者宗伊川，言數學者宗康節，同名爲《易》
> 而莫能相一。至晦庵朱先生作《易本義》，作《易啓蒙》，乃兼二説，
> 窮極古始，謂《易》本爲卜筮而作，謂康節《先天圖》得作《易》
> 之原，謂伊川言理甚備，於象數猶有闕，學之未至於此者，遂亦翕

然嚮往之。揣摩圖象，日演日高，以先天爲先，以後天爲次，而《易經》之上，晚添祖父矣。〔註14〕

黃震評析三家《易》說，並藉此闡明自己的觀點。他認爲《程氏易傳》，主辭發理，如揭日月；而對邵雍分《易》爲先天、後天之說，則表示懷疑，說「《易》畫於伏羲，演於文王，繫於孔子，傳之天下萬世，惟此一《易》而已，未聞有先天、後天之分」，認爲其說雖援《易》爲證，實不過「託《易》以言數」，未見其確然有合。他贊同朱熹的《易》本卜筮之書的觀點，說「《易》誠爲卜筮而作也，考之經傳，無有不合者也。爻者，誠爲卦之占；吉凶悔吝者，誠爲占之辭，考之本文亦無有不合者也」，認爲朱熹《易》說「義精辭核，多足以發伊川之所未及」，使《易》「復舊而明且備也」。但是黃震對朱熹稱邵雍《先天圖》得《易》之本，並爲之訓解後，學者「揣摩圖象，日演日高」的現象深表不滿，說「晦庵雖爲之訓解，他日晦庵《答王子合書》亦自有康節說伏羲八卦，近於附會穿鑿之疑，則學者亦當兩酌其說，而審所當務矣」〔註15〕。

黃震正是在分析前人研究成果的基礎上，保持自己的獨立思考，多採用程朱及其門人之說，僅就《易經》的部分篇章加以注釋。

黃震讀《尚書》亦僅爲一卷，黃震曾在讀《尚書》前序中說明《尚書》的研究現狀及讀《尚書》之法，稱「經解惟《書》最多，至蔡九峰參合諸儒要說，嘗經朱文公訂正，其釋文義既視漢、唐爲精，其髮指趣又視諸家爲的。《書經》至是而大明，如揭日月矣。今惟略記一二」〔註16〕。

蔡沈所撰《書集傳》，確實是秉朱子之意，體現了朱子的《尚書》觀，取得了很高的成就。蔡沈「出則師事文公。文公晚訓傳諸經略備，獨《書》未及爲，環視門下生，求可付者，遂以屬先生。……先生沉潛反覆者數十年，然後克就。其於《書》也，考《序文》之誤，訂諸儒之說，以發明二帝、三王、群聖賢用心之要，《洪範》、《洛誥》、《秦誓》諸篇，往往有先儒所未及者」〔註17〕。

黃震尊崇朱子，以蔡沈《書集傳》體現了朱熹的《書》學觀點，故亦僅

〔註14〕《黃氏日抄》卷6讀《易》，《四庫全書》本，第707冊，第75～76頁。

〔註15〕《黃氏日抄》卷6讀《易》，《四庫全書》本，第707冊，第76～77頁。

〔註16〕《黃氏日抄》卷5讀《尚書》，《四庫全書》本，第707冊，第64頁。

〔註17〕《宋元學案》卷67《九峰學案》，《黃宗羲全集》第5冊，浙江古籍出版社，1992年，第562頁。

就部分篇目加以注釋。

　　黃震所讀諸書的研究現狀各不相同，他必須從諸書各不相同的研究現狀出發，在「文以載道」的著作觀指導下，或對全文，或對部分篇章加以闡發，從而自出新意。

二、思想觀點各異

　　黃震所讀諸書不僅前人的研究情況不同，各種書籍的思想、觀點更是千差萬別，儘管如此，黃震的取材原則是按照與自己的思想相符與否選取可資利用的思想觀點，加以褒貶予奪。

　　黃震讀《三國志》，就體現出其鮮明的「以蜀爲正」的正統觀。眾所周知，陳壽的《三國志》是以曹魏爲正統。而在三國何者爲正的問題上，黃震認爲漢繼殷、周之統，劉備乃漢氏子孫，餘脈尚存，因此，三國雖分治，但理當以蜀漢爲承統，故史家修史，「以編年之法論，則獻帝之漢滅，當以昭烈之漢繼之；昭烈之漢既滅，始當不得已而屬之吳、魏，以南、北分系」，也就是說，東漢獻帝以後的史事，當繫於劉備的蜀漢年號之下；蜀漢滅亡後，當吳、魏分別記事。因此，他對陳壽《三國志》中稱曹魏爲帝、蜀漢爲賊的書法大爲不滿，認爲這是「謂賊爲帝而謂帝爲賊」，並稱陳壽所稱昭烈之漢爲蜀，是「改人之國號」〔註18〕。同時，他對司馬光沿襲陳壽，稱昭烈之漢爲蜀，並懷疑其譜牒世次也極爲不滿，說：

> 習熟既久，甚至《通鑒》亦仍其舊，且不能不以族屬疏遠爲疑。嗚呼！晉元帝以司馬氏支裔，累累渡江，僅僅自保，尚得續晉之稱。曾謂昭烈風雲慶會，三代之後邈焉寡儔，銳志興復，而反不許其稱漢耶？使昭烈果非漢子孫，曹操蓋世奸豪，豈不能聲其罪而誅其僞？當時，荊楚之士從者數萬人，無一疑其爲僞，今反去千百載下而創疑其譜牒耶？世次之不詳，此正陳壽之罪，而不當以疑昭烈也。〔註19〕

從這裡可以看出，黃震考證昭烈國號爲漢非蜀，認定劉備爲景帝之子中山靖王之後，歸根到底是爲了證明蜀漢政權紹承漢統，爲正統之餘緒。

　　在魏、蜀、吳三國正閏問題上，北宋的史家如歐陽修、蘇轍、司馬光等

〔註18〕《黃氏日抄》卷48讀《(正)史三・三國志)，《四庫全書》本，第708冊，第311～312頁。
〔註19〕黃震《古今紀要》卷4《三國》，《四庫全書》本，第384冊，第72頁。

多主魏，而南宋史家如朱熹、張栻等則黜魏尊蜀。對於這一變化，四庫館臣作了這樣的分析：「宋太祖篡立近於魏，而北漢、南唐迹近於蜀，故北宋皆有所避而不偽魏。高宗以後，偏安江左近於蜀，而中原魏地全入於金，故南宋諸儒乃紛紛起而帝蜀」〔註20〕。翦伯贊先生也認爲「關於三國的正偽，史家看法不同。在晉，則陳壽正魏，習鑿齒正蜀；在宋，則司馬光正魏，朱熹正蜀。陳壽生於西晉，司馬光生於北宋，西晉與北宋，皆據中原，與魏相同，苟不以地望爲據，則晉、宋爲僭，故其所以正魏者，即所以正晉、正宋也。習鑿齒生於東晉，朱熹生於南宋，東晉與南宋，皆偏安江左，若不以血統爲據，則東晉、南宋爲僭，故其所以正蜀者，亦所以正東晉、南宋也」〔註21〕。此論頗有見地，它不僅指出了兩宋時期魏、蜀正統之爭的社會背景，而且在一定程度上揭示了正統論的實質。

南宋立國東南以來，民族矛盾一直相當尖銳，黃震生當民族面臨生死存亡之際，出於爲當朝統治者的合法性提供理論依據，爲南宋政權的生存尋找依據的目的，極力強調以蜀爲正，爲蜀爭正統，寄託著他強烈的愛國情操。所以，黃震在讀《三國志》時僅強烈主張以蜀爲正，而對《三國志》的具體內容未曾涉及。

黃震重視歷史的鑒戒作用，他認爲「六經，治道之根源；諸史，行事之龜鑒」〔註22〕，把史的鑒戒功能與六經的治道之源相提並論，因此他認爲「史氏實錄，將以示信萬世」〔註23〕，因此，史家所記必須眞實，所書必須是信史，而不可以索隱務奇爲能。他批評《吳越春秋》，曰：

> 紀越王出師次第，令人興起於千載之下。然多誣誕，全類野史，如
> 謂湛盧之劍水行入楚；如謂公孫聖既死，三呼三應；如謂天美禹
> 德，使百鳥還爲民田；如謂越絕無祀，有人生而言語自稱無餘君之
> 苗裔；如謂越之怪山自瑯琊一夕自來；如謂天生神水，一夜而大二
> 十圍；如謂越女教劍，見袁公飛上樹化作白猿；如謂子胥之靈能拒

〔註20〕《四庫全書總目·史部·正史類一·三國志》，中華書局，1981年，第403頁。

〔註21〕翦伯贊《略論中國文獻學上的史料》，《史學理念》，重慶出版社，2001年，第31頁。

〔註22〕《黃氏日抄》卷50讀《（正）史五·名臣言行錄》，《四庫全書》本，第708冊，第339頁。

〔註23〕《黃氏日抄》卷48讀《（正）史三·三國志》，《四庫全書》本，第708冊，第312頁。

越兵，以鬚髮射人。誣誕至此，豈作史垂世之義乎？〔註24〕

黃震又對呂祖謙《大事記》載入「楚王聘莊子爲相」也表示不滿，認爲：

> 史無此事，而列禦寇、子華子，凡方外橫議之士多自誇。時君聘我
> 爲相而逃之，其爲寓言，未可知。又時君尚攻戰權術，未必有禮聘
> 岩穴之事，雖孟子之於梁、齊，亦聞其好士而往說之，非聘也。縱
> 其聘之，何至預名爲相而聘之，就使欲聘爲相，何關世道，而乃以
> 所未必有之事著之信史耶？〔註25〕

黃震所讀諸書的思想觀點各不相同，面對這些不同的材料，黃震按照是否符合自己的思想的原則取材，在「文以載道」的著作觀指導下，或對全文，或對部分篇章加以闡發，演繹出自己的思想。

正是由於在主觀上抱「文以載道」的著作觀，黃震對於所讀書籍的研究現狀和思想觀點存在的不同客觀情況，能夠隨文變通，與書推移，而不爲統一格式所囿，所選材料或詳或略，皆主於理，自由發揮，暢所欲言。這也正是劄記的長處。

〔註24〕 《黃氏日抄》卷52讀《雜史二‧吳越春秋》，《四庫全書》本，第708冊，第371頁。
〔註25〕 《黃氏日抄》卷54讀《雜史四‧東萊大事記》，《四庫全書》本，第708冊，第389頁。

第三章　窮理明道的著述形式

在「文以載道」著作觀的指導下，根據書籍的研究現狀和思想觀點，進行詳略據理的材料取捨之後，如何對這些精心選擇的材料進行褒貶予奪，通過這些材料闡發自己的思想觀點，使其渾然一體，以「舊瓶釀新酒」的方式表達自己的所思所想，是黃震面臨的最重要的問題。箚記性質的《黃氏日抄》有許多特點，序說、評論、自注有機結合以窮理明道的著述形式最爲引人注目。

第一節　序說開宗明義

序說是黃震《黃氏日抄》的著述形式之一。序說的設置，始於《呂氏春秋·序意》、《淮南子·要略》、司馬遷和班固的自敘傳、陸德明的《經典釋文·序錄》。及至宋代，經解著作中的序說越來越成熟。黃震在吸收前代序說的成果的基礎上，在《黃氏日抄》中設置前序、小序、後序，總結和概括自己的撰述要旨。

一、序說的形式

若以形式劃分，《黃氏日抄》中序說的設置，可以分爲前序、小序、後序。前序是指位於全書標題之後、正文之前的序，如卷七讀《春秋》「春秋一」標題之後的序〔註1〕，卷四讀《毛詩》「讀《毛詩》」標題之後的序〔註2〕。小序是指正文各所屬部分的序，存在兩種情況，一種是位於正文中各所屬部分的

〔註1〕　《黃氏日抄》卷 7 讀《春秋一》,《四庫全書》本，第 707 冊，第 106～107 頁。
〔註2〕　《黃氏日抄》卷 4 讀《毛詩》,《四庫全書》本，第 707 冊，第 27～28 頁。

小標題之後的前小序，如卷十七讀《禮記四》「曾子問第七」小標題之後的序〔註3〕，卷十六讀《禮記三》「王制第五」小標題之後的序〔註4〕；一種是位於各所屬部分正文之後的後小序，如卷七讀《春秋一》「桓公」最後的序〔註5〕，卷八讀《春秋二》「莊公」最後的序〔註6〕。後序是指位於正文之後的序，如卷五十九讀《文集一》「韓文」最後的序〔註7〕，卷六十讀《文集二》「柳文」最後的序〔註8〕。《黃氏日抄》中的序比正文文字低一格。

　　《黃氏日抄》中序說的設置並不是整齊劃一的，有的前序、小序、後序都有，如讀《春秋》；有的僅有其一，如讀十家文集則僅有後序，讀《毛詩》、《論語》、《尚書》、《周易》則僅有前序；有的僅有其二，如讀《禮記》有前序，其中《王制》、《月令》、《曾子問》、《禮運》、《樂記》、《中庸》、《大學》還有小序；有的則三者皆無，如讀《史記》、《漢書》。總之，黃震隨文變通，以序說開宗明義。

二、序說的內容

　　《黃氏日抄》以序說開宗明義，或說明研究基礎，或申明具體讀法，或提出學術觀點，或衡評歷史人物，或評論所讀書籍。

（一）說明研究基礎

　　《黃氏日抄》中的前序和前小序基本上用以闡述前人已有的研究成果，對之加以適當的總結和評價，說明研究基礎。《黃氏日抄》卷四讀《毛詩》的前序曰：

> 《毛詩》注釋簡古，鄭氏雖以《禮》說《詩》於人情或不通及多改字之弊，然亦多有足以裨毛氏之未及者，至孔氏《疏義》出而二家

〔註3〕 《黃氏日抄》卷17讀《禮記四·曾子問第七》，《四庫全書》本，第707冊，第489頁。

〔註4〕 《黃氏日抄》卷16讀《禮記三·王制第五》，《四庫全書》本，第707冊，第439頁。

〔註5〕 《黃氏日抄》卷7讀《春秋一·桓公》，《四庫全書》本，第707冊，第136頁。

〔註6〕 《黃氏日抄》卷8讀《春秋二·莊公》，《四庫全書》本，第707冊，第159頁。

〔註7〕 《黃氏日抄》卷59讀《文集一·韓文》，《四庫全書》本，第708冊，第486～487頁。

〔註8〕 《黃氏日抄》卷60讀《文集二·柳文》，《四庫全書》本，第708冊，第505～506頁。

之說遂明。本朝伊川與歐、蘇諸公又爲發其理趣，詩益煥然矣。南渡後李迁仲集諸家爲之辯而去取之，南軒、東萊止集諸家可取者，視李氏爲徑而東萊之《詩記》獨行。岷隱戴氏遂爲《續詩記》，建昌段氏又用《詩記》之法爲《集解》，華谷嚴氏又用其法爲《詩緝》，諸家之要者多在焉。此讀《詩》之本說也。雪山王公質、夾漈鄭公樵始皆去《序》而言《詩》，與諸家之說不同。晦庵先生因鄭公之說，盡去美刺，探求古始，其說頗驚俗，雖東萊不能無疑焉。夫《詩》非《序》莫知其所自作，去之千載之下，欲一旦盡去自昔相傳之說，別求其說於茫冥之中，誠亦難事。然其指《桑中》、《溱洧》爲鄭衛之音，則其辭曉然，諸儒安得迴護而謂之雅音？若謂《甫田》、《大田》諸篇皆非刺詩，自今讀之，皆藹然治世之音。若謂成王不敢康之，成王爲周成王，則其說實出於《國語》，亦文意之曉然者，其餘改易固不可一一盡知。若其發理之精到，措辭之簡潔，讀之使人曉然，亦孰有加於晦庵之《詩傳》者哉？〔註9〕

鄭玄《毛詩傳箋》雖不盡如意，但有功於《毛詩傳》；孔穎達《毛詩正義》能明毛、鄭兩家之說。《詩經》首篇《關雎》之前，有一段較長的序文，既是《關雎》解題，又概述全經宗旨，其餘各篇前也均有一小段序文，交代詩的創作背景、作者和旨意等，後人分別稱之爲「大序」和「小序」。唐以降，學者治《詩》，「莫敢議毛、鄭，雖老師、宿儒亦謹守《小序》」。至北宋，學者開始對《詩序》產生懷疑。歐陽修作《毛詩本義》，首先對《小序》的作者提出懷疑，但其立論務爲持平，「未嘗輕議二家，而亦不曲循二家」，故所作訓釋，「往往得詩人之本志」〔註10〕。蘇轍所撰《詩集傳》亦然。歐、蘇解《詩》，雖對《詩序》有疑，但尚未主張拋棄《詩序》，所以黃震仍將此二人歸入「讀《詩》之本說」之列。南宋初，王質作《詩總聞》，鄭樵作《詩辨妄》，始倡言排擊《詩序》，至朱熹作《詩集傳》，此風至極。黃震注釋《毛詩》也是基於上述懷疑《詩序》的研究基礎，主張「學者當以晦庵《詩傳》爲主，至其改易古說，間有於意未曉者，則以諸家參之，庶乎得之矣」〔註11〕。

〔註9〕　《黃氏日抄》卷4讀《毛詩》，《四庫全書》本，第707冊，第27～28頁。
〔註10〕　以上見《四庫全書總目·經部·詩類一·毛詩本義》，中華書局，1981年，第121頁。
〔註11〕　《黃氏日抄》卷4讀《毛詩》，《四庫全書》本，第707冊，第28頁。

《黃氏日抄》卷二十八讀《大學》前小序曰：

> 程氏謂《大學》乃孔子遺書，初學入德之門無如《大學》者。至晦
> 庵先生表章《四書》，遂以《大學》爲稱首，然其詮次皆與《記禮》
> （指《禮記》）元書不同。明道以「《康誥》曰」以後釋明字、新字、
> 止字者聯於首章明德、新民止至善三語之下，然後及「古之欲明明
> 德」一章，又然後以「所謂誠意」以後節節釋之。伊川移「古之欲
> 明明德」一章於前，然後及「《康誥》曰」一章。至晦庵先生定爲《大
> 學章句》，亦與程氏微不同。自「修身」一章以後程氏無移易者，今
> 悉仍舊而今舉世之所誦習者，惟《章句》也。〔註12〕

宋人不信注疏，不遵古義，視漢儒如土梗，以新奇爲時髦，不僅疑經，而且
改經。黃震讀《大學》就面臨程頤、程灝、朱熹改動《大學》經文的現狀，
是序謹慎客觀，透露出其不滿。

（二）申明具體讀法

　　《黃氏日抄》對所讀諸書的研究是在吸收和批判前人研究成果的基礎上
進行的，針對各種典籍的不同研究基礎，黃震採用不同的讀法，《黃氏日抄》
中的前序和前小序，還被黃震用以申明具體讀法。

　　《黃氏日抄》卷二十八讀《大學》小序，稱「謹先鈔《記禮》（指《禮
記》）本文以存古昔，然後抄《章句》於其後以便誦習」〔註13〕，正是黃震
針對程朱改動《大學》經文的現狀提出的具體讀法，具體如下：首先列《大
學》本文；其次列朱子《大學章句》，偶以《大學或問》之說補足《大學章
句》；最後，再度列《大學》正文，就是依董槐格致傳不亡之說把「經」的
「知止而後有定。……知所先後，則近道矣」的句子，放在「傳之五章」
之前，再把「傳之四章」放在「傳之五章」的「此謂知本」之後，即「『致
知』一章，則參用董丞相之說，移置本經元文以足之，以試觀其合與否爾」
〔註14〕。

　　《黃氏日抄》卷十六讀《王制》小序，稱「《王制》既與《孟子》不同，

〔註12〕《黃氏日抄》卷28讀《禮記十五‧大學第四十二》，《四庫全書》本，第707
　　　　冊，第791頁。
〔註13〕《黃氏日抄》卷28讀《禮記十五‧大學第四十二》，《四庫全書》本，第707
　　　　冊，第791頁。
〔註14〕《黃氏日抄》卷28讀《禮記十五‧大學第四十二》，《四庫全書》本，第707
　　　　冊，第813頁。

《周禮》出於漢末之劉歆，又與《王制》不同。今諸儒之說《禮》者乃欲強三者之不同以爲同，迴護條析動累萬言，今皆不錄。而惟以先出之《孟子》爲正，餘則取其折衷而不曲說者附之」〔註15〕，卷二讀《論語》前序，稱「讀而間記《集注》、《或問》，偶合參考及他說不同者一二以求長者之教，餘則盡在《集注》矣」〔註16〕，卷十四讀《禮記》前序，「今因併合各家所集而類抄之。昔《呂氏讀詩記》簡要而文爲姓氏所隔，高氏《春秋集注》文成一家而不知元注之姓氏爲誰，僭竊參用其法，使諸家注文爲一而各出姓氏於下方，間亦節錄或附己意」〔註17〕，亦是黃震針對《王制》、《論語》、《禮記》的研究現狀提出的具體的不同讀法。

（三）提出學術觀點

說明研究基礎和提示具體讀法之外，黃震還通過《黃氏日抄》中的前序和前小序提出自己的學術觀點。

《黃氏日抄》卷十八讀《禮運》小序云：

> 《禮運》記五帝三王相變易，陰陽轉移之道，故以「運」名。雖思太古而悲後世，其主意微近於老子，而終篇混混爲一，極多精語，如論造化，謂「天秉陽垂日星，地秉陰竅於山川」；如論治，謂「聖人耐以天下爲一家，中國爲一人」；如論人，則謂「人者，天地之心」，謂「天地之德，陰陽之交，鬼神之會，五行之秀氣」；如論禮，則謂「禮者，固人肌膚之會，筋骸之束」，皆千萬世名言。〔註18〕

黃震雖然認爲《禮運》微近於《老子》，但是卻不否認《禮運》中的極多精語是至理名言。

《黃氏日抄》卷十七讀《曾子問》小序，曰「此篇多著處凶禮之變，曾子所問三十七，子游一，子夏二，故以《曾子問》名篇。文類《檀弓》，不知誰所集」〔註19〕，總結《曾子問》的內容，並對其作者提出質疑。

〔註15〕《黃氏日抄》卷 16 讀《禮記三・王制第五》，《四庫全書》本，第 707 冊，第 436～437 頁。

〔註16〕《黃氏日抄》卷 2 讀《論語》，《四庫全書》本，第 707 冊，第 5 頁。

〔註17〕《黃氏日抄》卷 14 讀《禮記一》，《四庫全書》本，第 707 冊，第 350 頁。

〔註18〕《黃氏日抄》卷 18 讀《禮記五・禮運第九》，《四庫全書》本，第 707 冊，第 512 頁。

〔註19〕《黃氏日抄》卷 17 讀《禮記四・曾子問第七》，《四庫全書》本，第 707 冊，第 489 頁。

　　《黃氏日抄》卷十九讀《樂記》小序，曰「孔氏疏謂此書有《樂本》，有
《樂論》，有《樂施》，有《樂言》，有《樂禮》，有《樂情》，有《樂化》，有
《樂象》，有《賓牟賈》，有《師乙》，有《魏文侯》，蓋十一篇合爲一篇。且
謂漢武帝時河間獻王與諸生共採《周官》及諸子所作。愚按此書間多精語，
如曰『人生而靜，天之性也；感於物而動，性之欲也』；如曰『好惡無節於內，
知誘於外，不能反躬，天理滅矣』，皆近世理學所據以爲淵源。如曰『天高地
下，萬物散殊而禮制行矣。流而不息，合同而化而樂興焉』，又晦庵先生所深
嘉而屢歎者也」〔註20〕。黃震提出《樂記》中的精語是宋代理學淵源的觀點，
可以稱得上是顧炎武「經學即理學」思想的先驅。

（四）衡評歷史人物

　　黃震多通過《黃氏日抄》中的後小序和後序衡評歷史人物。

　　《黃氏日抄》卷七讀《春秋》「桓公」後小序曰：

> 傳稱桓公預弒隱公而立。其既立也，成宋之篡亂而納郜鼎，因杞之
> 來朝而入杞國。天王之來聘者再，而未嘗遣一介之使如京。大雩、
> 大閱，僭也；焚咸丘、伐邾，不仁也，不及隱公之賢多矣。三年娶
> 於齊，十年因爲班后鄭，鄭忽有功於齊，請齊伐魯，與齊戰於郎，
> 婚姻之誼幾絕。自齊僖公卒而襄公立，十五年魯復會齊於艾，十七
> 年雖有奚之戰，十八年再會於濼，姜氏與齊襄有禽獸之行，桓公竟
> 見殺於齊。此桓公終始之大概也。其間會宋公、陳、蔡以圍糾，合
> 乎其大；盟杞侯、莒子以圍糾，合乎其小。右不正之鄭突，平宋鄭
> 之交兵，六求宋而不得，一轉而與宋仇，雖志再諸侯，而發不以正，
> 徒擾擾爾。〔註21〕

黃震所述魯桓公之事符合歷史的眞實，其對魯桓公的評價則充滿了理學的意
味，符合他認爲「《春秋》大旨，誅亂臣，討賊子，內中國，外夷狄，貴王賤
霸」〔註22〕保存禮法的宗旨，體現出黃震把魯國的興衰治亂作爲當時政治的
鑒戒。《黃氏日抄》讀《春秋》其他十一公之後序亦如是，綜觀黃震對魯國十

〔註20〕　《黃氏日抄》卷21讀《禮記八・樂記第十九》，《四庫全書》本，第707冊，
　　　　　第622頁。
〔註21〕　《黃氏日抄》卷7讀《春秋一・桓公》，《四庫全書》本，第707冊，第136
　　　　　頁。
〔註22〕　《黃氏日抄》卷7讀《春秋一・褒貶》，《四庫全書》本，第707冊，第107
　　　　　頁。

二公的評價，可以考見春秋時期「強弱始終之變」〔註23〕。

《黃氏日抄》卷三十九讀《南軒先生文集》後序評論張栻，云：

> 先生講學專主涵養持敬，謀國專主致君仇敵，居官專主恤民練軍，
> 乾淳諸儒議論與晦翁相表裏者，先生一人而已。晦翁之言精到開
> 拓，足集諸儒之大成；先生之文和平含蓄，庶幾程氏之遺風。晦翁
> 精究聖賢之傳，排闢異說，所力任者在萬世之道統；先生將命君父
> 之間，誓誅仇敵，所力任者在萬世之綱常。元氣胥會，二儒並出，
> 其更相切磨，友誼卓然，又足使千載興起，嗚呼！此其所以爲乾淳
> 之盛歟？〔註24〕

黃震認爲張栻是朱子之諍友，是乾淳間議論與朱子互爲表裏之人。

（五）評論所讀書籍

除了衡評歷史人物，黃震還通過《黃氏日抄》中的後序評論所讀書籍。「讀
《春秋》」、「讀《周禮》」、「讀《名臣言行錄》」、「讀《蘇子古史》」、「讀《汲
冢周書》」、「讀《東萊大事記》」的後序均是被用以評論所讀書籍。

黃震讀蘇轍《古史》後序曰：

> 堯舜三代之事可爲萬世法者，孔子於定《書》備矣。東遷而後之事
> 可爲萬世戒者，久約之而作《春秋》矣。太史公取孔子已棄而不載
> 者，復爲《史記》，殆不過博聞於義理，似無責。然太史公生長於黃
> 老荒唐謾語中，乃能推尊孔子，黜黃帝乘龍上天之事不載，而極老
> 莊流弊，使與申韓同傳，可不謂豪傑之士哉？蘇子悲其不得聖人之
> 意，爲改作《古史》，意其果有得於聖人者？及今參考，乃不過於
> 《帝紀》增入道家者說，謂「黃帝以無爲爲宗，其書與《老子》書
> 相出入耳」。於《老子傳》附以佛家者說，謂「釋氏視老子體道愈遠
> 而立於世之表耳」。太史言申不害學本黃老，蘇子則諱而改之，曰
> 「緣飾以黃老」。太史公言諱，非其本歸於黃老，蘇子則諱而改
> 之，曰「借老子爲說」。凡其論贊之間，又往往顯斥孟子而陰詆正
> 學。嗚呼，以是爲得聖人之意，《古史》不若不作之愈也。此儒者之

〔註23〕《黃氏日抄》卷13讀《春秋七·哀公》，《四庫全書》本，第707冊，第349
頁。

〔註24〕《黃氏日抄》卷39讀《本朝諸儒理學書七·南軒先生文集》，《四庫全書》本，
第708冊，第151頁。

> 學必先於致知歟？咸淳六年庚午八月二十二日後學慈溪黃震敬書於
> 紹興府貢闈。〔註25〕

黃震因蘇轍《古史》鑒於司馬遷所撰《史記》「不得聖人之意」而作，故對《史記》與《古史》所載同類史實進行比較研究，得出「《古史》不如不作」的結論。

《黃氏日抄》卷五十四讀《東萊大事記》後序，乃是黃震對《東萊大事記》的評論，曰：

> 東萊先生呂氏作《大事記》將以上續《春秋》，下訖五代，天不假之
> 年，修至漢武帝徵和三年而絕筆矣。大要括類《史記》、《漢書》之
> 事，凡散見表志而不載，本記及其餘記傳涉秦漢事者總爲《大事記》，
> 及參訂諸書異同，使之歸一，或與異置其先後，及考究地理、制度、
> 名物纖悉者別爲《解題》。又始於《書序》、《詩序》及《論語》、《孟
> 子》及時事者與太史公自序，胡五峰假陸賈對而終之，以董仲舒策
> 再爲《通釋》，其書凡三，其用工甚，至其考訂甚詳，晦庵嘗見其書
> 於身後，答書於其子弟而稱之。他日《答沈叔晦書》亦言東萊文惟
> 《大事記》有益，此其大約也。〔註26〕

黃震認爲呂祖謙《東萊大事記》用功甚力，考訂翔實，有益後學。

可見，前序、小序、後序是《黃氏日抄》的眼目，是黃震思想的提要、綱領和旨歸，具有開宗明義的作用。在《黃氏日抄》序說、評論、自注三種著述形式中，序說居於主導地位，評論和自注則是序說的助力，共同反映黃震的思想。

第二節 評論闡發思想

評論是《黃氏日抄》另一重要的著述形式，集中闡發了黃震的思想。就其所佔比重和重要性而言，評論在《黃氏日抄》中的地位不亞於序說。如果說《黃氏日抄》中的序說是黃震思想的綱領，其評論則是此綱領之細目。

黃震讀書，對書中的思想觀點有所思所想，即以評論進行褒貶予奪，隨

〔註25〕《黃氏日抄》卷51讀《雜史一‧蘇子古史》，《四庫全書》本，第708冊，第362頁。

〔註26〕《黃氏日抄》卷54讀《雜史四‧東萊大事記》，《四庫全書》本，第708冊，第396～397頁。

時加以闡發，黃震利用箚記的優勢，通過形式多樣、內容廣博的評論展現其思想。

一、評論的形式

評論是黃震直接闡發思想觀點的形式，《黃氏日抄》評論的形式可以分為五種：直接評論；夾敘夾論；先敘後論；寓論於敘；兩兩對照。

（一）直接評論

直接評論是不抄原文，在標題之後直接發表思想觀點的評論形式。

《黃氏日抄》讀《東漢書》僅有一條文字，黃震稱：

> 東漢人才類過西漢，西漢如董生、王陽以道出處者不過一二人，其他類皆才智之士，東漢則忠信篤厚之士十居八九。自光武初興，一時驅馳介冑者已莫不然，才智者可與集當世之功，忠信者可與語古人之道，然東漢卒不古若者，世祖鑒新莽之弊，終東漢之世，士大夫未嘗得一日之權也，以是事歸臺閣，又歸外戚，又歸宦官而道義之士卒殲於黨錮。嗚呼，悲夫！天子之職在論一相而可因噎廢食也哉？〔註27〕

黃震十分重視士大夫在治國中的作用，他認為東漢滅亡原因在於統治者矯枉過正，不知國之所與立者在士大夫。黃震認識到東漢「事歸臺閣，又歸外戚」的外戚宦官專權的政治腐敗是很有見地的。

《黃氏日抄》卷四十黃震評論呂祖謙《禮記說》，云：

> 多說《曲禮》、《學記》等進修之法。於「幼子常示毋誑」一章，責孟母買肉啖子一誑成兩誑，最是入小人之徑路，其論精矣。然孟母當時買肉以實其戲言，乃是悔過而善處之，所謂仁術之類，入君子之徑路也。其解「五帝憲，三王乞言」一章，極精確有味，云「憲者，瞻儀容，觀起居，不待乞言，三王則從容欸曲忠敬誠愨」。其說《學記》七者之教，云「九分是動容周旋，灑掃應對，一分在誦說。今全在誦說，了無涵蓄工夫，皆反本之論」，訓學者最為深切。〔註28〕

〔註27〕《黃氏日抄》卷47讀《（正）史二・東漢書》，《四庫全書》本，第708冊，第310～311頁。

〔註28〕《黃氏日抄》卷40讀《本朝諸儒理學書八・東萊先生文集》，《四庫全書》本，

《經義考》著錄呂祖謙《禮記詳節》，朱彝尊稱其已佚〔註29〕。朱說誠是，《四庫全書》、《續修四庫全書》、《四庫禁燬書叢刊》、《四庫未收書輯刊》、《四庫全書存目叢書》均未著錄此書。呂祖謙所撰《禮記詳節》已佚，黃震的評論既是瞭解呂祖謙《禮記詳節》大概的門徑，又有保存《禮記詳節》資料之功。

（二）夾敘夾論

夾敘夾論是一邊敘述原文一邊議論的評論形式。《黃氏日抄》卷二讀《論語》「因不失其親章」，黃震云：

> 《集注》以爲「所依者不失其可親之人，則亦可宗而主之矣」，是一章三節各自爲義也。《或問》以爲「因上二者而不失其所親，則爲可宗」，則下一節承上二節而言也，恐不若《集注》爲徑，然此一節終覺未易曉。先師王宗諭貫道嘗講此章，云「宗者，人所取爲宗師，宜超然卓立之人也。因者，因仍於古而非自立者也。惟因而不失其可親之人，則源流既正亦可宗之也」。此語似於《集注》有發。〔註30〕

黃震對《集注》、《或問》、王文貫關於「因不失其親章」的解說進行敘評，認爲王說可以補足《集注》解說「一章三節各自爲義」的現狀，即王說能夠彰顯是章的本意，說明黃震對朱子《論語集注》的解說不滿。同時，也可以從中瞭解王文貫的《論語》思想。

《黃氏日抄》卷四讀《毛詩・魏風》「園有桃，其實之肴」，云：

> 毛以爲喻國有民，得其力，是特釋序文不能用其民之語，《詩》中未見此意。鄭以爲不取於民，食園桃而已，則天下無此理也。惟晦庵不以爲比喻，而以爲託興，詩意不過如此而已。〔註31〕

從黃震對《毛詩》、《毛詩》鄭玄箋、朱熹《詩集傳》的敘評中，可見黃震注釋《詩》對於不合情理的解說一概不取，態度十分客觀，不是把《詩》政治化、倫理化，而是以文學的眼光來注釋《詩》，探討《詩》本義。

《黃氏日抄》卷四讀《毛詩・檜風》「樂子之無知」，云：

第 708 冊，第 169～170 頁。

〔註29〕朱彝尊《經義考》卷 142，乾隆二十年（1755）曝書亭刻本，第 2 頁。

〔註30〕《黃氏日抄》卷 2 讀《論語》，《四庫全書》本，第 707 冊，第 7～8 頁。

〔註31〕《黃氏日抄》卷 4 讀《毛詩》，《四庫全書》本，第 707 冊，第 39 頁。

晦庵《詩傳》以子指萇楚，言草木無知也，然下章樂子之無室、無家，恐難指萇楚。東萊曰「所謂赤子之心也，未有知識，未有家室之時也」，此意得之，以此知《詩》不可盡去《序》說也。〔註32〕

黃震比較朱熹《詩集傳》和呂祖謙《呂氏家塾讀詩記》之說，認為「《詩》不可盡去《序》說」，這是黃震既不贊同去《序》注《詩》的攻《序》派，也不滿一依《詩序》注《詩》的尊《序》派的折中之論。

（三）先敘後論

先敘後論是先敘述原文後發表觀點的評論形式。《黃氏日抄》卷七讀《春秋》隱公七年「冬，天王使凡伯來聘」，黃震曰：

木訥曰《春秋》書天王下聘者凡八，責諸侯不朝而坐受天子之聘也。隱在位十一年而天王聘魯者二，亦何有一介之使如京師以答天王之勤哉？愚按：諸家多責天王反聘諸侯為非禮，然是時王室微弱，諸侯強大，孔子作《春秋》正以扶王室，豈有反責天王之理？天王亦豈得已而下聘哉？若木訥之說亮人情矣。〔註33〕

黃震贊同趙鵬飛《春秋經筌》對於天王來聘之解說，認為《春秋》經文「冬，天王使凡伯來聘」體現出孔子修《春秋》以尊王室之意。

《黃氏日抄》卷四讀《毛詩・文王之什》「假哉天命，有商孫子」，曰：

晦庵《詩傳》曰文王不已，其敬如此，是以大命集焉，以有商孫子觀之，則可見矣。愚按：文王詩惟晦庵傳最為理精語潔，獨此二句之說於上下文語脈微有未順。蓋「穆穆文王，於緝熙敬」，止此二句一意言文王之德也。「假哉天命，有商孫子」，此二句一意言天命初本商之有也。下文再言「商之子孫，其麗不億。上帝既命，侯於周服」，此四句一意言商之孫子雖多，今天既命周德，殷之後反皆臣於周也。一章八句，語脈相生而其間條流次第絲毫不紊。今若曰文王之敬如此而天命集焉，是上之第二句與中之第一句跨涉而取義也。又曰以商之孫子觀之可見，是中之第二句與下之四句亦跨涉取義也，且云觀之則可見，又似添語補足而本文未必有此意也。更在學者詳之。〔註34〕

〔註32〕《黃氏日抄》卷4讀《毛詩》，《四庫全書》本，第707冊，第42頁。

〔註33〕《黃氏日抄》卷7讀《春秋一・隱公》，《四庫全書》本，第707冊，第116～117頁。

〔註34〕《黃氏日抄》卷4讀《毛詩》，《四庫全書》本，第707冊，第55～56頁。

黃震尊崇朱熹《詩集傳》，但認為《詩集傳》解「假哉天命，有商孫子」於上下文不順，又添語補足，這說明黃震認為合乎上下文勢的說法才可以採用。

《黃氏日抄》卷二讀《論語》「使民戰慄章」，黃震云：

> 蘇氏謂公與宰我謀誅三桓，而為隱辭以相語，有以問尹氏者，尹氏艴然，曰說經而欲新奇，何所不至矣。此論最於說經有益，聞者當戒。〔註35〕

黃震所敘出自《論語或問》，他贊同尹氏所說「說經而欲新奇，何所不至」，並希望學者引以為戒，說明黃震反對注經求之過深，主張立論平易。

（四）寓論於敘

司馬遷所撰《史記》有「於序事中寓論斷」〔註36〕的表達歷史論點的形式。寓論於敘是不必專門發表議論，在敘述中把自己的論點表達出來的評論形式。《黃氏日抄》中亦有寓論於敘的評論形式。

《黃氏日抄》卷四十讀呂祖謙《題通鑑本末》後謂：「袁機仲躬其難而道學者以易，學者毋徒樂其易而深思其所以難，則幾矣」〔註37〕。黃震的敘述反映出他對學者不思所以難之憂慮，說明他非常反對當時學者不對所以難致思的學風。

同卷黃震讀《拾遺》，稱「《為人作論旱箚子》云困厄迫之狀，十僅達其三四，自朝廷觀之，則似過甚。自旱荒之邦觀之，則猶恨其有所未盡也」〔註38〕。黃震摘錄《為人作論旱箚子》之語，不待片言隻字的評論，亦人情之至論。

（五）兩兩對照

黃震研究歷史能夠以兩兩對照的比較方法來突出歷史的問題，發表自己的觀點。

《黃氏日抄》卷四十六讀《史記·河渠書》，黃震曰：「河決瓠子而南，田蚡食邑鄃居河北利之，進說，其君不復事塞者二十年。其後天子親臨，群

〔註35〕《黃氏日抄》卷2讀《論語》，《四庫全書》本，第707冊，第9頁。

〔註36〕顧炎武著、黃汝成集釋《日知錄集釋》卷26《史記》於序事中寓論斷》，嶽麓書社，1996年，第891頁。

〔註37〕《黃氏日抄》卷40讀《本朝諸儒理學書八·東萊先生文集》，《四庫全書》本，第708冊，第160頁。

〔註38〕《黃氏日抄》卷40讀《本朝諸儒理學書八·東萊先生文集》，《四庫全書》本，第708冊，第167頁。

臣從官自將軍以下皆負薪填之，而水復禹迹，無後災。近臣之蔽君與君臣之率作興事，成敗之相反類如此，豈獨水利哉」〔註39〕？

黃震對照《史記·河渠書》所載漢武帝時期兩次治理黃河的情況，前因田蚡爲牟利而勸君不事塞，以致黃河水患二十年而不治；後漢武與大臣親爲「負薪填之」，黃河水患得到遏制，「無後災」，認爲「近臣之蔽君與君臣之率作興事」是兩次治理黃河結果迥然不同的原因，並以此推及水利之外的治國、平天下之事。黃震「近臣之蔽君與君臣之率作興事，成敗之相反類如此」的感慨是他「君與士大夫共治天下」〔註40〕觀點的最好注腳。

二、評論的內容

黃震通過《黃氏日抄》中形式多樣的評論闡發自己的思想，從中我們可以瞭解黃震關於注釋原則、歷史興衰、傳記體例、歷史人物、軍事、財政等的觀點。

（一）注釋原則

《黃氏日抄》「讀經」諸卷的評論集中反映出黃震求本意的注釋原則。《黃氏日抄》卷四讀《論語》「君子無爭章」，黃震評論曰「辭義曉然，本無可注。近世立高論者迴護『爭』字，其說雜然。晦庵本注疏舊說射禮爲證，其說始平，於是知好議論而忽注疏者可戒也」！〔註41〕

卷五讀《尚書》「天既孚命，正厥德」，黃震評論曰：

> 高宗肜祭而有雊雉之異，祖已遂訓以天之於民，降年永不永，惟其義如何。天既信其命，令賞罰無差而民猶以爲無如我何，此民之愚也。王之事天，正此而已，豈祀何益？此《肜日》一篇之大旨，而古注得之矣。蔡氏疑高宗之祀如漢武五時祀祈年請命之事，謂孚命者，天以妖孼而譴告之；謂言民者，不敢指斥高宗而託民爲言。恐皆意之耳！此書明言典祀無豐於昵，蔡氏亦明言昵爲禰廟，豈有若漢武五時祀之類哉？近世忽漢唐古注而欲自生義理，故或思索之過如此。〔註42〕

〔註39〕《黃氏日抄》卷46讀《（正）史一·史記》，《四庫全書》本，第708冊，第258頁。
〔註40〕《黃氏日抄》卷78《試院曉諭榜》，《四庫全書》本，第708冊，第785頁。
〔註41〕《黃氏日抄》卷2讀《論語》，《四庫全書》本，第707冊，第9頁。
〔註42〕《黃氏日抄》卷5讀《尚書》，《四庫全書》本，第707冊，第70頁。

這兩條都說明黃震反對注經時忽略注疏，空言義理，而主張通過注疏，求經文之本意。《黃氏日抄》中關於注釋學思想方面的評論非常多，通過黃震對歷代注家的評論，我們可以瞭解黃震的注釋學原則、方法和思想。第四章「唯求本意的注釋學」將詳為探討。

（二）歷史興衰

黃震重視經書，認為「六經，治道之根源」，同時又認為「諸史，行事之龜鑒」，明確經史並重的地位。《黃氏日抄》中有大量的史論內容，其中黃震最注重對歷史興衰的探討。

《黃氏日抄》卷四十八讀《（正）史三·南史》，黃震評論六朝滅亡之故，曰「六朝乍起乍滅，生民塗炭，推所自來，實原於三綱淪、九法斁，而君臣上下之義不明也」〔註43〕。

《黃氏日抄》卷四十八讀《（正）史三·晉書》，黃震評論晉朝滅亡之故，曰「三代之得天下也以仁，故皆享國長久。若漢、若唐、若我本朝，蓋亦其然。余觀晉事，悲矣！豈非其效尤曹操，欺人孤兒寡婦，狐媚以盜天下而然與？六朝之禍於茲烈矣，而開之者操也！嗚呼，悲夫！向使渭濱之帥不死，豈至是乎？嗚呼，悲夫！豈天之未欲平治天下乎？嗚呼，悲夫！三綱淪、九法斁，其禍之烈乃爾！儒者之論，君臣之大義，其可一日不明於天下乎」〔註44〕？

黃震認為倫理綱常、君臣名分決定歷史興衰，這是黃震的天理史觀。黃震對歷史興衰的認識，無非是從史的角度論證封建綱常的重要性和重整倫理綱常的迫切性，進而為現實的統治者提供借鑒，這決定了他對歷史興衰的認識是唯心的。

（三）傳記體例

《黃氏日抄》中屢有關於史書人物傳記體例的評論，反映出黃震對其體例的重視。

《黃氏日抄》卷四十九讀《（正）史四·（新）唐書》，黃震評論《新唐書·隱逸傳》曰：

〔註43〕《黃氏日抄》卷48讀《（正）史三·南史》，《四庫全書》本，第708冊，第314頁。

〔註44〕《黃氏日抄》卷48讀《（正）史三·晉書》，《四庫全書》本，第708冊，第313頁。

《唐史》以隱逸先循吏，是何重介僻之士而輕爲民父母者哉？天地
生才，國家養士，正爲何事？孔子歷聘，孟子遊説，果爲何説？而
惑於莊生寓言之許由哉？且隱逸者，獨善其身之名也。唐隱逸惟孫
思邈志行修潔，言論可法，無愧於隱逸之名，其餘不爲清談，則爲
沉湎，又否則爲道士。異端之學敗禮傷教，於斯爲甚！使唐之大體
不正，又一西晉矣！曾是而謂之獨善，可乎？就使其能獨善，是其
志不伸於時，澤不加於民，德雖未必與達者異，而功則不得與達者
伍。隱逸之不先循吏亦昭昭矣！況其不能獨善而可先之乎？不可先
而先之，得無傷正教之實而長行怪之風乎？愚故疑而識之，以諗同
志者！〔註45〕

黃震反對《新唐書》以隱逸先循吏，具有傳統儒家入世的色彩。他重視士大
夫在治國中的作用，曾提出「君與士大夫共治天下」的觀點，因而既反對
沉湎而爲道士的隱逸者，也反對獨善其身的隱逸者，強烈主張士大夫積極參
與國家的政權建設，伸志當時，澤加於民，建功立業。兩宋時期，隨著科舉
制度的發展，士大夫階層已迅速崛起，成長爲官僚集團的中堅力量，士風
在相當程度上關係世道命脈、社稷安危，所以黃震的糾駁具有深遠的現實意
義。

黃震評論《新唐書・儒學傳》曰：

排二氏以續孔孟之絕，約六經以起八代之衰，唐之儒學孰有加於文公
乎？若訓詁之學，則陸德明、顏師古、孔穎達用意亦良苦，如漢馬、
鄭之流矣。今《唐史》凡議一制度之沿革，一俎豆之隆殺者，皆謂
之儒，甚至修姓氏之學者亦預焉，嗚呼，是何儒學之褒哉？〔註46〕

這裡，黃震主張以韓愈、陸德明、顏師古、孔穎達入「儒學傳」，可見黃震認
爲儒者必須對經學有貢獻。對於韓愈，黃震認爲「世更八代，異端肆行，昌
黎始出，而斥異端，明聖道，以六經之文爲諸儒之倡，其有補斯世，論者謂
功不在孟子下」〔註47〕，韓文論事說理，一一明白透徹，無可指責者，正所

〔註45〕《黃氏日抄》卷49讀《（正）史四・（新唐書）》，《四庫全書》本，第708冊，
　　　　第320頁。

〔註46〕《黃氏日抄》卷49讀《（正）史四・（新唐書）》，《四庫全書》本，第708冊，
　　　　第320頁。

〔註47〕《黃氏日抄》卷59讀《文集一・韓文》，《四庫全書》本，第708冊，第486
　　　　頁。

謂貫道之器〔註48〕，甚至可以追配六經之作〔註49〕。

陸德明是隋及唐初著名的音韻學和訓詁學家，著《經典釋文》「所採漢魏六朝音切凡二百三十餘家，又兼載諸儒之訓詁，證各本之異同，後來得以考見古文者，注疏以外，惟賴此書之存。」〔註50〕顏師古校正《五經定本》，而且還校訂《五經》的箋注，同時還為書寫《五經》的字體規定了字樣，從而改變了及至唐代儒家經典去聖既遠，文字方面多所踳駁，兩漢以來箋注不明的情況。孔穎達奉唐太宗命，為統一經義以利科舉取士，主編《五經正義》，根據南學約簡、以玄學治經和北學深蕪、引用讖緯的特點，融合南北經學家的見解，形成唐代義疏派。因此，孔穎達死後得以陪葬昭陵。黃震主張「通經以明道」（第四章「唯求本意的注釋學」第三節「泯門戶的注釋風格」中「泯漢宋門戶」有詳細論述），以音韻訓詁為求經文本意的途徑，故主張以三人入「儒學傳」。概言之，黃震認為韓愈、陸德明、顏師古、孔穎達對於經學的昌明功勳卓著，故主張以四人入「儒學傳」。

是黃震重視人物傳記體例，以儒家的經世觀和理學的「義理」標準來評判體例之優劣，反映出他以體例為反映撰述要旨的途徑，說明黃震將史著編纂觀納入了義理之學的範疇。

（四）歷史人物

《黃氏日抄》中有很多內容涉及對歷史人物的評價，從中可以瞭解黃震的歷史人物觀。

《黃氏日抄》卷四十九讀《（正）史四·（新）唐書》，黃震評論李晟，曰：

> 李晟之收京師，李愬之平淮蔡，皆兵不血刃而成功。三代仁義之將寥寥，千百載無聞矣，而西平王之父子有焉。嗚呼，是豈特戡定禍難而已哉？其為唐室祈天永命，固結人心之助，於斯為大矣。〔註51〕

黃震認為李晟收京師，李愬平淮蔡，「兵不血刃而成功」的意義不僅在於為唐

〔註48〕《黃氏日抄》卷60讀《文集二·柳文》，《四庫全書》本，第708冊，第505頁。

〔註49〕《黃氏日抄》卷61讀《文集三·歐陽文》，《四庫全書》，第708冊，第534頁。

〔註50〕《四庫全書總目·經部·五經總類·經典釋文》，中華書局，1995年，第270頁。

〔註51〕《黃氏日抄》卷49讀《（正）史四·（新）唐書》，《四庫全書》本，第708冊，第319頁。

室平定禍亂，而是功在當世，利在千秋，對於唐朝的長治久安具有重要意義。黃震稱是二人爲仁義之將，可見他具有傳統儒家務德不務廣、以德不以力的思想，更可見黃震主張王者行仁政德治，以德爲天下共主，懷之以德，待之以禮，則人心穩定，國家安定，即所謂仁者無敵。

《黃氏日抄》卷五十二讀《雜史二・吳越春秋》，黃震評論伍子胥，曰：

> 子胥之所當仇者，費無忌也。楚既爲之殺無忌，滅其家，昭王又使人謝先王之過而勉之歸，則子胥亦可已矣。而至鞭平王屍，世豈有不忠而可言孝者哉？夫差不可與言，功成不去而強諫取死，且屬其子於齊鮑氏以開讒間者之口，又幾於闇者之爲，何也？〔註52〕

他對伍子胥的評價是否公允暫且不論，但他以「世豈有不忠而可言孝」來衡評伍子胥，說明他認爲人臣必須尊君、忠君，忠孝之間，有忠才可以言孝，尊卑有序而天下自化。黃震具有倫理綱常、君臣名分決定歷史盛衰的天理史觀，維護君權以振綱常是其政治思想的重要一環。

《黃氏日抄》卷四十九讀《烈女傳》，黃震曰：

> 楊烈婦屬其夫以死守陳州而身執爨以享士，士大夫爲王官而佐其長者，當何如？鄒保英妻奚氏率家僮女丁乘平州不下賊，然則謂士卒罷脆不足用者，天下安有此理也？《唐史》自高叡妻秦氏以下七人或死不降賊，或嬰城死守，或歃血赴難，磊磊落落，與海岱爭雄，與雪霜爭嚴，與日月爭明，何物女子廼爾？壯健人生，七尺男子軀，盍自激昂哉？〔註53〕

黃震所列這些烈女的共同點是爭赴國難，具有大丈夫的磊落情懷。從黃震對這些烈女事迹的評價中，可以看出他主張堅決抵抗外族入侵，這反映出黃震對統治者置人民生死於不顧，一味屈膝求和的政策表示憤懣，主張統治者應積蓄力量，恢復中原，顯示出黃震的愛國情懷。黃震自理宗開慶元年（1259）授迪功郎，出任平江府吳縣尉，至德祐二年（1276）元軍攻入臨安，退隱，計歷九任，凡十七年。黃震見國事已無可爲，遂隱居不仕，蒿目河山，感懷陵谷，他悲不自禁，惟求速死以報國，日惟一食，遂餓死寶幢山，體現出一個封建士大夫的高尚氣節。

〔註52〕《黃氏日抄》卷52讀《雜史二・吳越春秋》，《四庫全書》本，第708冊，第370～371頁。

〔註53〕《黃氏日抄》卷49讀《（正）史四・（新）唐書》，《四庫全書》本，第708冊，第321頁。

　　黃震對伍子胥、李晟、《烈女傳》的評價明顯地散發出濃厚的理學氣息，具有鮮明的經世意識，體現出黃震強烈的「諸史，行事之龜鑒」的思想，說明黃震對歷史人物的評價深受義理史學的影響。

（五）軍事思想

　　作爲儒家學者，黃震主張仁者行王政，但是當民族面臨生死存亡的時候，黃震主張不放棄使用武力，黃震的軍事思想帶有鮮明的儒家色彩。

　　《黃氏日抄》卷四十六讀《（正）史一·史記》，黃震評論司馬穰苴、孫子、吳起，曰：

> 穰苴之斬莊賈，孫子之斬二姬，蓋號令嚴肅，雖素卑賤者可將，雖素不知兵者可使也。太史公譏孫臏策龐涓明矣，然不能早救患於被刑。吳起說武侯以形勢不如德，然行於楚，卒以刻暴亡其軀。嗚呼，不仁而善用兵亦烏有自全者哉？〔註54〕

　　《黃氏日抄》卷五十八讀《諸子四·孫子》，黃震評論《孫子》曰：

> 孫子言兵，首謂兵者，國之大事，死生之地，存亡之道，而切切欲道民使之與上同意；欲不戰而屈人兵；欲先爲不可勝，以待敵之可勝；欲無恃其不來，恃吾有以待之。至論將，則謂進不求名，退不避罪，惟民是保而利於主。蓋終始未嘗言殺，而以久於兵爲戒。所異於先王之訓者，惟「詭道」一語，然特自指其用兵變化而言，非俗情所事奸詐之比。且古人詭即言詭皆其眞情，非後世實詐而反謬言誠者比也。若《孫子》之書，豈特兵家之祖，亦庶幾乎立言之君子矣！諸子自荀、揚外，其餘浮辭橫議者莫與比。〔註55〕

　　《黃氏日抄》卷五十八讀《諸子四·吳子》，黃震評論《吳子》曰：

> 《吳子》言兵，先以得士心爲本，名曰父子兵，此吸疽之術也。審敵可否，未嘗言殺，機權議論，亦足爲《孫子》之亞矣。〔註56〕

　　《黃氏日抄》卷五十八讀《諸子四·尉繚子》，黃震評論《尉繚子》曰：

> 雖欲審囚決獄，不殺無罪，兵不血刃，而天下親。然立爲什伍相揭

〔註54〕《黃氏日抄》卷46讀《（正）史一·史記》，《四庫全書》本，第708冊，第271頁。

〔註55〕《黃氏日抄》卷58讀《諸子四·孫子》，《四庫全書》本，第708冊，第458頁。

〔註56〕《黃氏日抄》卷58讀《諸子四·吳子》，《四庫全書》本，第708冊，第459頁。

之法，專務殺其士卒，使之畏己，而以殺卒之半爲善用兵，孫、吳

談兵已不如此，況仁人乎？〔註57〕

從這四個例子中，可見黃震面對不同的人或事，有一個共同的評價標準——仁。黃震看到戰爭給無辜百姓造成的嚴重危害，認識到封建戰爭非正義的一面，體現出他的軍事思想受傳統儒家以德不以力思想的影響，具有以「仁」統兵的特點。

（六）財政思想

儒家學者恥言利，但是到了南宋後期，入不敷出、捉襟見肘是其財政的一大特徵。連年戰爭，冗費增多，而且又開源乏術，作爲憂國憂民的士大夫，黃震怎能不對此憂心重重？

《黃氏日抄》卷六十八讀《文集十‧葉水心文集‧水心外集》，黃震評論葉適《財計》三篇曰：

> 理財與聚斂異。今言理財者，聚斂而已，故君子避理財之名，而小
> 人執理財之權。自古聖賢無不理財，必也如父共子之財，而權天下
> 之有餘不足可也。奈何君子不理而諉之小人哉？自楮幣行而錢隱物
> 穹，設法以消天下之利，莫甚於此。官、兵、吏之冗食者多而不知
> 退考其原，如富人用侈而賣田疇、鬻寶器以充之，不竭盡不止。愚
> 按：此天下之名言，而冗費則不止官、兵、吏三者而已也。〔註58〕

黃震又評論葉適《財總論》二篇，云：

> 謂邊一有警，賦斂輒增，後不可復減。祖宗盛時所入，比漢唐一再
> 倍。熙寧、元豐以後，隨處之封樁，役錢之寬剩，青苗之結息，比
> 治平以前數倍。蔡京變鈔法以後，比熙寧又再倍。渡江以至於今，
> 視宣和又再倍。此精於財用本末之言也。〔註59〕

黃震基本肯定葉適關於宋代財政癥結的分析，即在開源乏術的情況下，政府爲了應付龐大的財政支出，惟有巧立名目苛取於民，南宋百姓深受椎剝之苦，百姓窮困的總根源在於官吏椎剝太重。黃震認識到財政匱乏局面的原因，對

〔註57〕《黃氏日抄》卷58讀《諸子四‧尉繚子》，《四庫全書》本，第708冊，第460頁。

〔註58〕《黃氏日抄》卷68讀《文集十‧葉水心文集‧水心外集》，《四庫全書》本，第708冊，第651頁。

〔註59〕《黃氏日抄》卷68讀《文集十‧葉水心文集‧水心外集》，《四庫全書》本，第708冊，第660頁。

財計問題的究心，說明他能夠正視時艱，關心民瘼，引救國救民爲己任，積極入世，反映出黃震思想務實的特色。

《黃氏日抄》中直接評論、夾敘夾論、先敘後論、寓論於敘、兩兩對照的評論反映出黃震博大深邃的經學、理學、史學、社會思想。黃震的思想具有明顯的時代特色，如其倫理綱常、君臣名分決定歷史興衰的天理史觀，以義理褒貶歷史人物的人物觀都折射出當時史學義理化的思潮；具有經世致用的特色，注重闡發書籍中輔助教化、有益人心的思想，注重爲統治者提供資治之道，這正是黃震爲學的宗旨；具有傳統儒家的特色，其以「仁」統兵的軍事思想、求經文本意的注釋學思想呈現出向傳統儒學回歸之勢。

第三節　自注補充正文

《黃氏日抄》中以雙行小字爲標誌的自注也是其著述形式之一，是黃震基於行文需要而對某些文辭的說明或文意的補充。《黃氏日抄》是黃震「每閱經、史、子、集，輒疏其精要辯論」而成的箚記性質的著作，顯然，除以序說開宗明義，評論闡發思想外，使讀者正確理解其所讀內容也非常重要。因而《黃氏日抄》的自注，作爲序、論兩種著述形式的補充，既疏通言義，又包括對所讀內容的進一步探求，一定程度上反映出黃震的思想和主張。

一、自注的形式

若以形式劃分，《黃氏日抄》中的自注可以分爲轉抄之注和自撰之注。

轉抄之注，多是黃震在讀前人作過注釋的史書時，連同注釋一併抄錄，一般不注明原注作者。值得注意的是，黃震在轉抄前人之注時，並非元元本本地照錄，而是對其進行節略，使之與總體行文風格協調一致。轉抄之注所佔自注的比重較小，卻說明黃震注重吸收利用前人的研究成果。

自撰之注，是《黃氏日抄》自注的主要部分，也是自注中最能反映黃震思想和撰述宗旨的部分，當然也是本文研究《黃氏日抄》自注的主要對象。

二、自注的內容

《黃氏日抄》的自注，這裡以自撰之注爲主，若以內容劃分，包含注明文字音讀、提示行文方式、說明正文詞語、補充相關材料、探求正文內容等方面。這些自注疏通正文音義，充實正文內容，申明行文方式，是正文不可

或缺的補充，與正文互爲表裏，對於正確理解《黃氏日抄》的正文，充分反映黃震的思想和主張發揮著重要作用。

（一）注明文字音讀

注明文字音讀占《黃氏日抄》中自注的大部分，可以分爲注明讀音、注明古今音、注明音調。

1. 注明讀音

反切

《黃氏日抄》卷十一讀《春秋》「（成公三年）晉郤克、衛孫良夫伐廧咎如」，黃震注曰「廧，在良反；咎，古刀反」〔註60〕。

《黃氏日抄》卷十三讀《春秋》「（哀公九年）宋皇瑗帥師取鄭師於雍丘」，黃震注曰：「雍，於勇反」〔註61〕。

直音

《黃氏日抄》卷十三讀《春秋》「（文公六年）晉殺其大夫陽處父，晉狐射姑出奔狄」，黃震注曰：「射，音亦，一音夜」〔註62〕。

《黃氏日抄》卷九讀《春秋》「（僖公四年）春正月公會齊侯、宋公、陳侯、衛侯、鄭伯、許男、曹伯侵蔡，蔡潰，遂伐楚次於陘」，黃震注曰「陘，音刑」〔註63〕。

《黃氏日抄》卷十四讀《禮記》「其在凶服曰適子孤。臨祭祀，內事曰孝子某侯某，外事曰曾孫某侯某」，黃震注曰「適，音的」〔註64〕。

讀如

《黃氏日抄》卷二十四讀《禮記》「子言之，君子之道，闢則坊與。坊，民之所不足者也。大爲之坊，民猶踰之。故君子禮以坊德，刑以坊淫，命以

〔註60〕《黃氏日抄》卷 11 讀《春秋五・成公》，《四庫全書》本，第 707 冊，第 242 頁。

〔註61〕《黃氏日抄》卷 13 讀《春秋七・哀公》，《四庫全書》本，第 707 冊，第 340 頁。

〔註62〕《黃氏日抄》卷 10 讀《春秋四・文公》，《四庫全書》本，第 707 冊，第 203 頁。

〔註63〕《黃氏日抄》卷 9 讀《春秋三・僖公》，《四庫全書》本，第 707 冊，第 164 頁。

〔註64〕《黃氏日抄》卷 14 讀《禮記一・曲禮下第二》，《四庫全書》本，第 707 冊，第 379 頁。

坊欲」，黃震注曰「闢，讀如譬」〔註65〕。

《黃氏日抄》卷二十讀《禮記》「非列采不入公門，振絺綌不入公門，表
裘不入公門，襲裘不入公門」，黃震注曰「振，讀如袗」〔註66〕。

讀作

《黃氏日抄》卷二十二讀《禮記》「凡封，用綍去碑負引。君封以衡，大
夫、士以咸。君命毋譁以鼓封；大夫命毋哭；士哭者相止也」，黃震注曰「封，
讀作窆；咸，讀作緘」〔註67〕。

《黃氏日抄》卷二十七讀《禮記》「子曰民以君為心，君以民為體，心莊
則體舒，心肅則容敬。心好之，身必安之；君好之，民必欲之。心以體全，
亦以體傷，君以民存，亦以民亡。《詩》云昔吾有先正，其言明且清，國家以
寧，都邑以成，庶民以生，誰能秉國成，不自為正，卒勞百姓。《君雅》曰夏
日暑雨，小民惟曰怨，資冬祁寒，小民亦惟曰怨」，黃震注曰「雅，讀作牙」
〔註68〕。

讀為

《黃氏日抄》卷二十二讀《禮記》「飾棺，君龍帷三池，振容。黼荒，火
三列，黻三列。素錦褚，加偽荒。……士戴前纁後緇，二披用纁」，黃震注曰
「偽，讀為帷」〔註69〕。

《黃氏日抄》卷二十九讀《禮記》「賓必南向，東方者春，春之為言蠢也，
產萬物者聖也。南方者夏，夏之為言假也，養之長之假之，仁也。西方者秋，
秋之為言愁也，愁之以時察，守義者也……建國必立三卿。三賓者，政教之
本，禮之大參也」，黃震注曰「愁，讀為揫」〔註70〕。

〔註65〕《黃氏日抄》卷24讀《禮記十一·坊記第三十》，《四庫全書》本，第707冊，
第711頁。

〔註66〕《黃氏日抄》卷20讀《禮記七·玉藻第十三》，《四庫全書》本，第707冊，
第578頁。

〔註67〕《黃氏日抄》卷22讀《禮記九·喪大記第二十二》，《四庫全書》本，第707
冊，第675頁。

〔註68〕《黃氏日抄》卷27讀《禮記十四·緇衣第三十三》，《四庫全書》本，第707
冊，第769頁。

〔註69〕《黃氏日抄》卷22讀《禮記九·喪大記第二十二》，《四庫全書》本，第707
冊，第674頁。

〔註70〕《黃氏日抄》卷29讀《禮記十六·鄉飲酒義第四十五》，《四庫全書》本，第
707冊，第823頁。

《黃氏日抄》卷十七讀《禮記》「攝主不厭祭，不旅，不假，不綏祭，不配」，黃震注曰「假，讀爲嘏」〔註71〕。

如字讀

《黃氏日抄》卷二十讀《禮記》「事君者量而後入，不入而後量。凡乞假於人，爲人從事者亦然。然，故上無怨，而下遠罪也」，黃震注云：「乞，如字，又音氣」〔註72〕。

《黃氏日抄》卷二十三讀《禮記》「二端既立，報以二禮。建設朝事，燔燎膻薌，見以蕭光，以報氣也。此教眾反始也。薦黍稷，羞肝肺首心，見間以俠甒，加以鬱鬯，以報魄也。教民相愛，上下用情，禮之至也」，黃震注曰「見以之見，見間之見，古注作覵，今並如字」〔註73〕。

《黃氏日抄》卷二十三讀《禮記》「祭日於壇，祭月於坎，以別幽明，以制上下至以致天下之和」，黃震注曰「巡，古讀爲沿，然如字亦通」〔註74〕。

《黃氏日抄》自注中的注音以反切和直音爲主，其餘形式作爲補充。

2. 注明古今音

時間的推移和語言文字的發展變化，擴大了古今的隔閡，黃震重視文字的音讀還表現爲注明古今音。

《黃氏日抄》卷二十讀《禮記》「肆束及帶勤者。有事則收之，走則擁之」，黃震注曰「肆，古音肄，今讀如字」〔註75〕。

《黃氏日抄》卷十四讀《禮記》「行，前朱雀而後玄武，左青龍而右白虎，招搖在上，急繕其怒。進退有度，左右有局，各司其局」，黃震注曰「繕，古音勁」〔註76〕。

〔註71〕《黃氏日抄》卷 17 讀《禮記四・曾子問第七》，《四庫全書》本，第 707 冊，第 498 頁。

〔註72〕《黃氏日抄》卷 20 讀《禮記七・少儀第十七》，《四庫全書》本，第 707 冊，第 609 頁。

〔註73〕《黃氏日抄》卷 23 讀《禮記十・祭義第二十四》，《四庫全書》本，第 707 冊，第 685 頁。

〔註74〕《黃氏日抄》卷 23 讀《禮記十・祭義第二十四》，《四庫全書》本，第 707 冊，第 684 頁。

〔註75〕《黃氏日抄》卷 20 讀《禮記七・玉藻第十三》，《四庫全書》本，第 707 冊，第 583 頁。

〔註76〕《黃氏日抄》卷 14 讀《禮記一・曲禮上第一》，《四庫全書》本，第 707 冊，第 368 頁。

《黃氏日抄》卷十四讀《禮記》「曰：為日，假爾泰龜有常，假爾泰筮有常。卜筮不過三，卜筮不相襲。龜為卜，筴為筮。卜筮者，先聖王之所以使民信時日，敬鬼神，畏法令也；所以使民決嫌疑，定猶與也。故曰，疑而筮之，則弗非也；日而行事，則必踐之」，黃震注曰「踐，古作善，今如字」〔註77〕。

《黃氏日抄》卷十九讀《禮記》「鄉人襐，孔子朝服而立於阼，存室神也」，黃震注曰「襐鄭（指鄭玄）讀如傷，近音陽」〔註78〕。

注明古今音說明黃震注意到文字隨歷史演變而變化。

3. 注明音調

音調是文字讀音的重要組成部分，漢語言文字的音調不同，意義可能也不同。黃震讀《論語・憲問篇》「霸諸侯」條，云：「注（指朱子《論語集注》）云霸與伯，同長也。愚意天下之主謂之王，諸侯之長謂之伯，此指其定位而名也。以德方興而為天下所歸則王平聲，聲轉而為王去聲。王政不綱，而諸侯之長自整齊其諸侯則伯，聲轉而為霸，皆有為之稱也。正音為靜字，轉聲為動字」〔註79〕，可見黃震認識到文字音調與意義關係密切，重視通過音調正確理解經典文義。

《黃氏日抄》卷十五讀《禮記》「鄰有喪，舂不相；里有殯，不巷歌。喪冠不綏」，黃震注曰「相，去聲」〔註80〕。

《黃氏日抄》卷二十六讀《禮記》「《小雅》曰：高山仰止，景行行止至人人失其所好；故仁者之過易辭也」，黃震注曰「行，平聲；好，去聲」〔註81〕。

《黃氏日抄》卷二十七讀《禮記》「至於家，入門左，升自西階，殯東西面坐，哭盡哀，括髮袒，降堂東即位，西鄉哭，成踴，襲経於序東，絞帶。反位，拜賓成踴，送賓，反位。有賓後至者，則拜之，成踴送賓皆如初。眾

〔註77〕《黃氏日抄》卷14讀《禮記一・曲禮上第一》，《四庫全書》本，第707冊，第370頁。

〔註78〕《黃氏日抄》卷19讀《禮記六・郊特牲第七》，《四庫全書》本，第707冊，第541頁。

〔註79〕《黃氏日抄》卷2讀《論語》，《四庫全書》本，第707冊，第16頁。

〔註80〕《黃氏日抄》卷15讀《禮記二・檀弓上第三》，《四庫全書》本，第707冊，第389頁。

〔註81〕《黃氏日抄》卷26讀《禮記十三・表記第三十二》，《四庫全書》本，第707冊，第758頁。

主人兄弟皆出門，出門哭止，闔門，相者告就次……三日，成服，拜賓送賓皆如初」，黃震注曰「鄉、相併去聲」〔註82〕。

《黃氏日抄》卷二十二讀《禮記》「遣車視牢具。疏布輤。四面有章，置於四隅」，黃震注曰「章，或作鄣，去聲讀」〔註83〕。

（二）說明正文詞語

1. 注釋詞義

《黃氏日抄》卷五十四讀《東萊大事記》「虎落」，黃震注曰「若今竹虎，以竹篾相連遮落之」〔註84〕。

《黃氏日抄》卷五十五讀《韓非子》「覆廩」，黃震注曰「即近世所謂盤量」；「射隱」，黃震注曰「即近世所謂猜謎」〔註85〕。

這兩個例子是黃震的自注，黃震注意到事物的發展、古今的聯繫，以今釋古，爲後世研究相關情況提供了資料。

《黃氏日抄》中注釋詞語的自注也有轉引前人注釋的情況。《黃氏日抄》卷五十二讀《國語》，黃震自注「料民」，「料，數也」；「全烝」，「全體升之。烝，升也」；「泉」，「右曰泉，轉曰錢」〔註86〕，是黃震抄《國語》，連抄韋昭《〈國語〉注》。

2. 注明詞性

《黃氏日抄》卷五十二讀《戰國策》「安」，黃震注曰「語助」〔註87〕。

3. 注明字形

《黃氏日抄》卷四十六讀《史記》「蒲陶」，黃震注曰「俗今作萄」〔註88〕。

〔註82〕《黃氏日抄》卷 27 讀《禮記十四・奔喪第三十四》，《四庫全書》本，第 707 冊，第 772 頁。

〔註83〕《黃氏日抄》卷 22 讀《禮記九・雜記上第二十》，《四庫全書》本，第 707 冊，第 647 頁。

〔註84〕《黃氏日抄》卷 54 讀《雜史四・東萊大事記》，《四庫全書》本，第 708 冊，第 396 頁。

〔註85〕《黃氏日抄》卷 55 讀《諸子一・韓非子》，《四庫全書》本，第 708 冊，第 414 頁。

〔註86〕《黃氏日抄》卷 52 讀《雜史二・國語》，《四庫全書》本，第 708 冊，第 365 頁。

〔註87〕《黃氏日抄》卷 52 讀《雜史二・戰國策》，《四庫全書》本，第 708 冊，第 370 頁。

〔註88〕《黃氏日抄》卷 46 讀《（正）史一・史記》，《四庫全書》本，第 708 冊，第

（三）提示行文方式

1.注明起迄

《黃氏日抄》卷四十九讀《新唐書》「儒學傳」，在題下黃震注曰「元澹至許康佐終焉」〔註89〕。

《黃氏日抄》卷四十九讀《新唐書》「烈女傳」，在題下黃震注曰「房玄齡妻止楊烈婦」〔註90〕。

2.說明讀法

《黃氏日抄》卷五十三讀《春秋世紀》，黃震注曰「用竹湖李參政韶所編抄其要」〔註91〕。

《黃氏日抄》卷五十三讀《春秋臣傳》，黃震注曰「因蜀人王常元編，而以所見爲評」〔註92〕。

3.注明互見

《黃氏日抄》卷四十六讀《史記》「項羽紀」，黃震注曰「再見漢抄」〔註93〕。

《黃氏日抄》卷四十六讀《史記》「陳勝世家」，黃震注曰「再見漢抄」〔註94〕。

《黃氏日抄》卷四十六讀《史記》「楚元王世家」，黃震注曰「再見漢抄」〔註95〕。

《漢抄》指黃震《讀漢書》，《漢抄》與《史抄》的內容不同。黃震自注

---

287 頁。

〔註89〕《黃氏日抄》卷 49 讀《（正）史四・（新）唐書》，《四庫全書》本，第 708 冊，第 320 頁。

〔註90〕《黃氏日抄》卷 49 讀《（正）史四・（新）唐書》，《四庫全書》本，第 708 冊，第 321 頁。

〔註91〕《黃氏日抄》卷 53 讀《雜史三・春秋世紀》，《四庫全書》本，第 708 冊，第 372 頁。

〔註92〕《黃氏日抄》卷 53 讀《雜史三・春秋臣傳》，《四庫全書》本，第 708 冊，第 377 頁。

〔註93〕《黃氏日抄》卷 46 讀《（正）史一・史記》，《四庫全書》本，第 708 冊，第 255 頁。

〔註94〕《黃氏日抄》卷 46 讀《（正）史一・史記》，《四庫全書》本，第 708 冊，第 266 頁。

〔註95〕《黃氏日抄》卷 46 讀《（正）史一・史記》，《四庫全書》本，第 708 冊，第 267 頁。

提示讀者在讀《黃氏日抄》至《史記》中《項羽紀》、《陳勝世家》、《楚元王世家》時，應與《讀漢書》中「陳勝吳廣」、「項籍」、「楚元王交」參考閱讀。

（四）探求正文內容

1. 並列異說

《黃氏日抄》卷十四讀《禮記》「大饗不問卜，不饒富」，黃震注曰「方氏謂饗賓客，葉氏謂饗明堂」〔註 96〕。黃震讀《禮記》正文，用呂氏之說注釋「大饗」，稱「冬至日祀天，夏至日祀地」，而方氏、葉氏之說與之不同，故黃震列二說以供參考。

《黃氏日抄》卷三十四讀《晦庵先生文集》「潘恭叔問答謂桓公非殺兄，管仲非事仇」，黃震注曰「荀卿謂糾爲兄，薄昭謂糾爲弟」〔註 97〕。荀卿與薄昭在糾爲兄還是爲弟的問題上意見相左，在沒有其他佐證的情況下，黃震無法斷定二家孰是孰非，故並列二家之說。

2. 考證正文

《黃氏日抄》卷十九讀《禮記》「孔子曰三日齋，一日用之猶恐不敬，二日伐鼓何居」，黃震注曰「《家語》載季桓子將祭齋三日，而二日鐘鼓音不絕，蓋其事」〔註 98〕。黃震的自注明確「孔子曰」所針對的事實。

《黃氏日抄》卷五十四讀《東萊大事記》「酺」，黃震注曰「周赧王十九年，中山膚施大赧酺。按：《周禮》族師各掌其族之戎令政事，春秋祭酺亦如之。注謂酺者，爲人物除害之神，因祭酺而與其民以長。馬疏謂祭酺而民相獻，酬幼獻酺必合錢爲之，故《禮記》曾子曰『《周禮》其猶醵與。』東萊云，漢三人無故群飲，罰金四兩。詔橫賜得令群飲，謂三酺。群飲之禁遠自周公賜酺之制，亦必非始於趙也」〔註 99〕。黃震自注經過考證，認爲「酺」始於周公之時。

〔註 96〕《黃氏日抄》卷 14 讀《禮記一・曲禮下第二》，《四庫全書》本，第 707 冊，第 384 頁。

〔註 97〕《黃氏日抄》卷 34 讀《本朝諸儒理學書二・晦庵先生文集一》，《四庫全書》本，第 708 冊，第 43 頁。

〔註 98〕《黃氏日抄》卷 19 讀《禮記六・郊特牲第七》，《四庫全書》本，第 707 冊，第 541 頁。

〔註 99〕《黃氏日抄》卷 54 讀《雜史四・東萊大事記》，《四庫全書》本，第 708 冊，第 396 頁。

3. 提出異議

《黃氏日抄》卷二十五讀《禮記》「君子之道，造端乎夫婦，及其至也，察乎天地」，黃震注曰「愚意造端乎夫婦，即指夫婦之愚不肖能知能行者而言，非指閨門正始而言。察乎天地即指造化流行，上下各適其適，顯然可見者而言，非指高遠深妙者而言」〔註100〕。黃震不同意《中庸或問》之說，故以自注的形式提出己見。

《黃氏日抄》卷二十五讀《禮記》「誠者非自成己而已也，所以成物也。成己，仁也；成物，知也。性之德也，合外內之道也，故時措之宜也」，黃震注曰「愚按：上文言成者自成也，下文即言非自成己而已也，是自成即指成己而言，安得以為無所待而自成耶」！〔註101〕黃震認為「游、楊皆以『無待而然』論之。其說雖高，然於此為無所當，且又老莊之遺意也」〔註102〕，是黃震不同意游、楊的解釋，而以自注提出己見。

《黃氏日抄》卷五十六讀《呂氏春秋》「仲夏紀」附錄「注之誤」，黃震注曰「齊之衰作大呂，注云陰律十二。愚按：樂毅伐齊，遷其大呂。蓋齊初為樂器之大者，非十二月之律名」〔註103〕。黃震不同意高誘注《呂氏春秋》以「大呂」為律名，認為「大呂」是「樂器之大者」。

4. 評論正文

《黃氏日抄》卷五十九讀《韓文》之《送殷侑使回鶻》，黃震抄錄原文「謂今人適數百里出門，惘惘有離別可憐之色，持被入直三省丁寧，顧婢子語刺刺不能休。今子使萬里外國，獨無幾微出於言面，豈不真知輕重大丈夫哉？」，黃震自注曰「以上皆借事形容，曲盡文字之妙」〔註104〕。

《黃氏日抄》卷五十九讀《韓文》之《韋侍講序》，黃震抄錄原文「其拒而不受於懷也。若築河堤以障屋霤，其容而消之也；若水之於海，冰之於夏

〔註100〕《黃氏日抄》卷25讀《禮記十二‧中庸第三十一》，《四庫全書》本，第707冊，第729頁。

〔註101〕《黃氏日抄》卷25讀《禮記十二‧中庸第三十一》，《四庫全書》本，第707冊，第743頁。

〔註102〕《黃氏日抄》卷25讀《禮記十二‧中庸第三十一》，《四庫全書》本，第707冊，第743頁。

〔註103〕《黃氏日抄》卷56讀《諸子一‧呂氏春秋》，《四庫全書》本，第708冊，第424頁。

〔註104〕《黃氏日抄》卷59讀《文集一‧韓文》，《四庫全書》本，第708冊，第476頁。

日，其玩而忘之以文辭也；若奏金石以破蟋蟀之鳴，蟲飛之聲」，黃震自注曰「以上皆雜喻形容，亦曲盡文字之妙」〔註105〕。

上述是黃震以自注的形式評論《韓文》文筆之妙。

（五）補充相關材料

1. 注明人物身份

《黃氏日抄》卷四十六讀《史記·陳勝世家》「田蚡勝」，黃震自注曰「王后異父弟」；「霍去病」，黃震自注曰「衛后姊之子」〔註106〕。

《黃氏日抄》卷四十讀《東萊先生文集》「《書趙路分行實後》：無所歆羨而爲善，無所創艾而不爲惡，此天下實德君子」，黃震注曰「路分當是福王之父」〔註107〕。

《黃氏日抄》卷四十七讀《漢書》「司馬遷」，有「……斯說也聞之故師席王宗諭」，黃震自注「王宗諭」曰「文貫」〔註108〕，說明王宗諭即王文貫。

《黃氏日抄》卷三十五讀《晦庵先生文集》「讀余隱之《尊孟辨》」，黃震注曰「隱之，建安人，名允文」〔註109〕。

上述是黃震以自注的形式解釋人物身份、名號。

2. 注明山川名物

《黃氏日抄》卷四十六讀《史記》「樗里子、甘茂」，黃震稱「樗里子，秦惠王弟，名疾，滑稽多智，號曰智囊。爲惠王將，多戰功；爲武王相，使周，周敬之。其後爲韶王伐蒲」，自注「蒲」，曰「衛邑」〔註110〕。

《黃氏日抄》卷六十讀《柳文》「表銘碣誄誌」，引「番禺，音潘愚」，黃震自注曰「二山名，在南海，今廣州」〔註111〕。

〔註105〕《黃氏日抄》卷 59 讀《文集一·韓文》，《四庫全書》本，第 708 冊，第 476 頁。

〔註106〕《黃氏日抄》卷 46 讀《（正）史一·史記》，《四庫全書》本，第 708 冊，第 266 頁。

〔註107〕《黃氏日抄》卷 40 讀《本朝諸儒理學書八·東萊先生文集》，《四庫全書》本，第 708 冊，第 160 頁

〔註108〕《黃氏日抄》卷 47 讀《（正）史二·漢書》，《四庫全書》本，第 708 冊，第 298 頁。

〔註109〕《黃氏日抄》卷 35 讀《本朝諸儒理學書三·晦庵先生文集二》，《四庫全書》本，第 708 冊，第 67 頁。

〔註110〕《黃氏日抄》卷 46 讀《（正）史一·史記》，《四庫全書》本，第 708 冊，第 272 頁。

〔註111〕《黃氏日抄》卷 60 讀《文集二·柳文》，《四庫全書》本，第 708 冊，第 493 頁。

《黃氏日抄》卷五十六讀《呂氏春秋》「有始覽」，引「六川則河水、赤水」，黃震自注曰「河出崑崙東北，赤水出東南」；「遼水」，黃震自注曰「出砥石山，自東北北東流」；「黑水」，黃震自注曰「崑崙西北」〔註112〕。

《黃氏日抄》卷三十四讀《晦庵先生文集》之《南康往回詩》，「白鹿洞折桂院」，黃震自注曰「李逢吉讀書處」；「李氏山房」，黃震自注曰「李公擇讀書處」；「太平興國宮」，黃震自注曰「惠遠取孔老言，著沙門不敬王者論，明皇謂見九天使者降，因立此宮」〔註113〕。

上述是黃震以自注的形式注明地名、河流發源、名物古迹。

3. 注明引文出處

《黃氏日抄》卷十九讀《禮記》「天子之元子，士也。天下無生而貴者也。繼世以立諸侯，象賢也。以官爵人，德之殺也」，黃震稱「此所以釋上文諸侯有冠禮而大夫無之也。諸侯必繼世而立，所以象賢也，大夫不繼世，為其德之殺也」。下有黃震自注曰「方氏」〔註114〕，即黃震對《禮記》原文的解釋是引用方氏之說。

《黃氏日抄》卷十九讀《禮記》「玄冕齋戒，鬼神陰陽也。將以為社稷主，為先祖後，而可以不致敬乎？共牢而食，同尊卑也。故婦人無爵，從夫之爵，坐以夫之齒」，黃震稱「玄冕，祭服。齋戒，將事鬼神。昏禮而用玄冕齋戒，是敬此夫婦之道同於鬼神陰陽而神明之也。牢謂牲牢，牲牢異等而夫婦共牢而食，示同尊卑也」，黃震自注曰「周氏、陸氏、方氏」〔註115〕，指其解經採用周氏、陸氏、方氏之說。

《黃氏日抄》卷三十三讀《橫渠正蒙》「賢才出國將昌，子孫才族將大」，黃震自注曰「動物篇」〔註116〕，指此條引自《橫渠正蒙·動物篇》。

《黃氏日抄》中的自注形式多樣，內容廣泛，是正文的補充和延伸，起

〔註112〕《黃氏日抄》卷56讀《諸子二·呂氏春秋》，《四庫全書》本，第708冊，第426頁。

〔註113〕《黃氏日抄》卷34讀《本朝諸儒理學書二·晦庵先生文集》，《四庫全書》本，第708冊，第27頁。

〔註114〕《黃氏日抄》卷19讀《禮記六·郊特牲第十一》，《四庫全書》本，第707冊，第548頁。

〔註115〕《黃氏日抄》卷19讀《禮記六·郊特牲第十一》，《四庫全書》本，第707冊，第549頁。

〔註116〕《黃氏日抄》卷33讀《本朝諸儒理學書一·橫渠正蒙》，《四庫全書》本，第708冊，第20頁。

到了輔翼正文，以備闕失，反映黃震思想的重要作用。

　　《黃氏日抄》的序說開宗明義、評論闡發思想、自注補充正文，三者有機配合，互爲補充，不可或缺，直接反映出黃震窮理明道以經世致用的學術思想。

　　《黃氏日抄》會歸一理的結構安排、詳略據理的材料取捨、窮理明道的著述形式，體現出《黃氏日抄》以箚記的形式包孕義理之學，實現《黃氏日抄》體例與黃震理學思想的統一。

中　編

致廣大、盡精微的內容

第四章　唯求本意的注釋學

注釋萌芽於先秦，《春秋》三傳中《左傳》重在史實的敘說，《公羊傳》、《穀梁傳》重在微言大義的探求。

自漢以來，中經魏晉南北朝隋唐至宋初，儒者注經大體皆以章句訓詁為務，「惟古注是從」，「不取違古注」，後人視這一注經方法為「漢學」。不過，中唐以後，也有少數士人敢於衝破欽定和傳統的經說，以己意解說經義，如啖助及其弟子陸淳講《春秋》，即捨「三傳」而直探「聖人之意」。這種捨傳求經的精神「實導宋人之先路」〔註1〕。

北宋建立後，疑傳、疑經之風已露端倪，王昭素「以為王、韓注《易》及孔、馬疏義或未盡是，乃著《易論》二十三篇」〔註2〕，田敏「雖篤於經學，亦好為穿鑿，所校九經，頗以獨見自任」〔註3〕。不過慶曆以前，學者多守章句注疏之學，皮錫瑞稱「經學自唐以至宋初，已陵夷衰微矣。然篤守古義，無取新奇，各承師傳，不憑胸臆，猶漢唐注疏之遺也」〔註4〕。

仁宗慶曆（1041～1048）後，學者一反重訓詁義疏的傳統，對漢唐經學定本、箋注、義疏等大膽地提出懷疑，並以己意重新解說經文、推衍義理，習經之風為之一變，以疑傳、疑經為主體的疑古精神遂成為一股社會思潮。誠如陸游所云：「唐及國初，學者不敢議孔安國、鄭康成，況聖人乎？自慶曆後，諸儒發明經旨，非前人所及，然排《繫辭》，毀《周禮》，疑《孟子》，譏《書》

〔註1〕　《四庫全書總目・經部・春秋類一・春秋集傳纂例》，中華書局，1981年，第213頁。
〔註2〕　《宋史》卷431《王昭素傳》，中華書局，1977年，第12808頁。
〔註3〕　《宋史》卷431《田敏傳》，中華書局，1977年，第12819～12820頁。
〔註4〕　皮錫瑞《經學歷史・經學變古時代》，中華書局，1981年，第220頁。

之《胤征》、《顧命》，黜《詩》之序，不難於議經，況傳注乎」〔註5〕？

　　這股疑辨之風促成學者注經由重名物訓詁向重義理轉變。到了南宋時期，隨著科場對經義的日趨重視和理學思想的逐步形成，由疑辨之風而起的空談義理之風愈演愈烈。這固然給業已「陵夷衰微」的傳統經學注入新的活力，但拋棄訓詁，任意闡發經義，一味追求新奇，勢必造成以己意取代經意，從而降低了經書的神聖性和權威性。

　　在疑辨之風影響下，不少宋儒為闡明自己的思想，視傳統注疏之學如敝屣，甚至不惜曲解經意，篡改經書。但是也有部分學者反對當時以注疏章句為陋、好為高論之風，成為中流砥柱。「服古通經、學求其是」〔註6〕的黃震便是其中之一。

第一節　求本意的注釋原則

　　注釋源於時移世異，文義不明，因此注釋的最高目的在於「求眞」。

　　中唐以來，衝破「疏不破注」的牢籠，以己意解說經意的啖助、陸淳捨傳求經，具有破附會之功，卻也生臆斷之弊。宋代，注釋學變古革新，理學滲透了注釋學。宋初學者注經既承漢唐注疏之餘緒，又受中唐以來疑經辨偽思想的影響。

　　及至仁宗慶曆年間，風氣大變，出現了懷疑注疏乃至經書，以及探求義理的普遍傾向。以注經為手段，闡發自己的哲學理想、政治主張則會棄經旨於不顧。

　　以六經為治道之根源，以孔子為萬世之師的傳統儒家學者黃震起而矯之。黃震《黃氏日抄》「讀經」諸卷，雖非專門的注釋之書，卻強烈反對空談義理，主張隨文釋義，直抉經旨，體現出求本意的注釋原則。

一、反對以己意注經

　　注經多穿鑿義理，故王若虛有「近代之鑿」〔註7〕之說。宋人好發明經外之意，黃震對此深有同感，認為「說理必求高」即為當時「隱然之弊」之

〔註5〕　王應麟《困學紀聞》卷8《經說》，遼寧教育出版社，1998年，第190～191頁。

〔註6〕　《文史通義校注》卷3《內篇三·朱陸》，中華書局，1985年，第264頁。

〔註7〕　王若虛《滹南遺老集》卷31《著述辨惑》，《四部叢刊》本，第3頁。

一〔註8〕。

　　不看文字，先立私意，只借聖人言語附會己意的以己意注經，其結果是各自立說，必然陷於不合不公中，朱熹即一語道破其蔽，認爲「近世說經者，多不虛心以求經之本意，而務極意以求之本文之外。幸而渺茫疑似之間略有縫罅如可鈎索，略有形影如可執搏，則遂極筆模寫以附於經，而謂經之爲說本如是也。其亦誤矣。」〔註9〕

　　這種自覺歪曲，有意附會的注釋方法，違背了文獻整理的基本原則，一言以蔽之，即實用的需要蒙蔽了求眞的精神。

　　注經反倒失卻了經的本意，恰如遺本逐末，這是以經爲道之淵源的黃震所不能容忍的。在穿鑿附會之風盛行的宋代，黃震並未隨波逐流，而是致力於發掘經書本意，反對人爲地附會經書，認爲注經當「順其本旨」〔註10〕，不須旁及外說，枝蔓遊衍，要求依經明理，不以己意注經。

　　注經當以「順其本旨」爲標準，黃震所褒揚者皆爲順經本旨的注釋。譬如，黃震讀《論語》「怪力亂神章」，曰「以怪、力、亂非理之正，而別指鬼神爲造化之迹，非不正，是一律而分輕重。然載謝氏之說，謂語常不語怪，語德不語力，語治不語亂，語人不語神，一體平說，尤於經文協也。」〔註11〕黃震對《論語集注》的解釋作具體分析，認爲朱熹自作注與經文不合，而所引謝氏之說與經文合。

　　黃震讀《論語》「孟之反不伐章」，曰「《集注》載，謝氏稱孟之反無欲上人之心，及孟之反可法之語，《或問》以謝氏爲過，且云恐非夫子之意。夫釋經亦順其本旨而已，合參《或問》之說。」〔註12〕《論語或問》原文爲「謝氏之說，尤爲過之。夫操無欲上人之心，固足以抑夫好勝之私矣。然人之私意，多端發見，亦各不同，豈有但持此一行，而便可必得大道之理。孟之反之行，固可爲法，然遂以爲但師孟之反而可，則恐非夫子之意也。」〔註13〕《或問》亦朱子所作，《集注》只引謝氏說之一部分，可見，黃震不完全贊同，

〔註8〕　《黃氏日抄》卷85《回樓新恩》，《四庫全書》本，第708冊，第883頁。

〔註9〕　《晦庵集》卷51《答萬正淳》，《四庫全書》本，第1145冊，第543～544頁。

〔註10〕　《黃氏日抄》卷2讀《論語》「孟之反不伐章」，《四庫全書》本，第707冊，第12頁。

〔註11〕　《黃氏日抄》卷2讀《論語》，《四庫全書》本，第707冊，第13頁。

〔註12〕　《黃氏日抄》卷2讀《論語》，《四庫全書》本，第707冊，第12頁。

〔註13〕　《四書或問·論語或問·雍也》，上海古籍出版社、安徽教育出版社，2001年，第221～222頁。

「合參《或問》之說」表明黃震態度之嚴謹。

不獨褒揚注家以「順其本旨」爲標準，即其貶斥也以此爲標準。循此標準，黃震觸目所及，對注家最不滿之處多爲以己意注經者。黃震讀《論語》「使民戰慄章」，贊同朱熹《論語或問》所引尹氏「說經而欲新奇，何所不至矣」之說，認爲「此論最於說經有益，聞者當戒」〔註14〕。

黃震批評注家以意注經者比比皆是。黃震讀《論語》「里仁爲美章」，曰「《注》以『焉得知』爲失其是非之本心，理固如此，但本文自明白，此語恐覺微重耳。」〔註15〕黃震所謂「重」，即「於本文似立說生意」〔註16〕，趨於以己意注經之蔽。

黃震讀《論語》「子所雅言章」，曰「程曰『若性與天道，則有不可得而聞者，要在默而識之也』。愚按：本文未嘗及此。」〔註17〕《論語》「子所雅言章」經文爲「子所雅言，《詩》、《書》、執禮，皆雅言也。」可見，黃震認爲《論語集注》所引程子之說「孔子雅素之言，至於如此」已經把經文解釋得很明白，程子「若性與天道，則有不可得而聞者，要在默而識之也」則超越經文之外，不是《論語》的本意，因而對之提出異議。

黃震讀《論語》「仲弓問政章」，曰「程子謂『仲弓問爲知賢才而舉之，子曰舉爾所知，爾所不知，人其捨諸？便見仲弓與聖人用心之小大。推此義，則一心可以興邦，一心可以喪邦，只在公私之間耳！』（按：黃震的節略與現存《論語集注》本文微有不合）愚按：仲弓正問舉才之方而孔子教之耳，程子豈意其不欲舉才而推其蔽至此歟？范氏曰『失此三者，不可以爲季氏宰，況天下乎？』恐亦衍文。」〔註18〕黃震認爲經文本意不過是仲弓問舉才之方而孔子教之，程子卻以一己私意，加以揣摩推衍；而范氏「不先有司，則君行臣職矣；不赦小過，則下無全人矣；不舉賢才，則百職廢矣」之說符合經旨，其「失此三者，不可以爲季氏宰，況天下乎？」則非經文所有。

他如讀《論語》「吾道一以貫章」，黃震批評借注經推衍者，曰「恐亦不若平心只味本文也」〔註19〕；讀《論語》「先進於禮樂章」，批評程子之說「視

〔註14〕《黃氏日抄》卷2讀《論語》，《四庫全書》本，第707冊，第9頁。
〔註15〕《黃氏日抄》卷2讀《論語》，《四庫全書》本，第707冊，第10頁。
〔註16〕《黃氏日抄》卷5讀《尚書》，《四庫全書》本，第707冊，第73頁。
〔註17〕《黃氏日抄》卷2讀《論語》，《四庫全書》本，第707冊，第13頁。
〔註18〕《黃氏日抄》卷2讀《論語》，《四庫全書》本，第707冊，第16頁。
〔註19〕《黃氏日抄》卷2讀《論語》，《四庫全書》本，第707冊，第11頁。

本文爲有添矣」〔註20〕；讀《論語》「有若似聖人一章」，批評陸象山之說，曰「恐本旨亦不如此」〔註21〕；讀《尚書》「纘禹舊服」，批評蔡沈之說，曰「恐亦寄搭義理耳，本文未必其然」〔註22〕；讀《論語》「子路、曾晳、冉有、公西華侍坐章」，批評曰「後世談虛好高之習勝，不原夫子喟歎之本旨，不詳本章所載之始末，單摭與點數語而張皇之，遺落世事，指爲道妙，甚至謝上蔡以曾晳想像之言爲實有暮春浴沂之事，云『三子爲曾晳獨對春風冷眼看破』，但欲推之使高而不知陷於談禪」〔註23〕，皆是黃震反對注家以己意注經的力證。

從上述例子可以看出，黃震認爲注家以己意注經的程度不同，有的「寄搭義理」，有的則陷入禪學之中。即便是以己意注經的成分較少的注釋，黃震都極力反對，一一揀擇，予以批評，這首先說明黃震反對以己意注經之切，另一方面，也說明黃震認識到以己意注經的危害不僅是脫略經文，而且容易不知不覺地陷於禪學。

怎樣避免以己意注經？黃震對此也提出自己的觀點。首先，他認爲經文本來就很明白的，則不必注釋。黃震讀《論語》「乘桴浮海章」，曰「程子謂浮海之歎，傷天下之無賢君，晦庵於《集注》錄之，於《或問》言其未盡善。因知經旨之本明白者不必贅辭也。」〔註24〕黃震所言極是，如果經文的意思本來就很明白，則沒有注釋的必要，若注家強加注釋，則其解說必爲注家己意，而非經文之本意。其次，黃震認爲必須通過注疏來追求經文的義理。黃震讀《論語》「君子無爭章」，曰「辭義曉然，本無可注。近世立高論者迴護『爭』字，其說雜然。晦庵本注疏舊說射禮爲證，其說始平。於是知好議論而忽注疏者可戒也。」〔註25〕離開了經文的注疏而談經文之義理，所得爲非己意？

可見，黃震認爲繁瑣注釋與忽略注疏是以己意注經的內在原因。黃震反對以己意注經的觀點和經文本明白者不必注的主張完全符合注釋學「求眞」的目的。在以己意注經之風盛行的宋代，黃震反對以己意注經，主張經文本

〔註20〕 《黃氏日抄》卷2讀《論語》，《四庫全書》本，第707冊，第15頁。
〔註21〕 《黃氏日抄》卷2讀《論語》，《四庫全書》本，第707冊，第22頁。
〔註22〕 《黃氏日抄》卷5讀《尚書》，《四庫全書》本，第707冊，第68頁。
〔註23〕 《黃氏日抄》卷2讀《論語》，《四庫全書》本，第707冊，第15頁。
〔註24〕 《黃氏日抄》卷2讀《論語》，《四庫全書》本，第707冊，第11頁。
〔註25〕 《黃氏日抄》卷2讀《論語》，《四庫全書》本，第707冊，第9頁。

明白者不必注釋，希冀回歸注疏之實的訴求彌足珍貴。

二、反對改經以就己意

當時學者爲了通過經書闡發自己的思想，以注經爲手段，竄改經書以就己意。這種割裂篡改經書面目的做法，與「聖人之意」背道而馳，焉能求得經之本義？從文獻整理的角度來講，亂行整理，妄加竄改，面目全非，實際上同歸於亡，是古籍整理的大忌。

黃震既反對以己意注經，則注家戕伐經書，改經以就己意的做法亦在其反對之列。

宋代以刪改經書著稱者當首推朱熹。首先，朱熹作《孝經刊誤》，把《孝經》分爲經一章、傳十四章，並且刪改經文二百二十三字以證明《孝經》非孔子所自著。朱熹深恐其用臆斷的手法證明《孝經》出於漢人的傅會將啓學者之責難，曾援引胡寅、汪應辰之說以自重，曰「熹舊見衡山胡侍郎《論語說》，疑《孝經》引《詩》非經本文。初甚駭焉，徐而察之，始悟胡公之言爲信，而《孝經》之可疑者不但此也。因以書質之沙隨程可久丈。程答書曰：『頃見玉山汪端明，亦以爲此書多出後人傅會。』於是乃知前輩讀書精審，其論固已及，又竊自幸，有所因述，而得免於鑿空妄言之罪也。」〔註26〕朱熹此言說明其篡改《孝經》的做法來源於胡、汪二人的啓迪，爲自己開脫之意昭然若揭。

朱熹分經析傳、刪改經文的做法被黃震一語道破，「晦庵朱先生因衡山胡侍郎及玉山汪端明之言，就《古文孝經》作《孝經刊誤》，以『天子』至『庶人』皆去『子曰』及引《詩》云之語而並五章爲一章，云疑所謂《孝經》者本文止如此，而指此爲經，其餘則移置次第而名之爲傳，並刊其用他書竄入者，如『孝，天之經，地之義』，至『因地之義（應爲利）』爲《春秋左氏傳》載子太叔爲趙簡子道子產之言；如『以順則逆』以下爲《左氏傳》所載季文子、北宮文子之言；如『進思盡忠，退思補過』亦《左傳》所載士貞子之言，遂以《孝經》爲出於漢初《左氏傳》未盛行之前，且云『不知何世何人爲之』」。〔註27〕

黃震認爲「《孝經》視《論語》雖有衍文，其每章引《詩》爲斷，雖與劉

〔註26〕《孝經刊誤·跋》，《四庫全書》本，第 182 冊，第 110 頁。
〔註27〕《黃氏日抄》卷 1 讀《孝經》，《四庫全書》本，第 707 冊，第 3 頁。

向《說苑》、《新序》、《列女傳》文法相類，而孝爲百行之本，孔門發明孝之爲義，自是萬世學者所當拳拳服膺，他皆文義之細，而不容不考，至晦庵疏剔瞭然矣。」〔註28〕在黃震看來，《孝經》雖有衍文，不容不辨，但畢竟屬「文義之細」，於《孝經》大旨無妨，學者當重在領悟其大義，身體而力行。從文獻整理角度來講，朱熹在沒有任何證據的情況下，根據主觀的需要，對典籍恣意刪改，是犯了古籍整理的大忌，其影響甚爲惡劣，必然造成謬種流傳，貽誤後人。現代學者認爲南宋以後的封建統治者刪改古書，篡改歷史，以適應某種政治的或道德的所謂現實需要成爲風氣，就是得自朱熹所開隨意刪改經書惡例的啓示。〔註29〕所以黃震反對改經以就己意的主張，客觀上起到了保存古籍原貌的作用，對於防止古籍在流傳與整理中被人爲破壞起了很好的效果。

其次，朱熹不僅刪改《孝經》，而且刪改《大學》。自二程起，就有析分章節，甚而改易次第、變亂舊章者。黃震就曾指出「明道以『《康誥》曰』以後釋明字、新字、止字者聯於首章『明德、新民、止至善』三語之下，然後及『古之欲明明德』一章，又然後以所謂『誠意』以後節節釋之。伊川移『古之欲明明德』一章於前，然後及『《康誥》曰』一章。」〔註30〕

朱熹把《禮記》中的《中庸》、《大學》二篇抽出與《論語》、《孟子》合成《四書》，認爲它們反映著從「初學入德之門」到「孔門傳心之法」的完整哲學體系。朱熹之於《論語》，不刪重出之章，如「博學於文，約之以禮，亦可以弗畔矣夫！」見於《雍也》篇，又見於《顏淵》篇；「不在其位，不謀其政」，見於《泰伯》篇，又見於《憲問》篇。即偶有錯簡缺文，亦不加移易補綴，如《述而》篇「互相難與言」一章，亦僅云「疑有錯簡」，「疑有缺文」。這反映出朱熹能尊重古籍的現狀，而對於《大學》則一反常態。朱熹認爲《大學》中經一章是「孔子之言而曾子述之」，傳十章是「曾子之意而門人記之」〔註31〕；《中庸》是「孔門傳授心法」，而由「子思筆之於書以授孟子」〔註32〕，故其獨於《大學》強分經傳，乃欲以闡發由孔子經過曾參、子

〔註28〕　《黃氏日抄》卷1讀《孝經》，《四庫全書》本，第707冊，第3頁。
〔註29〕　朱維錚《中國經學史十講》，復旦大學出版社，2002年，第237～238頁。
〔註30〕　《黃氏日抄》卷28讀《禮記十五・大學第四十二》，《四庫全書》本，第707冊，第791頁。
〔註31〕　朱熹《四書章句集注・大學章句題記》，齊魯書社，1996年，第3頁。
〔註32〕　朱熹《四書章句集注・中庸章句題記》，齊魯書社，1996年，第1頁。

思而傳於孟子的儒家「道統」。此說始於二程，而眞正實施者卻是朱熹。雖然朱熹在《大學》篇文內部區分開經和傳的貢獻是梳理《大學》篇文的體例〔註33〕，可是朱熹的做法沒有任何根據，當時《大學章句》非常流行，正如黃震所說「舉世所誦習者皆《章句》」，所以朱熹強分《大學》經傳的做法極容易造成謬誤流傳。

黃震不贊同朱熹把《大學》分爲經傳的做法，並在注釋《大學》時對朱熹的做法加以修正，他說「至晦庵先生表章《四書》，遂以《大學》爲稱首，然其詮次皆與《記禮》（指《禮記》）元書不同。……至晦庵先生定爲《大學章句》，亦與程氏微不同，自『修身』一章以後程氏無移易者今悉仍舊，而今舉世之所誦習者惟《章句》也。謹先鈔《記禮》本文以存古昔，然後抄《章句》於其後，以便誦習云。」〔註34〕

黃震在注釋《大學》的時候，採取先抄《大學》本文的做法，以存古昔，保存了古籍的原貌。由於朱熹的《大學章句》是非常重要的注釋書，所以黃震次列朱熹《大學章句》於《大學》本文之後，但是黃震又告誡後人，曰「詳說將以反約也，由《或問》而反之《章句》，由《章句》而反之正文，此晦庵本心也。晦庵嘗令學者且去熟讀《大學》正文，又言《大學》最是兩章相接處好看。凡今所抄《章句》雖分一經十傳，而逐句逐節之下各有注釋，惟初讀時各於其下詳之。既已熟讀之後，合淨寓正文。」〔註35〕也就是說，黃震認爲應該從《大學或問》入門，然後進到《大學章句》，最後才理解《大學》正文，認爲朱熹的《大學章句》僅供初讀者誦習，學者最終當依原文求義。可見，黃震在注釋經書的過程中，始終尊重歷史的原貌，並不把自己的主觀思想強加於經書，存古昔，不廢江河萬古之流。

朱熹不僅強分《大學》經傳，而且認爲《大學》中釋「格物」部分已經佚亡，因取程子之意補傳凡百二十六字：

> 所謂致知在格物者，言欲吾之知，在即物而窮其理也。蓋人心之靈莫不有知，而天下之物莫不有理，惟於理有未窮，故其知有不盡也。是以《大學》始教，必使學者即凡天下之物，莫不因其已知之理而

〔註33〕李學勤《從簡帛佚籍〈五行〉談到〈大學〉》，《孔子研究》，1998年，第3期。
〔註34〕《黃氏日抄》卷28讀《禮記十五·大學第四十二》，《四庫全書》本，第707冊，第791頁。
〔註35〕《黃氏日抄》卷28讀《禮記十五·大學第四十二》，《四庫全書》本，第707冊，第812頁。

益窮之，以求至乎其極。至於用力之久，而一旦豁然貫通焉，則眾物之表裏粗精無不到，而吾心之全體大用無不明矣。此謂物格，此謂知之至也。〔註36〕。

黃震也不同意朱熹補傳的做法，他說：

愚按：《大學》自二程先生更定，至晦庵先生《章句》益精矣。獨所謂傳之四章自「聽訟，吾猶人」以下釋本末云「下有闕文」（《大學或問》語）；傳之五章釋「致知」云「上有闕文」，是以功夫次第大備之間猶有文字闕失未滿之恨也。辛酉歲見《董丞相槐行實》載此章，謂經本無闕文，此特錯簡之釐正未盡者矣。首章明德、新民、至善三句綱領之下，即繼以「欲明明德」以下條目八事之詳，此經也。自「知止而後有定，定而後能靜，靜而後能安，安而後能慮，慮而後能得。物有本末，事有終始。知所先後，則近道矣。」此謂「知本」。「子曰：『聽訟，吾猶人也。必也使無訟乎！』無情者不得儘其辭。大畏民志，此謂知本」。此謂「知之至也」。右正釋「致知在格物」，不待別補。今錯簡在首章三句之下耳。〔註37〕

黃震引述董槐「格致傳不亡」說，謂《大學》小戴原本無闕文，特錯簡釐正未盡，實為反對朱熹「格致傳已亡」說。黃震讀《大學》於朱熹《大學章句》後，依董槐「格致傳不亡」之說把「經」的「知止而後有定。……知所先後，則近道矣」的句子，放在「傳之五章」之前，再把「傳之四章」放在「傳之五章」的「此謂知本」之後，即堅定地表達出其反對朱子補傳的思想。不待王陽明之出，已有古本《大學》之表章矣。

儘管自朱子《大學章句》出，舉世所誦習者惟《章句》也，然亦不乏守古本者與改本說相始終者，如錢時的《融堂四書管見》、黎立武的《大學本旨》皆是。二派之爭愈演愈烈，幾乎與今古文之爭相埒。從這個意義上講，《黃氏日抄》讀《禮記》以董槐「格致傳不亡」說與朱子《大學章句》並列，還具有息口辯而歸於學術之貫通的價值。

周予同認為朱熹「惟注《孝經》，既分經傳，又加刪改；注《大學》，既移本經，又補傳文；始開刪改之端，實不足為訓。其後王柏、吳澄輩動以

〔註36〕《黃氏日抄》卷18讀《禮記十五‧大學第四十二》，《四庫全書》本，第707冊，第803～804頁。

〔註37〕《黃氏日抄》卷28讀《禮記十五‧大學第四十二》，《四庫全書》本，第707冊，第804頁。

一己主見，恣意塗改，於是經說益亂而不可治，其蔽未始非朱熹啓之也。」〔註38〕所以，黃震反對朱熹根據主觀需要刪改經傳的做法極具阻止這種流弊傳衍的作用。

黃震不僅反對朱熹篡改《孝經》、《大學》，而且也不贊同朱熹據己意移置《詩經》序文，認爲「晦庵易置其次，以『詩者，志之所之』居篇首爲《大序》，而別取其言《關雎》者居後爲《關雎》之序，於義正矣，而非復古人之本文。嚴華谷（嚴粲）依本文而逐章各疏其所以然，讀者合從嚴氏。」〔註39〕此處，黃震明確要求學者棄朱從嚴的原因無他，只是因爲朱熹改動了《詩經》的序文，可見黃震反對改經以就己意的思想是鮮明而堅定的。

黃震不僅反對對經文整體的刪改，而且反對注家對經文片言隻字的改動。黃震曾指出鄭玄注釋《三禮》多改字之蔽〔註40〕，在《黃氏日抄》「讀經」諸卷中也可見黃震指摘注家改動經文個別文字的情況。譬如，黃震讀《春秋》隱公「夏四月辛卯，君氏卒」，曰「《左氏》謂君氏者，隱公母聲子也，爲公故，曰君氏，若曰君母氏云爾。《公》、《穀》皆作尹氏。諸家多從《公》、《穀》，然以君爲尹，不免改經文，恐且當從《左氏》。」〔註41〕《三傳》所載《春秋》的本文有所不同是事實。例如春秋時代的虢國，《左傳》、《穀梁傳》都作「虢」，而《公羊傳》則作「郭」。現在根據出土的金文，此字應從《左傳》和《穀梁傳》，《公羊傳》所用的字，當屬同音假借。這或許是在秦代焚書之後，原文脫誤或靠口耳相傳之故。儘管黃震注意到當時「諸家多從公、穀」，卻仍主張「從左氏」，乃是因爲《公》、《穀》「不免改經文」，益可見其不爲流俗所動，反對改經以就己意之堅定。

這種改經以就己意的自覺歪曲，有意附會的做法，絕無文獻學的價值，正所謂「皮之不存，毛將焉附」？黃震反對改經以就己意，符合經典注釋中「求眞」的原則。大至對整體經文的刪改，小至對經文只言片字的改動，都在黃震反對之列，可見黃震對學界改經以就己意的做法深惡痛絕，也可見他糾正流弊之切。

〔註38〕周予同《周予同經學史論著選集》，上海古籍出版社，1998 年，第 167～168 頁。

〔註39〕《黃氏日抄》卷 4 讀《毛詩》，《四庫全書》本，第 707 冊，第 28 頁。

〔註40〕《黃氏日抄》卷 4 讀《毛詩》，《四庫全書》本，第 707 冊，第 27 頁。

〔註41〕《黃氏日抄》卷 7 讀《春秋一·隱公》，《四庫全書》本，第 707 冊，第 112 頁。

三、反對增字以爲訓

增字爲訓，是注家經常運用的注釋方法。注家注釋經文時，往往存在從經文本身難以坐實的情況，不增字爲訓難以說通。

在《黃氏日抄》「讀經」諸卷中，黃震注意到「增字爲訓」的注釋方法，不過，他堅決反對以「增字爲訓」的方法注釋經書。這是因爲黃震認爲注家在「增字爲訓」時往往以主觀臆斷的錯誤理解來解釋經文。

黃震讀《毛詩》「假哉天命，有商孫子」，曰「晦庵《詩傳》曰文王不已，其敬如此，是以大命集焉，以有商孫子觀之，則可見矣。愚按：文王詩惟晦庵傳最爲理精語潔，獨此二句之說於上下文語脈微有未順。蓋『穆穆文王，於緝熙敬』，止此二句一意言文王之德也。『假哉天命，有商孫子』，此二句一意言天命初本商之有也。下文再言『商之子孫，其麗不億。上帝既命，侯於周服』，此四句一意言商之孫子雖多，今天既命周德，殷之後反皆臣於周也。一章八句，語脈相生而其間條流次第絲毫不紊。今若曰文王之敬如此而天命集焉，是上之第二句與中之第一句跨涉而取義也。又曰以商之孫子觀之可見，是中之第二句與下之四句亦跨涉取義也，且云觀之則可見，又似添語補足而本文未必有此意也。更在學者詳之。」〔註42〕黃震所言甚是，如果所增之字非經文本意，則無須增字，這種情況下增字爲訓不可取。對於注家而言，增字爲訓的目的是疏通經文的本意。增字不當，則不僅沒有疏通經文本意，反而將主觀見解強加於經文，與增字爲訓的本意背道而馳，欲求經文本意而不可得。又黃震讀《橫浦日新》「兼弱攻昧、取亂侮亡，爲仲虺戒湯以兼人者必自弱，攻人中必自昧，取人者必自亂，侮人者必自亡」，認爲「此添外字而改經文，恐非仲虺寬釋成湯有慙德之本旨」〔註43〕。

黃震讀《論語》「雖有周親，不如仁人」，曰「《集注》載孔氏曰『周，至也。言紂至親雖多，不如周家之多仁人。《或問》則曰：『范氏之說，因上文而以周親爲周室之親，亦善，但於《書》文不協。』愚意於《書》文不協，於本文則協，且免得添『紂』字與『多』字，又免得改『周』字爲『至』字。似當兩存耳。」〔註44〕讀《毛詩》「昭假於下」，曰「朱云昭假於上天而

〔註42〕《黃氏日抄》卷4讀《毛詩》，《四庫全書》本，第707冊，第55～56頁。

〔註43〕《黃氏日抄》卷42讀《本朝諸儒書十·橫浦日新》，《四庫全書》本，第708冊，第204頁。

〔註44〕《黃氏日抄》卷2讀《論語》，《四庫全書》，第707冊，第19頁。

監在下，嚴云有周之德昭明假至於下。愚按：在天監而言，則周德之昭假在下，似不必增字爲說，本文極明白矣。」〔註45〕讀《易》「不耕獲，不菑畬」，曰：「程謂不耕而獲，不菑而畬爲不首造其事，以首造爲妄。朱云不耕不獲，不菑不畬，無所爲於首，無所覬於後，未嘗起私意以作爲。以文脈言之，合從朱說。若如程說，各句須添『而』字方通也。」〔註46〕可見，黃震主張經文本明白者，不必增字爲訓。的確，如果經文本明白，增字爲訓即爲注家己意。

綜上所言，黃震的觀點並不是說不能增字爲訓，他的增字爲訓觀是：經文本明白者，不必增字爲訓；增字爲訓必須符合經文本意。因此，黃震反對增字爲訓是指反對在經文本明白的情況下增字爲訓，反對增字爲訓卻非經文本義。

增字爲訓的關鍵是在體會、理解原文的基礎上，準確地找出所需補充的詞義，否則容易出現望文生義的錯誤。黃震反對增字爲訓的基礎，是他認爲注家在運用增字爲訓的時候出現了攙雜己意、畫蛇添足的情況。從這個意義上講，黃震反對增字爲訓的觀點是正確的。

四、反對以後事釋經

以己意注經、改經以就己意、增字以爲訓，固然會背離經文原意，但若以後世之事注釋經文，同樣會產生種種誤解。清代崔述有言「人之情好以己度人，以今度古，以不肖度聖賢。往往逕庭懸隔而不自知也。……以己度人，雖耳目之前而必失之。況欲以度古人，更欲以度古之聖賢，豈有當乎？」〔註47〕

以後世之事注釋經文亦與經文本意南轅北轍，因此黃震強烈反對以後世之事注釋經文，而是主張求經文之意於當時之世。

黃震讀《論語》「攻乎異端，斯害也已章」，因宋儒多釋「異端」爲佛教，黃震曰「孔子本意，似不過戒學者它用其心耳！後有孟子闢楊、墨爲異端，而近世佛氏之害尤甚，世亦以異端目之。凡程門之爲佛學者，遂陰諱其說而曲爲迴護，至以『攻』爲『攻擊』，而以孔子爲『不攻異端』。然孔子時未有

〔註45〕《黃氏日抄》卷4讀《毛詩》，《四庫全書》本，第707冊，第60頁。
〔註46〕《黃氏日抄》卷6讀《易》，《四庫全書》本，第707冊，第85頁。
〔註47〕崔述《考信錄提要》，民國十三年（1924）海寧陳氏《崔東壁遺書》本，第5頁。

此議論，說者自不必以後世之事反上釋古人之言，諸君子又何必因異端之字與今偶同而迴護至此耶！」〔註48〕當孔子之時，諸子之說尚未形成，因此，「異端」絕不會指那些不合於儒家之道的學說，更不會指佛教，因此黃震認爲這種「以後世之事反上釋古人之言」的注釋非孔子本意。

黃震讀《孟子》「巨室」，曰「古者卿大夫皆世其官所與共社稷者，故曰巨室。人君當以至公率先之，否則卿大夫、世家皆以爲不可矣，故曰爲政不得罪於巨室。後世誤以兼併之豪爲巨室，以屈法縱惡爲不得罪，蓋後世惟見兼併之豪爲巨室，無復見卿大夫之世家也。惟見豪民謗訴驅逐長吏之爲罪，而無復見士大夫執古誼爭時政之事也。眩流俗而釋古書陷於非義者多類此。學者謹之。」〔註49〕據後世之事生搬硬套，如此注經自然與經文本意相去甚遠。這裡，黃震明確指出以後世之事上釋經書是因爲學者蔽於當時的流俗。

黃震反對以後世之事注經，強烈主張窮經文於當時之世，主要表現在其讀《春秋》中。

《春秋》辭簡意賅，屬辭比事寄寓孔子的政治理想和主張，「微言」體現出「大義」。正是由於《春秋》內容簡賅，給後人以義理注釋《春秋》留下餘地，對此，黃震說：「聖人能與世推移，世變無窮，聖人之救其變者亦無窮。春秋之世，王室微，諸侯強，其始故抑諸侯以尊王室；及諸侯又微而夷狄強，則又抑夷狄而扶諸侯。尊王室固所以尊王也，扶諸侯亦所以尊王也。聖人隨時救世之心如此，而世儒乃動以五帝三皇之事律之，此議論所以繁多。聖人書法甚簡，隨字可以生說，此議論所以愈見其繁多，宜褒貶凡例之說得以肆行其間也。」〔註50〕宋人治《春秋》，多側重義理方面，四庫館臣稱「孫復、劉敞之流，名爲棄傳從經，所棄者特左氏事迹，公羊、穀梁月日例耳。其推闡譏貶，少可多否，實陰本公羊、穀梁法。」〔註51〕指出用公羊、穀梁重義理的精神注釋《春秋》，的確道出了宋代《春秋》學的總體特徵。

黃震主張注釋《春秋》，當「以春秋之世而求聖人之心」〔註52〕。他認爲

〔註48〕　《黃氏日抄》卷2讀《論語》，《四庫全書》本，第707冊，第8頁。

〔註49〕　《黃氏日抄》卷3讀《孟子》，《四庫全書》本，第707冊，第22頁。

〔註50〕　《黃氏日抄》卷7讀《春秋一‧凡例》，《四庫全書》本，第707冊，第108頁。

〔註51〕　《四庫全書總目‧經部‧春秋類一》，中華書局，1981年，第210頁。

〔註52〕　《黃氏日抄》卷7讀《春秋一‧凡例》，《四庫全書》本，第707冊，第108頁。

孔子所以修《春秋》，在於當時「王綱解紐，篡奪相尋，孔子不得其位以行其
權，於是約史記而修《春秋》，隨事直書，亂臣賊子無所逃其罪，而一王之法
以明。所謂撥亂世而反之正，此其爲志」。〔註53〕同時，他又援孔子「其事則
齊桓、晉文，其義則某竊取之」〔註54〕一語，以證明《春秋》乃據實記事之
書，《春秋》大義寓於史事之中。因此，他認爲，治《春秋》者，惟平心易
氣，隨其事而讀之，則「善惡自見，而勸誡存矣」，至若其餘微辭奧義、《春
秋》書法，非後世所能推測，亦非後世所能盡知〔註55〕。黃震以《春秋》爲
史書的觀點是符合事實的，實際上，《春秋》不過記載了從魯隱公元年（前
722）到魯哀公十四年（前 481）共二百二十四年中周朝和各諸侯國之間的重
大歷史事件（《左傳》所載《春秋》終於哀公十六年即西元前 479 年孔子逝世
爲止）。

　　基於《春秋》是史書的思想，黃震對後儒以褒貶凡例來解說《春秋》極
爲不滿，說：

> 自褒貶、凡例之說興，讀《春秋》者往往穿鑿聖經，以求合其所謂
> 凡例，又變移凡例以遷就其所謂褒貶。如國各有稱號，書之所以別
> 也，今必曰以某事也，故國以罪之，及有不合，則又遁其辭；人必
> 有姓氏，書之所以別也，今必曰以某事也，故名以誅之，及有不合，
> 則又遁其辭；事必有月日，至必有地所，此記事之常，否則闕文也，
> 今必曰以某事也，故致以危之，故不月以外之，故不日以略之，及
> 有不合，則又爲之遁其辭。　是則非以義理求聖經，反以聖經釋
> 凡例也，聖人豈先有凡例而後作經乎？何乃一一以經而求合凡例
> 耶！《春秋》正次王、王次春，以天子上承天而下統諸侯，弒君弒
> 父者書「殺」，世子殺大夫者，書「以其邑叛」、「以其邑來奔」者，
> 書明白洞達，一一皆天子之事，而天之爲也。今必謂其陰寓褒貶，
> 使人測度而自知，如優戲之所謂隱者，已大不可，況又於褒貶生凡
> 例耶？理無定形，隨萬變而不齊。後世法吏深刻，始於敕律之外，
> 立所謂「例」，士君子尚羞用之，果誰爲《春秋》先立例，而聖人必

〔註53〕《黃氏日抄》卷7讀《春秋一·序》，《四庫全書》本，第 707 冊，第 106 頁。

〔註54〕《黃氏日抄》卷7讀《春秋一·凡例》，《四庫全書》本，第 707 冊，第 108
頁。

〔註55〕《黃氏日抄》卷33讀《本朝諸儒理學書一·程氏經説》，《四庫全書》本，第
708 冊，第 14 頁。

　　以是書之，而後世以是求之耶？〔註56〕

這段文字表明，黃震認為：所謂《春秋》書國號、書年月、書事件等凡例不合乎《春秋》的內容；凡例外的變例是「遁其辭」的表現，不是《春秋》本意；「聖人」不會先立凡例，然後作經；凡例之說與「理無定形，隨萬變而不齊」矛盾。黃震所言極是。以褒貶、凡例之說注釋《春秋》實際上是以後世之事而上釋《春秋》，是以褒貶、凡例之說來框《春秋》，這與以己意注經的做法可謂異曲同工。

　　在黃震讀《春秋》的篇章中，始終貫徹著「摭先儒凡外褒貶、凡例而說《春秋》者集錄之」〔註57〕的思想，即恢復《春秋》的歷史書的本來面目，以歷史的眼光來注釋《春秋》。其讀《春秋》「（隱公）三月，公及邾儀父盟於蔑」，黃震曰「邾者，魯附庸之國。儀父，其字，《左氏》曰名克。書月不書日者，先儒以為遠也，盟非美事，而春秋亂世相與結好之常。聖人不過因其事而書，諸家或以為褒，或以為貶，皆不可知。」〔註58〕讀《春秋》「冬十有二月，無駭卒」，黃震曰「無駭，即違其君而帥師入極者也。公孫之子，未賜族卒，書名或曰貶，故去其族。然按《左傳》，無駭卒後，羽父始為請謚與族。是凡例、褒貶之說蓋意之也。」〔註59〕

　　黃震還指出褒貶之說自相矛盾，讀《春秋》「十有二月，及鄭師伐宋。丁未，戰於宋」，曰「魯五為會，欲為鄭平宋，而宋不從。魯、鄭所以不平而連師伐之戰於宋者，魯、鄭深入伐之而宋應之，故戰耳。諸家以既書伐，又書戰，言褒貶者不一。愚恐聖人亦書其實爾。」〔註60〕

　　黃震注釋《春秋》，對注家解說的品評以是否合於春秋之事為標準。世遠莫考、證據不足者，則作存疑；理由充足，則一一詳加糾駁。其讀《春秋》「（襄公）十有一年春王正月，作三軍」，黃震總結注家的兩種觀點，一種以劉敞《春秋意林》、孫復《春秋尊王發微》為代表，認為「魯舊止二軍，今始

〔註56〕《黃氏日抄》卷7讀《春秋一・序》，《四庫全書》本，第707冊，第106～107頁。

〔註57〕《黃氏日抄》卷7讀《春秋一・序》，《四庫全書》本，第707冊，第107頁。

〔註58〕《黃氏日抄》卷7讀《春秋一・隱公》，《四庫全書》本，第707冊，第109～110頁。

〔註59〕《黃氏日抄》卷7讀《春秋一・隱公》，《四庫全書》本，第707冊，第118頁。

〔註60〕《黃氏日抄》卷7讀《春秋一・桓公》，《四庫全書》本，第707冊，第131頁。

分而三之也」；另一種以葉夢得《春秋傳》和鄭樵之說爲代表，認爲「魯舊不止三軍，今始並而三之也」。黃震認爲「前一說以周之舊制言，後一說以魯之強僭言。恐春秋時無復守周制，若強而僭者，則魯卿大夫之實也。在來者考焉。」〔註61〕雖然黃震謹愼地主張「在來者考焉」，但是很明顯他比較贊同後一種觀點，原因在於他認爲後一種觀點符合歷史事實，而前一種觀點不符合歷史事實。

宋代學者在注釋《春秋》的時候，不僅以褒貶、凡例之說上釋《春秋》，而且用《三傳》之說釋《春秋》。《三傳》爲解釋《春秋》之書，是以《三傳》解釋《春秋》，其間有用後世之事而上釋《春秋》者，於此，黃震主張「經傳不同者，但當信經」〔註62〕。

黃震讀《春秋》「晉侯伐衛」，曰：

> 晉文公季年，衛背晉而侵鄭，襄公告於諸侯而伐之。先且居勸以先朝王，故襄公朝天王於溫，而使先且居、胥臣伐衛。此《左氏》說也。《石林讞》曰經言晉侯伐衛，則非先且居、胥臣矣。或曰因討衛而後朝王，非朝王而後伐衛，故著其伐而沒其朝。愚按：此亦據《左氏》而評之。合且以經文爲正。〔註63〕

黃震讀《春秋》「秋九月乙丑，晉趙盾弒其君夷皋」，曰：

> 傳載晉靈不君，趙盾驟諫，晉靈先使鉏麑賊之。麑不忍。又飲盾酒，伏甲將攻之。盾逃，而穿弒靈公。盾未出境而重定，又不討賊，故董狐歸獄於盾而書盾弒其君。程伊川曰：聖人不言趙穿，何也？曰趙穿手弒其君，人誰不知？若盾之罪，非《春秋》書之，更無人知也。胡康侯曰：盾偏出境而實聞乎？故高貴鄉公之事抽戈者成濟，倡謀者賈充，當國者司馬昭也。陳泰議刑直於指昭，則盾爲首惡明矣。愚按：皆據傳而釋經者也。〔註64〕

黃震讀《春秋》「秋八月庚辰，葬宋共公。宋華元出奔晉。宋華元自晉歸於宋，

〔註61〕《黃氏日抄》卷11讀《春秋五‧襄公》，《四庫全書》本，第707冊，第270頁。

〔註62〕《黃氏日抄》卷13讀《春秋七‧哀公》，《四庫全書》本，第707冊，第341頁。

〔註63〕《黃氏日抄》卷10讀《春秋四‧文公》，《四庫全書》本，第707冊，第199頁。

〔註64〕《黃氏日抄》卷10讀《春秋四‧宣公》，《四庫全書》本，第707冊，第219頁。

宋殺其大夫山。宋魚石出奔楚」，曰：

> 《左氏》曰葬宋共公，於是蕩澤弱公室，殺公子肥。蘇氏曰華元將
> 討之而力不能，故出奔，奔而國人許之討，然後歸，故其討之也，
> 族人莫救。劉氏曰元自晉歸，使國人攻桓氏，殺蕩山，黜魚石，國
> 然後定。蓋說者謂山即蕩澤之名，而魚氏與蕩氏皆桓族也。木訥曰
> 左氏載元之奔也，魚石止元於河上，而經實書奔晉，又載魚石請討
> 山。既討山，則魚石何用奔楚？考其言無一合於經。蓋山與魚石皆
> 宋之亂臣，故山見殺而魚石奔，復倚楚而入。愚按：傳與經異，但
> 當信經，凡依傳而生說以釋經者不必也。〔註65〕

通過上述例子，可見黃震強烈反對根據《三傳》的解說來解釋《春秋》，而是
主張注家當以《春秋》經文爲正，依經文以闡理。

　　反對以後世之事釋經，實際上是要求注家注經時能夠從經書出發，堅持
「隨文釋義」，這種主張是完全符合注釋學「求眞」的原則。

　　反對以己意注經、反對改經以就己意、反對增字以爲訓、反對以後事釋
經，都說明黃震主張追求經典的本意。不過，後人注釋經書不可避免地有
當時的色彩，而黃震求本意的注釋原則也正是以糾正時弊的面目出現的，這
說明黃震是蕩波中卓見定力的人。梁啓超稱：「漢人解經，注重名物訓詁；
宋人解經，專講義理，這兩派截然不同」〔註66〕，失之也偏，實際情況也不
盡然。

第二節　集大成的注釋形式

　　「注釋」一詞，始見於南朝梁劉勰《文心雕龍·論說》，「若夫注釋爲詞，
解散論體，雜文雖異，總會是同」。「注」即注釋，鄭玄就開始用「注」講解
文獻。漢代就有多種注釋形式。爲闡釋經典，注家蜂起，積久彌全，形成了
不同的注釋形式。由於文獻內容豐富，形式複雜多樣，所以必須根據文獻的
不同情況，同時兼及讀者的理解水平和需要，採取不同的形式，才有可能取
得良好的注釋效果。

〔註65〕　《黃氏日抄》卷11讀《春秋五·成公》，《四庫全書》本，第707冊，第253
　　　　頁。
〔註66〕　梁啓超《清代學術概論·儒家哲學》，上海古籍出版社，1998年，第7～8
　　　　頁。

從孔子「以《詩》、《書》、《禮》、《樂》教」,對古代文獻作了大量講解,到黃震所處的宋末元初,經典注釋的形式大致包括傳注、章句、集解、義疏。

在唐代,絕大多數注釋形式都已基本定型。實踐證明,根據注釋對象的情況選擇注釋形式,才能使注釋有所創新和發展。在《黃氏日抄》「讀經」諸卷中,以求經文本意爲旨歸,能夠注意吸取前代不同注釋形式的優點,加以綜合運用,並且揚長避短,自成體系,在注釋形式上具有集大成的風格。

一、綜合運用注釋形式

傳注是注釋的基本形式。早在先秦時,傳已開始被運用。《春秋》三傳可以說是現存最早的解釋歷史文獻的書。劉知幾《史通》,對於傳的解釋是,「孔子既著《春秋》,而丘明受經作傳。蓋傳者,轉也,轉受經旨,以授後人。或曰傳者,傳也,所以傳示來世。」〔註67〕傳與經的關係,正如桓譚所言「猶衣之表裏相待而成。經而無傳,使聖人閉門思之,十年不能知也。」〔註68〕

注與傳的共同點是以訓詁爲主。劉知己認爲「《傳》之時義,以訓詁爲主,亦猶《春秋》之傳,配經而行也。降及中古,始名傳曰注。蓋傳者轉也,轉授於無窮;注者流也,流通而靡絕。惟此二名,其歸一揆。」〔註69〕不過「傳之所起甚早,而注之標目較遲。」〔註70〕傳與注,名殊義一,「二者俱解書之通號也」〔註71〕,都是爲了將文獻的主旨傳給後人。

傳與注的區別是「博釋經意,傳示後人,則謂之傳;約文敷暢,使經義著明,則謂之注。或曰漢以上稱傳,漢以下稱注。或曰傳必親承聖旨,或師儒相傳,其無所傳授,直注己意而已者,則必謙而稱注。」〔註72〕

以訓詁爲特點的傳注是注釋的基本形式,也是《黃氏日抄》中廣泛運用

〔註67〕《史通通釋・內篇・六家第一》,上海古籍出版社,1982年,第10～11頁。
〔註68〕桓譚《新論・正經第九》,上海人民出版社,1977年,第37頁。
〔註69〕《史通通釋・內篇・補注第十七》,上海古籍出版社,1982年,第131頁。
〔註70〕張舜徽《注書流別論二篇》之《注述之業不外十科》,《廣校讎略》,中華書局,1963年,第55頁。
〔註71〕張舜徽《注書流別論二篇》之《注述之業不外十科》,《廣校讎略》,中華書局,1963年,第55頁。
〔註72〕張舜徽《注書流別論二篇》之《注述之業不外十科》,《廣校讎略》,中華書局,1963年,第54頁。

的注釋形式。據《隋書‧經籍志》載，最早採用注解釋典籍的是賈逵，其次是馬融和鄭玄，而保存至今的最早的注就是鄭玄的《三禮注》。鄭玄作注有用音訓方法正音釋義的特點。《黃氏日抄》中的自注大部分是用來注音的。如前所述，黃震不僅運用直音和反切，而且運用「讀如」、「讀作」、「讀為」等漢代鄭玄作注中大量運用的術語來正音釋義。黃震依音求義，還表現在自注中有大量注明古今音的情況。此外，黃震在自注中還注明聲調，說明他已經注意到漢語言文字的音與義之間存在著密切的關係。

章句是漢代常見的一種注釋形式。「章者明也，句者局也，局言者聯字以分疆，明情者總義以包體」〔註73〕。張舜徽先生認為，章句「蓋必括其大旨，以附一章之末。」〔註74〕清沈欽韓《漢書疏證》稱：「章句者，經師指括其文，敷暢其義，以相教授。」這種注釋形式，首先分章斷句，然後解釋詞語，按照自己的理解串講文義，總結段意。王逸《楚辭章句》、趙歧《孟子章句》是漢代重要的注釋書。自鄭玄注廣泛流行後，章句就幾乎銷聲匿迹了。直到南宋，朱熹又以此形式注釋《大學》、《中庸》，是即《大學章句》、《中庸章句》。《中庸章句》，以申釋《中庸》的章（段）義、句義為主要內容，所謂「章有章指，句有句意」，雖然不無語詞的箋注，卻與一般著重名物訓詁的漢人注疏有所不同。

按照篇（章）、節（段）、句、詞的順序注釋經文也是《黃氏日抄》運用的注釋形式之一，黃震在對《論語》、《孟子》、《毛詩》的注釋中，就運用了章句的注釋形式。據筆者統計，黃震讀《論語》中，釋章意者有三十九條、釋字意或詞意者七條；讀《孟子》中釋篇意者十二條、釋章意者三條、釋句意者六條、釋詞意者四條；讀《毛詩》中釋篇意者四十二條、釋章意者二條、釋句義者八十九條、釋字義或詞義者三十條。

集解是以注為基礎發展而成的注釋形式。以採摭他人注釋為主，是集解的主要特點。何晏《論語集解》全書兼采諸家，而每一注又多取一家之言；范甯《春秋穀梁傳集解》在一個注中集中了多個重要的注釋；杜預《春秋左傳集解》把前人的注釋融合在自己的注釋之中，儘管形式不盡相同，但都能集諸家之長，拓寬對這三部儒家經典注釋的廣度。而南宋朱熹所作《論語集

〔註73〕 劉勰《文心雕龍‧章句篇》，臺灣商務印書館，1979年，第32頁。
〔註74〕 張舜徽《注書流別論二篇》之《注述之業不外十科》，《廣校讎略》，中華書局，1963年，第56頁。

注》、《孟子集注》則對集解這一主要特點有所弱化。朱熹的集注以其本人的注釋爲主。朱熹所引他人注釋以當代人爲主，這也體現朱熹集注與前代集解的不同。朱熹作集注，在必要的情況下，還引用章句的作法，這可以說是朱熹在注釋上的新嘗試，打破了不同注釋形式間的界限。〔註75〕

黃震「解說經義，或引諸家以翼朱子，或捨朱子而取諸家」〔註76〕，則其運用集解的注釋形式顯而易見。黃震集解具有全書兼采諸家，而每一注也兼采諸家的特點，這是因爲黃震要兼取眾善，使自己的注釋完備。黃震綜合各家之說，並對比分析，作出評價和推定。黃震兼下己意，或者因爲他對諸家的解說都不滿意，或者因爲他要就此發表自己對於此問題的見解。黃震採取兩種形式下己意，一是自己作注，但不絕對排斥他人的注；二是以在引用他人注釋之後的「愚按」、「愚意」、「竊意」、「愚恐」、「謹按」或其他較明顯的按語的形式，如「未知然否」，下以己意，詞氣謙和。

與朱熹集注不同的是，黃震對於諸說的徵引不局限於當代人，漢唐的注解也在其徵引的範圍之內。《黃氏日抄》讀《春秋》「秋赤狄侵齊」，黃震引用孔氏疏，曰「謂之赤狄、白狄者，俗尚赤衣、白衣也。《地譜》洛州，春秋赤狄之地。」〔註77〕讀《春秋》「十有二年春，用田賦」，黃震引用鄭玄說，曰「鄭康成亦謂賦者，口率出泉，若漢之筭民，泉是以人爲差也。哀公用田賦以見古之不以田爲賦，而今以田爲賦也。」〔註78〕

義疏的成就在於既解釋前人的注釋，又解釋原文。南朝梁皇侃以何晏《論語集解》爲本，又參酌江熙所集十三家注，撰成《論語集解義疏》，即「先通何集，若江集中諸人有可採者，亦附而申之。其又別有通儒解釋，於何集無好者，亦引取爲說，以示廣聞也」〔註79〕。皇侃《義疏》先解篇名，次注正文，再疏注。皇侃在注疏前，先標明其解釋的起訖。標明注釋起訖始自皇

〔註75〕曾貽芬《古籍的注釋和今譯》，《古籍整理出版十講》，嶽麓書社，2002年，第222頁。

〔註76〕《四庫全書總目·子部·儒家類二·黃氏日抄》，中華書局，1981年，第786頁。

〔註77〕《黃氏日抄》卷10讀《春秋四·宣公》，《四庫全書》本，第707冊，第221頁。

〔註78〕《黃氏日抄》卷13讀《春秋七·哀公》，《四庫全書》本，第707冊，第344頁。

〔註79〕《論語集解義疏·序》，《論語集解義疏》卷首，中華書局，1980年《十三經注疏》本。

侃，唐朝以後的疏，多效此法。皇侃《義疏》對注的疏解，除了補前注不足及糾前注錯誤之外，還對注作進一步發揮。皇侃《義疏》對注及原文，或注釋，或補充，或評論，或糾謬等等，都充分發揮了義疏這種形式的特點，提高了注釋的學術水平。正義亦稱疏。正義的一般做法是，選定一種注本，以解釋原注爲主，除原注未注者，不重新解釋原文，而這成爲以後作疏的普遍模式。正義的特點是爲注作注，同時疏者對原注不滿，亦堅守「疏不破注」的原則。

從黃震讀《論語》、《孟子》、《毛詩》、《尙書》的情況看，其注釋是在朱注或經朱熹訂正的注的基礎上，運用義疏的形式進行注釋。黃震自言注釋《論語》，「官所竊暇，復讀而間記《集注》、《或問》，偶合參考及他說不同者一二以求長者之教，餘則盡在《集注》矣。」〔註 80〕注釋《孟子》，則謂「晦庵《集注》已各發其旨趣之歸，辭意瞭然，熟誦足矣。」〔註 81〕「其指要已備於晦庵之《集注》，讀之瞭然，後學不待贅一辭矣。」〔註 82〕注釋《毛詩》，則稱「若其發理之精到，措辭之簡潔，讀之使人瞭然，亦孰有加於晦庵之《詩傳》者哉？學者當以晦庵《詩傳》爲主，至其改易古說，間有於意未能遽曉者，則以諸家參之，庶乎得之矣。」〔註 83〕注釋《尙書》，則因「經解惟《書》最多，至蔡九峰參合諸儒要說，嘗經朱文公訂正，其釋文義既視漢唐爲精，其發旨趣又視諸家爲的，《書經》至是而大明，如揭日月矣。今惟略記一二。」〔註 84〕顯然，黃震對上述經書的注釋是以朱注或經過朱子訂正的注爲底本，針對不同情況進行褒貶、補充、糾謬等。

黃震在注釋經書的過程中，根據所注經書的實際情況，吸取前人注釋形式的優點，綜合運用傳注、章句、集解、義疏的注釋形式，並且靈活地將不同的形式運用到對同一經典的注釋中，使其融會貫通，從這個意義上講，黃震所運用的注釋形式具有集前代之大成的特點。

二、綜合之上自出新意

學貴創新，人云亦云，焉能有所創獲？在《黃氏日抄》「讀經」諸卷中，

〔註 80〕　《黃氏日抄》卷 2 讀《論語》，《四庫全書》本，第 707 冊，第 5 頁。
〔註 81〕　《黃氏日抄》卷 3 讀《孟子》，《四庫全書》本，第 707 冊，第 19 頁。
〔註 82〕　《黃氏日抄》卷 3 讀《孟子》，《四庫全書》本，第 707 冊，第 21 頁。
〔註 83〕　《黃氏日抄》卷 4 讀《毛詩》，《四庫全書》本，第 707 冊，第 28 頁。
〔註 84〕　《黃氏日抄》卷 5 讀《尚書》，《四庫全書》本，第 707 冊，第 64 頁。

黃震既重視前人的傳統，廣泛採用前代的注釋，又能夠自出新意，在前人的基礎上提出自己的獨到的見解。創新是在前人研究的基礎上進行的，非是閉門造車。能夠吸收前人的優點，並在前人的基礎上有所創新，才是真正的集大成。

《黃氏日抄》的注釋形式對於前人的突破主要表現在其對集解和義疏的改造上。

集解自產生伊始，注家對於前人解說的徵引就存在不同的形式，不出所引注解作者姓名者，則有掠人之美，混淆己注與別家注解為一之嫌；標明作者姓名，又存在文義阻隔之弊端。

黃震作注注意採擷眾家之長，但是其最可貴處是他善於獨立思考，發現問題，解決問題。這不僅表現在他不盲從注家的解說上，還表現在他不盲從注家的集解形式上。茲以《黃氏日抄》讀《禮記》為例，黃震在其《讀禮記·序》中提到：

> 吳郡衛湜集《禮記》解，自鄭康成而下得一百四十六家，惟方氏、馬氏、陸氏有全書，其餘僅解篇章。凡講義論説嘗及之者，皆取之以足其數。其書浩瀚，惟嚴陵郡有官本。岳公珂《集解》亦然，皆未易遍觀。天台賈蒙繼之，始選取二十六家，視衛、岳為要而其採取亦互有不同。其書又惟儀真郡學有錄本，世罕得其傳，今因併合各家所集而類抄之。昔《呂氏讀詩記》簡要而文為姓氏所隔，高氏《春秋集注》文成一家而不知元注之姓氏為誰，僭竊參用其法，使諸家注文為一而各出姓氏於下方，間亦節錄或附己意，然所謂存十一於千百，不過老眼便於觀省，後生志學之士自當求之各家全書云。〔註85〕

從這個序中，可以清楚地看出黃震獨具慧眼，發現前代集解形式或「文為姓氏所隔」，或「文成一家而不知元注為誰」的這種伴隨集解始終的弊端，為克服這種弊端，他自出手眼，發「使諸家注文為一而各出姓氏於下方」之宏願，其讀《禮記》所用集注方法大致有：引用他家之說的，下方注「某氏」，或「本某氏（說）」、「用某氏說」、「合某氏、某氏說」、「集某氏、某氏（說）」，或「用某氏、某氏說補（修）」、「合某氏、某氏補」；以己意解說的，則注「補」，或不予注明。至於下方注「集」或「集補」的，則比較複雜，既有集他人之說

〔註85〕《黃氏日抄》卷14讀《禮記一》，《四庫全書》本，第707冊，第350頁。

的，也有斷以己說的，或兩者兼而有之。

但是注文中爲姓氏所隔的情況也存在。因此，其集注「使諸家之文爲一而各出姓氏於下方」，從總體上說是對的，但不能絕對化，比如會產生各家之說難以分辨的情況，有時下方會出現不止一個姓氏。黃震對於集解形式的創新正是博洽之上的創新，黃震的做法亦曾爲四庫館臣所矚目，四庫館臣也說：「黃氏融彙諸家，猶出姓名於下方。」〔註86〕可見，黃震對集解形式的改造的確起到了文成一家而保留作者的良好效果。

義疏的重要原則是「疏不破注」，也就是疏者對原注不滿，只能重新加以申疏，一般不突破原注的範圍。而黃震在注釋《論語》、《孟子》、《毛詩》、《尚書》、《周易》時，卻將這種「疏不破注」的原則大大弱化，甚至走向了其反面。

黃震對《論語》、《孟子》、《毛詩》、《周易》等的注釋，是在朱熹的注釋基礎上進行，所以黃震對上述經典的注釋主要採取了義疏的形式。在對上述經典的注釋中，不乏黃震對朱注的補充和評論，如黃震讀《論語》「因不失其親章」，曰「《集注》以爲所依者不失其可親之人，則亦可宗而主之矣，是一章三節各自爲義也。《或問》以爲因上二者而不失其所親，則爲可宗，則下一節承上二節而言也，恐不若《集注》爲徑，然此一節終覺未易曉。先師王宗諭貫道嘗講此章，云『宗者，人所取爲宗師，宜超然卓立之人也。因者，因仍於古而非自立者也。惟因而不失其可親之人，則源流既正，亦可宗之也。』此語似於《集注》有發。」〔註87〕這裡，黃震用其業師王宗諭的解釋來補充朱熹的《集注》。黃震讀《論語》「十五志學章」，曰「程子謂孔子自言進德之序如此，此語盡之矣。諸儒議論疊出，皆因待聖人過高，謂聖人不待學故也。然聖人亦與人同耳。晦庵斷以非心實自聖而姑爲是退託。此語尤有味而學者宜知所勉矣。」〔註88〕黃震高度評價朱注，並要求學者退而自勉。

但是，在上述經典的注釋中，黃震對於朱注有異議，則大膽批駁，另立異說更爲引人注目。黃震讀《孟子》「舉一廢百」，曰「《集注》云爲我兼愛執中，皆舉一而廢百。愚按：文勢似止言子莫執中。讀者更審之。」〔註89〕讀

〔註86〕《四庫全書總目·經部·禮類三·禮記集說》，中華書局，1981 年，第 169 頁。
〔註87〕《黃氏日抄》卷 2 讀《論語》，《四庫全書》本，第 707 冊，第 7～8 頁。
〔註88〕《黃氏日抄》卷 2 讀《論語》，《四庫全書》本，第 707 冊，第 8 頁。
〔註89〕《黃氏日抄》卷 3 讀《孟子》，《四庫全書》本，第 707 冊，第 25 頁。

《孟子》「棄井」，曰「《集注》云猶爲自棄其井，蓋指掘井者言之以勉人也。若味本文，恐只是廢棄無用之義。蓋鑿雖深而不及泉，猶爲無用之井，故井必以及泉爲期，孟子勉人之意已在其中。」〔註90〕讀《論語》「孔子沐浴而朝章」，曰「胡氏曰仲尼此舉先發後聞可也。愚謂孔子於義盡矣。此事果可先發後聞，則夫子亦爲之矣，不待胡氏發其所不及也。此言似不必附《集注》。」〔註91〕據筆者統計，黃震注釋《論語》共有四十六條，其中明確反對朱注、另立解說者爲二十五條，超過二分之一強。這是黃震宗朱而不囿於朱的學風在經典注釋中的反映。

分析黃震對集解和義疏的改造與光大，可以看出他既忠實地繼承前代的注釋形式傳統，又創造性地對其進行再加工，從而提煉出一套自成規格的文獻注釋形式。這種規格的標準就是準確地反映出黃震本人對於經典本意及經典注釋形式的理解。

黃震既能綜合運用注釋形式，又能在綜合之上自出新意，說明他既學有所得，又能突破陳規，以舊風格演繹新意境，陶鑄群言以釀製新實。另一方面，黃震在經典注釋中採用集大成的注釋形式，在某種程度上，反映出宋代學術寓開放於博洽、寓革新於守拙的風格滲透了注釋學領域。

第三節　泯門戶的注釋風格

學術上的門戶之見，可上溯至先秦諸子。先秦諸子爲標榜自己的學說，紛紛攻訐其他，甚至對別派全面否定，比如韓非對儒、墨的學說是堅決排斥的，他說「孔子、墨子俱道堯、舜，而取捨不同，皆自謂眞堯、舜，堯、舜不復生，將誰使定儒墨之誠乎？殷、周七百餘歲，虞、夏二千餘歲，而不能定儒、墨之眞，今乃欲審堯、舜之道於三千歲之前，意者其不可必乎！無參驗而必之者，愚也；弗能必而據之者，誣也。故明據先王必定堯、舜者，非愚則誣也。愚誣之學，雜反之行，明主弗受也。」〔註92〕

及至宋代，這種門戶之見則愈演愈烈，朱陸之爭即是明證。「（象山）先生之學，以尊德性爲宗……同時紫陽（朱熹）之學，則以道問學爲主……宗朱者詆陸爲狂禪，宗陸者詆朱爲俗學，兩家之學各成門戶，幾如冰炭矣。」

〔註90〕《黃氏日抄》卷3讀《孟子》，《四庫全書》本，第707冊，第25～26頁。
〔註91〕《黃氏日抄》卷2讀《論語》，《四庫全書》本，第707冊，第16～17頁。
〔註92〕《韓非子·顯學篇》。

〔註93〕各立門庭，緣自自視太高，認爲他人所論一無可取，所以各守己偏，不能兼取眾善，使學者觀聽惶惑，不知所從，自己也陷入不明不行之弊。

而黃震認爲，「義理無窮，非敢偏主一說」〔註94〕，同時又認爲「六經所以載理，傳注所以明經」〔註95〕，因此，他對經書的注釋能夠彙納群言，擇善從之，不貴門戶之顯，具有學求其是的客觀精神。

一、泯漢宋門戶

宋儒廢漢唐訓詁，輕語言文字，而空言義理，是欲渡江河而棄舟楫。錢穆先生說：「朱子至友如張南軒，亦謂『朱子句句而解，字字而求，不無差失』。蓋當時理學界風氣讀書只貴通大義，乃繼起立新說；新說愈興起，傳統愈脫落。此風在北宋諸儒已所不免，而理學家又甚，即南軒亦在此風氣中，惟朱子一面固最能創新義，一面最能守傳統。」「句句而解，字字而求」，正是漢儒注經的嚴肅態度，爲後世注經之人所應奉行的規臬。南軒漠視此一嚴肅態度，反唇譏諷，足見當時「通大義」、「立新說」之流風所及，莫不披靡，雖有一二「句句而解，字字而求」的敦古之士如朱子者，反而成爲招嘲納諷之對象。

黃震繼承了二程「經所以載道」的思想，提出「六經，治道之根源」，他既反對漢唐學者泥於經文、墨守訓詁、不求義理的治經習氣，也反對當時一些學者好離經而言理的治經風尚，而主張義理訓詁熔爲一爐。

（一）通經以明道

黃震注經唯求經之本義，這是因爲理在經之內。此理非解者自持之理，特玩味經文而有得，理皆經文之理。黃震深知欲求得經中之本義，則雖一字一畫之細，一音一韻之末，亦不可輕易放過，若解字不當，郢書燕說，則義理精微必有差失。

黃震讀《論語》，曰「聖人言語簡易，而義理涵蓄無窮，凡人自通文義以上，讀之無不犂然有當於心者。讀之愈久則其味愈深，程子所謂『有不知手

〔註93〕《宋元學案》卷58《象山學案》，《黃宗羲全集》第5冊，浙江古籍出版社，1992年，第277頁。

〔註94〕《黃氏日抄》卷25讀《禮記十二・中庸第三十一》，《四庫全書》本，第707冊，第719頁。

〔註95〕《黃氏日抄》卷55讀《諸子一・子家子》，《四庫全書》本，第708冊，第420頁。

舞足蹈，但以言語解著，意便不足。』此說盡之矣。故漢唐諸儒不過詁訓以
釋文義而未嘗敢贊一辭。」〔註96〕這說明黃震認為注釋經書當以訓詁明文義，
則經書義理自明，從而主張注釋經典，「所待訓釋者字義耳！」〔註97〕黃震的
觀點可以用王鳴盛《十七史商榷・序》中所言表述，即「經以明道，而求者
不必空執義理以求之也，但當正文字、辨音讀、釋訓詁、通傳注，則義理自
見，而道在其中矣。」〔註98〕

黃震自幼蒙先父之教，常讀朱熹《論語集注》，認為「晦庵為《集注》，
復祖詁訓，先明字義，使本文坦然易知。」〔註99〕黃震的業師王文貫，亦嘗
謂「晦庵讀盡古今注解，自音而訓，自訓而義，自一字而一句，自一句而一
章，以至言外之意，透徹無凝，瑩然在心如琉璃然，方敢下筆，一字未透，
即云未詳。」〔註100〕黃震認為「近世闢晦庵字義者固不屑事此，其尊而慕之
者，又爭欲以注解名家，浩浩長篇，多自為之辭，於經漸相遠，甚者或鑿為
新奇，反欲求勝，豈理固無窮耶！」〔註101〕其以注釋字句而通義理的觀點顯
而易見。

黃震評論宋代的注經風氣，說「自本朝講明理學，脫去詁訓，其說雖遠
過漢唐，而不善學者求之過高，從而增衍新說，不特意味反淺，而失之遠者
或有矣。」〔註102〕可見，黃震並不反對治經言義理，他也認為當時學者講求
義理，確遠過漢唐的注疏之學，問題在於部分學者務求新奇、好為立言，非
但不能使義理更明，反倒失卻了經文本意，這才是黃震所竭力反對的。這一
點，在本章第一節「求本意的注釋原則」中，已經充分體現出來。茲另舉一
證，黃震讀《尚書》「天既孚命，正厥德」，認為「古注（即鄭玄注）得之矣」，
蔡淵《書集傳》「疑高宗之祀如漢武五時祀祈年請命之事，謂孚命者，天以妖
孽而譴告之；謂言民者，不敢指斥高宗而託民為言。恐皆意之耳！此書明言
典祀無豐於昵，蔡氏亦明言昵為禰廟，豈有若漢武五時祀之類哉？「時」是
秦漢時祭祀天地五帝的祭壇，而「禰廟」則是奉祀亡父的宗廟，二者的區別

〔註96〕《黃氏日抄》卷2讀《論語》，《四庫全書》本，第707冊，第4頁。
〔註97〕《黃氏日抄》卷48讀《本朝諸儒理學書八・東萊先生文集》，《四庫全書》本，
　　　　第708冊，第170頁。
〔註98〕王鳴盛《十七史商榷・序》，清乾隆五十二年（1787）刻本，第2頁。
〔註99〕《黃氏日抄》卷2讀《論語》，《四庫全書》本，第707冊，第4頁。
〔註100〕《黃氏日抄》卷2讀《論語》，《四庫全書》本，第707冊，第5頁。
〔註101〕《黃氏日抄》卷2讀《論語》，《四庫全書》本，第707冊，第4～5頁。
〔註102〕《黃氏日抄》卷2讀《論語》，《四庫全書》本，第707冊，第4頁。

是顯然的。黃震大發議論,說「近世忽漢唐古注而欲自生義理,故或思索之過如此」〔註103〕。黃震主張通經以明道的思想昭昭然矣。

(二) 綰漢宋一途

在具體的注釋實踐中,黃震也堅定地踐履通經以明道的思想,自覺地綰漢宋一途。

首先,由訓詁求義理,以義理定訓詁。黃震《讀論語》「舉直錯枉章」,曰:

> 舉直錯(諸)枉而民服,詞義曉然,自不待注。所不可曉者,諸字耳。兩語交互,歸宿正在諸字,若單云舉直錯枉,捨諸字不言,則不可耳。今《集注》以諸字作眾字說,如諸侯之諸,是云眾枉眾直也。然晚學亦未曉,或疑諸者助辭,即之於二字之連聲。錯者,置也,如賈誼「置諸安處則安」之類。錯諸者,猶云舉而加之也。舉直者而置之於枉者之上,是君子在位,小人在野,此民所以服。或舉枉者而置之於直者之上,是小人得志,君子失位,此民所以不服。庶幾此章兩下相形之意方明,未知然否。若如舊說,則舉者,用也;錯者,不用也,二字相背。若如今說,則舉者,舉斯加彼之舉也;錯者,置之於此之名也。二字相因。其義訓皆不同矣!〔註104〕

二字相背或相因,「其義訓皆不同」,可見黃震對訓詁與義理的關係有深切體會。

黃震《讀易》「君子以勞民勸相」,曰:

> 程傳云:「勞徠其民,法井之用也。勸民使相助,法井之施也。」愚按:相字合作去聲,其義為助。若如程傳,勸之使相助,則是相字合作平聲,而其下又添助字以足其義,而相乃歇後字耳!且於木上有水之義似無相關。竊意上下之情,本以勢隔,君子觀井之象,勞徠其民而勸勉之,相助之,使得上通有如汲引。蓋取井之義云爾!
>
> 〔註105〕

黃震雖然在訓詁理論方法上無甚突破,但其釋義時能跳出文字的框框,從語言和文意的角度考慮,亦是值得重視的。由字詞而經義,本末粗精,一以貫

〔註103〕《黃氏日抄》卷5讀《尚書》,《四庫全書》本,第707冊,第70頁。
〔註104〕《黃氏日抄》卷2讀《論語》,《四庫全書》本,第707冊,第8~9頁。
〔註105〕《黃氏日抄》卷6讀《周易》,《四庫全書》本,第707冊,第92~93頁。

之。若非讀書之博，用力之勤，何能陳義之精，解經之不苟？

其次，黃震廣泛吸收漢宋的成果。《黃氏日抄》「讀經」諸卷徵引漢唐舊注頗多，如讀《論語》引有鄭玄注；讀《孟子》引有趙歧注；讀《毛詩》引有鄭玄箋、孔穎達疏；讀《春秋》引有《左傳》、《公羊傳》、《穀梁傳》、杜預《集解》、何休《公羊傳》注；讀《禮記》引有馬融注、鄭玄注、賈逵注。

黃震亦不廢北宋及南宋注家。《經學歷史》第八章說：「宋人治《春秋》者多，而不治顓門，皆沿唐人啖、趙、陸一派，如孫復、孫覺、劉敞、崔子方、葉夢得、呂本中、胡安國、高閌、呂祖謙、程公說、張洽、呂大圭、家鉉翁，皆其著者，以劉敞爲最優，胡安國爲最顯。」黃震讀《春秋》引宋代注釋，有程頤《春秋傳》、孫復《春秋尊王發微》、胡安國《春秋傳》、劉敞《春秋權衡》、高閌《春秋集注》、張洽《春秋集注》、葉夢得《春秋傳》、呂祖謙《春秋左氏傳說》、崔子方《春秋經解》、胡安國《春秋傳》、程迥《春秋傳》，以及孫復、劉敞關於《春秋》的解說。

黃震對於注家的解說多能公允評判。在宋代，學者頗鄙夷「漢學」，甚至盡棄古注，又各守門戶，而黃震卻能泯門戶、息同異，其心持平，立意不苟，故能多得經之本義。較之清儒尊漢抑宋，牢守門戶，不問是非，其氣量胸襟相去幾何，亦可知矣。

要之，黃震認爲雖一字之義訓，卻與經文之義理息息相關；其注經義理與訓詁熔爲一爐，分而求之則密，合而求之則通。其以義理定訓詁，使義理有所根著，不至於支離散漫而無歸，又能符合經文原意，而其襟抱，又與一般理學家大異。黃震的注釋學既反對漢唐學者那種偏重於名物制度、專守訓詁、不求義理的治經風氣，也反對當時一些儒者好離經而言理、不事考據的治經風尚，認爲二者皆有所失。他強調求理當於經文之中，主張析理與考據相結合，故其闡發義理多能符合經文原意。

二、泯古今門戶

注釋經書不可避免地接觸到經今古文的問題。秦亡、漢興以後，一方面搜求遺書的斷簡殘編，一方面靠先賢遺老口耳相傳，由生徒以當時通行的文字「隸書」記其師說，即所謂「今文經」。最先傳經的有伏生傳《尚書》，齊轅固、魯申培、燕韓嬰傳《詩》，是爲《今文尚書》和齊、魯、韓三家詩。之

後，《易》、《禮》、《春秋》也都有今文傳授。迨武帝末，魯恭王壞孔子宅，於壁中發現用秦前文字所寫成的《尚書》、《禮記》、《春秋》、《論語》、《孝經》（孔壁中發現之書，據說皆蝌蚪文）。哀帝時，劉歆校書於秘府，又得《周禮》、《左氏傳》、《毛詩》，都是「古文」，即所謂「古文經」。經今古文的區別，主要表現在書寫字體不同、彼此有異文、篇章不同三個方面。

孔壁遺書的發現是中國學術史的盛事，但是自此以後今古文兩派學說，大起爭議、勢成對立、各執己見、決不相容，達二百餘年之久。總的說來，今文學出於「經世致用」的目的，往往借題發揮，穿鑿附會；而古文學則追求對經書的正確理解，多從切實弄懂文字訓詁、名物典制入手，力圖達到對思想、內容的準確把握，因此比較質實、可靠。迨漢末，鄭玄初修今文，又修古文，注釋群經，兼今古文之說。鄭玄所注經書有《周易》、《尚書》、《毛詩》、《儀禮》、《禮記》、《論語》、《孝經》等。鄭注一出，頗受人重視。於是今古文經在內容上混一，在門戶之見方面也漸漸不甚強烈。

《孝經》自西漢以來就有今古文之分。今文即當時流行之隸書本，爲長孫氏、江翁、翼奉、后蒼等所授受者，即《漢志》所謂「《孝經》一篇」。相傳古文得自孔子宅壁，與《古文尚書》、《逸禮》同出，爲孔安國所傳，即《漢志》所謂「《孝經》古孔氏一篇」。《孝經》今古文之爭，由漢歷唐至宋，垂千百年。東漢鄭玄主今文，並爲之注，世稱「鄭注本」，劉知己疑鄭曾注《孝經》；而孔安國則專主古文，並爲之傳，世稱「孔傳本」。自此後，學者各尊所信，互爭勝負。至唐玄宗御注今文《孝經》既行，今文《孝經》遂居統治地位。北宋時司馬光據古文《孝經》二十二章作《古文孝經指解》，直斥今文爲僞，今古文之爭波瀾又起。南宋時朱熹就古文《孝經》作《孝經刊誤》，後世爲《孝經》作注者多就朱本加以訓釋或仿朱子故事。「五六百年門戶相持，則自朱子用此本（指司馬光《古文孝經指解》）作《刊誤》始。」〔註106〕

南宋以後爲《孝經》作注之「淵源之所自與門戶之所以分」〔註107〕始自朱熹《孝經刊誤》，作爲身處《孝經》今古文之爭氣氛中的朱熹的四傳弟子，黃震卻並沒有黨同伐異，而是發出「《孝經》一耳」的空谷絕響。黃震認爲：

〔註106〕《四庫全書總目・經部・孝經類・古文孝經指解》，中華書局，1995年，第264頁。
〔註107〕《四庫全書總目・經部・孝經類・孝經刊誤》，中華書局，1995年，第265頁。

愚按：《孝經》一耳！古文、今文特所傳微有不同。如首章，今文
云：「仲尼居，曾子侍。」古文則云：「仲尼閒居，曾子侍坐。」今
文云：「子曰先王有至德要道。」古文則曰：「子曰參先王有至德要
道。」今文云：「夫孝，德之本也，教之所由生也。」古文則曰：「夫
孝，德之本，教之所由生。」文之或增或減，不過如此，於大義固
無不同。至於分章之多寡，今文三才章其政不嚴而治，與先王見教
之可以化民通爲一章，古文則分爲二章；今文聖治章第九其所因者
本也，與父子之道天性通爲一章，古文亦分爲二章；不愛其親而愛
他人者，古文又分爲一章。章名之分合，率不過如此，於大義亦無
不同。古文又云：「閨門之內具禮矣乎？嚴父嚴兄、妻子臣妾，猶百
姓徒役也。」此二十二字今文全無之，而古文自爲一章，與前之分
章者三，共增爲二十二，所異者又不過如此，非今文、古文各爲一
書也。〔註108〕

黃震在對今古文《孝經》的歧異之處作了一番比較後，得出結論：今、古文
《孝經》並非各爲一書，兩者不過文字增減、分章多寡微有不同，而大義則
無不同。由此，他對學者是古文而非今文頗不以爲然，說：「若以今文爲僞，
而必以古文爲眞，恐未必然。」〔註109〕

　黃震提出「《孝經》一耳」的觀點與他「主躬行」的思想有關。鑒於學者
多措意於《孝經》今古文之爭，於《孝經》大旨反置而不顧，故黃震力加調
和，使世人歸乎行孝以息口辯。

　黃震的今古文《孝經》同爲一書的觀點，對後世影響很大。四庫館臣稱
其說「可爲持平」，主張後世治《孝經》者，「當以黃震之言爲定論」，並在《古
文孝經指解·提要》中作案語指出：「注《孝經》者，駁今文而遵古文，自此
書始。五六百年門戶相持，則自朱子用此本作《刊誤》始，皆逐其末而遺其
本也。今特全錄黃震之言，發其大凡，以著詬爭之無謂。餘一切紛紜之說，
後不復載，亦不復辨焉。」這一評價是相當高的。周予同因循四庫館臣的觀
點，認爲「實則《孝經》今古文之不同，不過字句章節之微異，非如他經之
有關於微言大義，宋黃震《黃氏日抄》之言實持平之論也。」〔註110〕

〔註108〕《黃氏日抄》卷1讀《孝經》，《四庫全書》本，第707冊，第2～3頁。
〔註109〕《黃氏日抄》卷1讀《孝經》，《四庫全書》本，第707冊，第3頁。
〔註110〕周予同《周予同經學史論著選集》，上海古籍出版社，1998年，第166頁。

三、泯朱學門戶

黃震學宗朱子，在《黃氏日抄》「讀經」諸卷中，隨處可見黃震對於朱注的推崇。

首先，黃震對於《論語》、《孟子》、《毛詩》、《周易》的注釋是以朱注爲底本，對於《尚書》的注釋是以經過朱熹審閱的蔡沈的《書集傳》爲底本，其對於朱注的推崇可見一斑。

其次，黃震採取讚歎推仰之方式，闡發朱注奧蘊。黃震認爲朱熹《論語集注》「復祖古訓，先明字義，使本文坦然易知，而後擇先儒議論之精者一二語附之，以發其指要」，即以朱說可直造乎聖人堂奧〔註111〕。《日抄》卷三讀《孟子》云「晦庵《集注》已各發其旨趣之歸，辭意瞭然，熟誦足矣！」〔註112〕至於論朱子《易》學，黃震推尊其能上紹伊川而集諸儒之大成，評《易本義》、《易啓蒙》「其義精辭核，多足以發伊川之所未及，《易》至晦庵，信乎復舊而明且備也。」〔註113〕可見，黃震對朱注推崇備至。

最後，黃震注釋《春秋》，則貫徹了朱熹的春秋學思想。朱子於《春秋》未有專書，其關於《春秋》的觀點散見於《文集》和《語類》中，歸納起來大致二：《春秋》是直書當時之事，《春秋》並無義例。關於前者，黃震認爲孔子修《春秋》，在於當時「王綱解紐，篡奪相尋。孔子不得其位以行其權，於是約史記而修《春秋》，隨事直書，亂臣賊子無所逃其罪，而一王之法以明。」〔註114〕關於後者，黃震認爲所謂「褒貶」說並不符合《春秋》所講的事實；凡例、變例皆爲穿鑿、附會之說，聖人是不會先有凡例而後作經的。〔註115〕黃震對《春秋》大義的理解與朱子一致。關於三傳，黃震「若以次而言，且當據《左氏》」〔註116〕的觀點與朱子「《春秋》之書，且據《左氏》」一脈相承，息息相通。

儘管黃震對朱注推崇備至，但是在《黃氏日抄》的注釋中，黃震對於朱

〔註111〕《黃氏日抄》卷2讀《論語》，《四庫全書》本，第707冊，第4頁。

〔註112〕《黃氏日抄》卷3讀《孟子》，《四庫全書》本，第707冊，第19頁。

〔註113〕《黃氏日抄》卷6讀《周易》，《四庫全書》本，第707冊，第76頁。

〔註114〕《黃氏日抄》卷7讀《春秋一‧序》，《四庫全書》本，第707冊，第106頁。

〔註115〕《黃氏日抄》卷7讀《春秋一‧序》，《四庫全書》本，第707冊，第106～107頁。

〔註116〕《黃氏日抄》卷31讀《春秋左氏傳》，《四庫全書》本，第707冊，第872頁。

注並不盲目推崇，能在闡揚其奧旨的基礎上補其缺而正其偏，有青出於藍而勝於藍之氣象。

（一）補充朱注之闕失

首先，黃震對於朱注中基本正確，但尚欠周密的解釋，則加以推衍闡明，使其全面和貫通。黃震雖把朱子的注釋書定位爲權威，但也引《四書或問》，補充《四書章句集注》。

《黃氏日抄》讀《論語》「居敬行簡章」，黃震曰：

> 《集注》云伯子蓋太簡者，而仲弓疑夫子之過許，蓋未喻夫子可字之意，而其所言之理，有默契焉者，故夫子然之。《或問》云「夫子雖不正言其居簡之失，而所謂可者，固有未盡善之意矣。仲弓乃能默契聖人之微旨，而分別夫居敬行簡之不同，夫子所以深許之也。」愚按：二說皆出晦庵而不同，恐當從《或問》之說。〔註117〕

黃震讀《論語》「民免無恥章」，曰：

> 《集注》謂苟免刑罰而無所羞恥。《或問》謂范、呂、謝、尹氏皆以苟免爲言，殊失文意。蓋所謂免，正以其革面而不敢爲非，眞有免爲罪戾耳，豈冒犯不義，以至於犯上作亂，而脫漏憲綱，以倖免於刑誅之謂哉？愚按：二說似微不同。實則經文惟言免字，晦庵言苟免字以發之。恐後學看苟字粗淺，故於《或問》再發以足之。此等似當入《集注》。〔註118〕

以上爲黃震以《論語或問》之說補充《論語集注》者。黃震也採用取其他解說補足朱注，讀《毛詩》「一之日二之日」，黃震曰：

> 岷隱曰一日二日，說者以爲周正。《豳風》，先公之事，周未建正也。夫數窮於十，自正月至十月，數之窮也，故詩人以十有一月爲之一日。自一而數之，避月而言日者，懼其與月相亂也。愚按：晦翁云一之日謂斗，建子，一陽之月，變月，言日，言是月之日也。二說相參方備，蓋主於陽，復而再起數。雪山亦云一之日至四之日，皆以陽長而言之。〔註119〕

這是黃震以戴溪、王質之說補充朱熹《詩集傳》。讀《論語》、《孟子》、《毛詩》、

〔註117〕《黃氏日抄》卷2讀《論語》，《四庫全書》本，第707冊，第11～12頁。

〔註118〕《黃氏日抄》卷2讀《論語》，《四庫全書》本，第707冊，第8頁。

〔註119〕《黃氏日抄》卷4讀《毛詩》，《四庫全書》本，第707冊，第44頁。

《周易》中極多補充朱注訓釋文義之未精者；因為蔡沈的《書集傳》經過朱熹的訂正，而讀《尚書》的注釋中也有補充蔡注未精者，因此也可以視之為對朱注的補充。總的說來，黃震以他說補足朱注的情況通常以比較明顯的按語，如「合二說方備」、「合從之」、「二說相參方備」等加以指示。注家由於主客觀條件的限制，對事物的認識總有一定的片面性，黃震廣搜博采各家之長，就事論事，絕不輕立門戶，衡評之間，己見已出。

另外，黃震以己意補充朱注的情況也比較多。黃震讀《論語》「顏淵問仁章」，曰：「《注》云為仁者，所以全其心之德也。愚按：此章前曰克己復禮為仁，後曰為仁由己，此注恐指為仁由己之為仁耳。蓋以語脈而詳之，克己復禮為仁，云克己復禮即所為仁。為，非用力之字。若為仁由己，則為乃用力之字。語雖相似而脈則不同也。要之，為仁之功夫即是上文克己復禮。盍更詳之。」〔註120〕

黃震善於用歸納法來彰顯經旨，其《讀萬章上》云：

> 此篇言舜之孝親以及舜、禹之有天下，以及伊尹之相湯，以及孔子之進退，而終於辯百里奚之自鬻，皆發明聖賢之心迹以釋世俗之疑議。〔註121〕

又《讀萬章下》云：

> 此篇因三子之偏而論始終條理，所以示學者作聖之功精矣。自孟獻子有友五人以至交際，以至仕非為貧，以至士不託於諸侯，皆士之所以自守者。〔註122〕

黃震歸納連貫篇章為一氣，《孟子》旨意盡顯，又指示後學讀書門徑。此可補朱子之不備。

其次，對朱熹沒有解釋的經文，則詳加補釋。黃震對於經書全文進行訓釋者，有《春秋》和《禮記》。朱子於《禮記》無注，於《春秋》固嘗有志而未逮，黃震取而詳注之，成《讀春秋》七卷、《讀禮記》十六卷，此為補朱子之缺也。姚世昌認為「五經，朱子於《春秋》、《禮記》無成書。東發取二經，為之集解，其意甚精，蓋有志補朱子之未備者。且不欲顯，故附於《日抄》中。其後程端學有《春秋本義》、陳澔有《禮記集說》，皆不能過之。」〔註123〕

〔註120〕《黃氏日抄》卷2讀《論語》，《四庫全書》本，第707冊，第16頁。
〔註121〕《黃氏日抄》卷3讀《孟子》，《四庫全書》本，第707冊，第24頁。
〔註122〕《黃氏日抄》卷3讀《孟子》，《四庫全書》本，第707冊，第24頁。
〔註123〕朱彝尊《經義考》卷142，中華書局，1998年，第750頁。

　　黃震不僅對朱熹未成書之《春秋》和《禮記》進行整體的注釋，而且對於朱熹《詩集傳》中沒有解釋的經文進行闡釋。黃震讀《毛詩》「東方之日」，曰「諸家皆以日爲喻君，然《詩》中似無此意。惟戴岷隱云男女相奔不夙，則莫日出早也，月出莫也。此爲近事情。」〔註124〕讀「權輿」，曰「權輿，《釋文》曰始也。《詩緝》載陳氏曰造衡自權始，造車自輿始。」〔註125〕讀「市井」，曰「一井之地以二十畝爲廬舍，因爲市以交易，故稱市井」。〔註126〕讀「魚麗」，曰「王雪山謂後有魚麗之陣，陣凡五，每陣又各有五，敵入其中者無有不著。然則罶者，曲薄也，雖不盡與陣法相似而曲薄周匝，魚之入其中者亦無得而脫也。爲魚麗之陣，其殆取《魚麗》之詩之義乎？」〔註127〕讀「征以中垢」，曰「此句本難曉。《詩緝》云良人本爲善，彼不順者攻以內行污垢之事。於文義亦通。」〔註128〕

　　黃震釋朱注之未詳，補朱注之未備，兼取眾長，廣搜博采，苟其有一說可取，即所不廢，說明他能夠以實事求是的精神對待朱注，具有泯朱學門戶的風格。

（二）糾正朱注之偏誤

　　黃震不僅補充朱注闕失之處，而且糾正朱注的偏誤。

　　首先，對於朱注中違反其「求本意」注釋學原則的解說，則直接批評，以免惑人蔽眾。

　　黃震讀《論語》「性與天道章」，曰「子貢明言不可得而聞，諸儒反謂其得聞而歎美，豈本朝專言性與天道，故自主其說如此耶！要之：子貢之言正今日學者所當退而自省也。」〔註129〕朱熹《論語集注》釋「性與天道」，曰「蓋聖門教不躐等，子貢至是始得聞之，而歎其美也」，又引程子之說，曰「此子貢聞夫子之至論而歎美之言也。」所以，黃震的批評矛頭乃是直指朱熹，因爲朱熹的解說違反了經文的本意。

　　黃震讀《論語》「知和而和章」，曰「本意不過禮以和爲貴，和又當以禮節之耳。范氏以知和而和屬之樂，而晦庵取焉。禮樂雖相關，但恐於本文有

〔註124〕《黃氏日抄》卷4讀《毛詩》，《四庫全書》本，第707冊，第38頁。
〔註125〕《黃氏日抄》卷4讀《毛詩》，《四庫全書》本，第707冊，第41頁。
〔註126〕《黃氏日抄》卷4讀《毛詩》，《四庫全書》本，第707冊，第42頁。
〔註127〕《黃氏日抄》卷4讀《毛詩》，《四庫全書》本，第707冊，第48頁。
〔註128〕《黃氏日抄》卷4讀《毛詩》，《四庫全書》本，第707冊，第59頁。
〔註129〕《黃氏日抄》卷2讀《論語》，《四庫全書》本，第707冊，第11頁。

添。」〔註130〕只要是超越經文本意的注解，都在黃震反對之列，朱注中違反「求本意」原則的注解亦在所不避。

其次，對於朱熹的錯誤注釋，則棄朱注而從他注。黃震讀《毛詩》「永言配命」，曰「《傳》云配，合也。命，天理也。使其所行無不合於天理。嚴云：配命謂王者與天為配。天之賦予萬物謂之命，王者宰制天下，亦謂之命。按：嚴說於經文為近。」〔註131〕讀《毛詩》「隕蘀」，曰「《注》蘀，落也。然則與隕字之義何別？當採《說文》之意，乾葉為蘀。」〔註132〕讀《毛詩》「柏舟」，曰「晦庵主《列女傳》，以此為婦人之詩，以柏舟之堅自比。華谷援《孔叢子》載孔子讀柏舟見匹夫執志之不可易，謂非婦人之詩。晦庵據《列女傳》以變毛氏，華谷又據《孔叢子》以變晦庵。愚按：汎彼柏舟，古注謂汎汎然流水中，似與經文合。初不見所謂堅守之意，且合依毛氏。」〔註133〕黃震旁徵博引，《黃氏日抄》「讀經」中屢見其訂正朱注失當之處。

最後，對於朱注有失偏頗者則予以折衷。

黃震對朱子調和邵程之間，意欲統一宋代《易》學而產生的學者「揣摩圖象，日演日高，以先天為先，以後天為次，而《易經》之上，晚添祖父矣」〔註134〕的情況深致不滿，說：「晦庵雖為之訓釋，他日晦庵《答王子合書》亦自有康節說伏羲八卦近於附會穿鑿之疑，則學者亦當兩酌其說，而審所當務矣。」〔註135〕黃震要求學者對朱子之說採取審慎態度，反映出他對朱子《易》學並非完全贊同。

黃震於朱子所尊信之「先天圖」，頗不以為然。他說「《易》畫於伏羲，演於文王，繫於孔子，傳之天下萬世，惟此一《易》而已，未聞有先天、後天之分也。雖曰未有天地，已有此理，然而作《易》始於伏羲不言先天，康節特託《易》以言數，諸儒未有以此而言《易》者也。晦庵以理學集諸儒之大成，原聖人因卜筮而作《易》，始兼以康節之說而詳之。若據門人所錄《語類》，乃因康節之先天而反有疑於文王、孔子之《易》，及有疑於伊川之《易傳》，且有疑於《易經》。」接著黃震又引《答王子合書》，然後說：「蓋《易》

〔註130〕《黃氏日抄》卷2讀《論語》，《四庫全書》本，第707冊，第7頁。
〔註131〕《黃氏日抄》卷4讀《毛詩》，《四庫全書》本，第707冊，第56頁。
〔註132〕《黃氏日抄》卷4讀《毛詩》，《四庫全書》本，第707冊，第44頁。
〔註133〕《黃氏日抄》卷4讀《毛詩》，《四庫全書》本，第707冊，第31頁。
〔註134〕《黃氏日抄》卷6讀《易》，《四庫全書》本，第707冊，第76頁。
〔註135〕《黃氏日抄》卷6讀《易》，《四庫全書》本，第707冊，第77頁。

所言者道，而康節所言先天者，數也。康節雖賢，不先於文王、孔子也。康節欲傳伊川以數學，伊川堅不從，則不可以其數學而反疑伊川之《易》學又可知也。」〔註136〕

　　錢穆先生曾一語道破黃震對於《易》學的態度，說「自朱子身後，即多於朱子《易》學起爭議。最要者當舉黃震東發《日抄》，細辨伊川、康節兩家《易》學之是非得失，要之不以朱子為然，尤於康節《先天圖》，爭駁甚至。」〔註137〕黃震於朱子身後，即於朱子《易》說起爭議，「惟東發極尊朱子，而亦不盡依朱子為說，此則可謂得朱子治學之真傳也。」〔註138〕

　　朱子於《詩經》的小序痛加貶斥，已是盡人皆知，又曾撰《詩序辨說》，申述其意。而黃震則並述尊序派與廢序派之見解，說：

> 本朝伊川與歐、蘇諸公，又為發其理趣，《詩》益煥然矣。南渡後，李迂仲集諸家，為之辯而去取之；南軒、東萊止集諸家可取者，視李氏為徑，而東萊之《詩記》獨行。岷隱戴氏遂為《續詩記》，建昌段氏又用《詩記》之法為《集解》，華谷嚴氏又用其法為《詩緝》，諸家之要者多在焉。此讀《詩》之本說也。雪山王公質、夾漈鄭公樵始皆去序而言《詩》，與諸家之說不同。晦庵先生因鄭公之說，盡去美刺，探求古始，其說頗驚俗，雖東萊不能無疑焉。〔註139〕

對尊序與廢序二派不同的注《詩》方法，黃震曾考證並指摘大小序之偏，他認為大序「本《關雎》之序，而並序三百篇大旨，以故語或不倫。」並說「國史掌《書》而不掌《詩》。《大序》乃謂《詩》作於國史；孔子言《關雎》樂而不淫，哀而不傷，蓋淫者樂之過，傷者哀之過，惟此詩得性情之正，《大序》乃謂不淫其色，無傷善之心。此《大序》之失也。」〔註140〕認為《詩經・小雅・黍苗》「《詩》中明言美召公，而《詩序》乃以為刺幽王，此類亦何訝晦庵之去《序》耶！」〔註141〕儘管黃震認為《詩序》有偏頗之處，但終主不可去《序》言《詩》，認為「《詩》非《序》莫知其所自作，去之千載之下，欲

〔註136〕《黃氏日抄》卷6讀《易》，《四庫全書》本，第707冊，第104～105頁。
〔註137〕錢穆《朱子之經學》，《朱子新學案》中冊，巴蜀書社，1986年，第1226頁。
〔註138〕錢穆《朱子對濂溪橫渠明道伊川四人之稱述》，《朱子新學案》中冊，巴蜀書社，1986年，第805頁。
〔註139〕《黃氏日抄》卷4讀《毛詩》，《四庫全書》本，第707冊，第27頁。
〔註140〕《黃氏日抄》卷4讀《毛詩》，《四庫全書》本，第707冊，第28頁。
〔註141〕《黃氏日抄》卷4讀《毛詩》，《四庫全書》本，第707冊，第55頁。

一旦盡去自昔相傳之說，別求其說於茫冥之中，誠亦難事」〔註142〕，此其折衷尊序與廢序派之見解。

　　黃震宗朱而不囿於朱，古今人交譽之。沈逵云：「黃子固專宗朱子者，乃於朱子……說《詩》、說《易》，苟有未安，必詳其得失，惟聖道之歸，不爲苟同，斯誠紫陽之功臣矣」。〔註143〕全祖望稱「讀其《日抄》諸經說，間或不盡主建安舊講，大抵求其心之所安而止，此其所以爲功臣也」〔註144〕。錢穆先生認爲，「黃東發之學，專崇朱子，然於朱子成說，亦時有糾正，不務墨守，此則尤值重視。朱子論學極尊二程，亦時於二程有糾正。東發之能糾正諸子，乃正見其善學者也。」〔註145〕四庫館臣認爲他「或引諸家以翼朱子，或捨朱子而取諸家，亦不堅持門戶之見；震之學朱恰如朱之學程，反覆發明，務求其是。」〔註146〕

　　作爲朱子後學，黃震雖然推崇朱熹，但未嘗以朱熹之是非爲是非，相反，他本著「義理無窮」、「學求其是」的治學精神，抱定經世致用的爲學宗旨，勇於探索，這樣，其治經不僅多能補朱熹之不足，而且亦多有獨到之見。

　　黃震泯門戶的注釋風格，是其「求本意」注釋原則的表現，二者互爲表裏。黃震在《黃氏日抄》「讀經」中所表現出的泯門戶之見的精神，可以用元人沈逵序《日抄》概括，即「彼其立異矯俗，固爲聖賢之過，望而可知其非，百餘年間，未有以折衷，猶賴先生詳辨力詆，著之方冊，俾孔、孟、周、程、朱子正大光明之學燦然復明」〔註147〕。

　　綜上所述，黃震注釋古文獻的態度客觀，《黃氏日抄》的注釋學具有實事求是的特點：實事指以儒家經典爲主的古代典籍，求是指求得經典等典籍的原貌本義。

　　《黃氏日抄》的注釋學中，有三種關係值得注意：

〔註142〕《黃氏日抄》卷4讀《毛詩》，《四庫全書》本，第707冊，第27～28頁。

〔註143〕《黃氏日抄·沈逵序》，元刊本。

〔註144〕全祖望《澤山書院記》，轉引自《宋元學案·東發學案》，《黃宗羲全集》第6冊，浙江古籍出版社，1992年，第396頁。

〔註145〕錢穆《黃東發學述》，《宋史研究集》第8輯，臺灣國立編譯館，1976年，第1頁。

〔註146〕《四庫全書總目·子部·儒家類二·黃氏日抄》，中華書局，1981年，第786頁。

〔註147〕《黃氏日抄·沈逵序》，元刊本。

（一）繼承和創新的關係。黃震注釋古文獻，既講繼承，又講創新。其薈萃眾說，斷以己意，旁徵博采，皆是在前人的研究基礎上進行，非是閉門造車。他既忠實地繼承漢唐學者的訓詁傳統，又將義理納入訓詁之中，使其所求每歸於至當。此所謂以述古求創作。

（二）博學與專精的關係。宋人博學者多，專精者亦多，而兼擅博學與專精之名如朱熹者實少，黃震恰是其中之一。黃震的注釋之學，既能以博洽出入於群經之間，又能以精到收穫美譽。此所謂博觀而慎取。

（三）經學與理學的關係。黃震的注釋特重求經之本義，絕不輕視前輩，絕不好發高論，絕不求新奇出勝，從一字一句的訓詁入手，立說有來歷，所得多爲平易親切、頗近人情之至論。此所謂據經而求理。

《黃氏日抄》的注釋學之所以有上述特點，最重要的原因是黃震並沒有自負爲漢唐注疏的「反動」。注釋的對象是經書，所探求的是經書之意。無論何種注釋方法，都不過是探求經書之意的工具或手段。注釋的對象與方法之間存在內容與形式的關係。若爲前人注釋的屏障所羈絆，則會不自覺地將矛頭指向籠罩在經書外面的、積澱既久的成說，也會在距經書之意一步之遙時沾沾自喜、以爲大功告成，那必將抱憾終生而不自知。在這一點上，黃震並沒有承流向風，所以能夠登高望遠，自由探求，左右採摘，縱橫捭闔，遊刃有餘，建樹頗多。

黃震在注釋古文獻時能夠注意到時弊，並力圖去矯正它，實屬不易。黃震雖未對注釋學理論提出成見，但其注釋學具有自己鮮明的特點，是應當引起我們重視的。

第五章 學求其是的考證學

考證之學，在傳統文獻學上有廣、狹兩種涵義。廣義的考證，如清人所稱的「考据學」，實際包括了目錄、版本、校勘、辨偽，乃至注釋、輯佚等各個方面；狹義的考證，則專指對文獻記載的具體內容以及文字、版本等所作的考辨訂正。本章所述是從狹義的角度研究《黃氏日抄》的考證學。

提及考證之學，首先我們就會聯繫到清代考證學之發達，以及在江藩《漢學淵源記》和《宋學淵源記》問世之後的所謂「漢學」與「宋學」的對壘。清人注重考證而標榜漢學，鄙視宋學，而實際上「考證並非某一派的專利」〔註 1〕，「把考證之學與義理之學截然分開，把這兩者又稱作『漢學』而與『宋學』，實在是沒有道理的，因爲這兩者之間並不構成對立的兩端，信仰程朱之學的人也可以有相當深入的考據工夫。」〔註 2〕艾爾曼與葛兆光先生所言極是，黃震的《黃氏日抄》即爲明證，《黃氏日抄》何嘗以義理之學與考證之學相對！《黃氏日抄》既滲透著黃震精嚴博肆的考證工夫，不惟如此，他還成功地將考證與義理熔爲一爐。

第一節 廣泛系統的考證形式

考證之史，其源可以上溯至先秦，而到漢唐之際已經獲得初步的發展。司馬遷對「學者載籍極博」的古文獻史料所作的「考信於六藝」的整理；劉

〔註 1〕 （美）艾爾曼著、趙剛譯《從理學到樸學——中華帝國晚期思想與社會變化面面觀》，江蘇人民出版社，1997 年，第 43 頁。
〔註 2〕 葛兆光《考据學的興起：十七世紀中葉至十八世紀末知識與思想世界的狀況》，《中國思想史》第 2 卷，復旦大學出版社，2002 年，第 410 頁。

向、劉歆父子校理群書，作《別錄》、《七略》；譙周作《古史考》，「皆憑舊典，以糾遷之謬誤」〔註3〕；以及漢唐間層出不窮的文獻注釋作品中（主要是經史注作），都包含了豐富的考證材料。不過總的看來，漢唐學者的考證主要還是體現為經史傳注的形式。

下至宋代，出現了一大批以考證名家的學者和一系列的考證專著。其中考證特點最明顯的著作可舉出如下兩類：一是「考異」的專書，以司馬光的《資治通鑑考異》最為有名；二是以「糾謬」等為名目的專書，如吳縝《新唐書糾謬》、《五代史記纂誤》。這說明宋代考證之學已經走上獨立發展的道路，形式廣泛而系統。

考證形式是從考證工作的側重點來談考證工作的。就《黃氏日抄》而言，其考證形式可分為考異、考辨、糾謬、探源四種，體現出宋代考證形式廣泛而系統的特點。

一、考異

考異是考證記載上的異文，或並存異說〔註4〕。記載的差異是考異的基礎。同一件史事，不同的史書會有不同的記載。即使在同一部書中，各部分也會有自相矛盾的記載，成於眾手的正史尤為突出。而真實信息恰恰體現在這些真假莫辨的文獻記載差異中。考異正是比較發現矛盾，忠實反映記載差異的最基本的考證形式。

在《黃氏日抄》中，黃震遇到記載有差異，又不能明辨異文、異說高下的情況，則羅列兼存異文、異說，採取「自為牴牾，合從考異之例」〔註5〕，由讀者判其是非。

黃震讀《史記》至《趙世家》所載趙氏孤兒一事時，曰：

> 《史》載晉滅趙之族，朔妻成公姊有遺腹，匿公宮生武，公孫杵臼與程嬰以死保脫之。越十五年，因韓厥得復田邑。而《左傳》稱武從姬氏畜於公宮，以其田與祁奚。韓厥言於晉侯，曰成季之勳、宣孟之忠，而無後，為善者懼矣。乃立武，而反其田焉。是無程嬰杵臼之事也。未知孰是。然恐育於公宮者近之。若謂賊搜及公宮，何

〔註3〕《晉書·司馬彪傳》，中華書局，1974年，第2142頁。
〔註4〕白壽彝《中國史學史》第1冊，上海人民出版社，1986年，第73頁。
〔註5〕《黃氏日抄》卷51讀《雜史一·蘇子古史》，《四庫全書》本，第708冊，第353頁。

甚耶！〔註6〕

黃震通過比較，發現《史記》與《左傳》所記趙氏孤兒之事存在差異，在沒有其他材料證明孰是孰非的情況下，以「未知孰是」的方式並列異說。不過，黃震認爲《史記》所載比較接近史實，而《左傳》所載則於情理不通。

黃震讀《春秋》成公「十有一年春王正月作三軍」，曰：

> 此季氏欺襄公幼弱，始三分公室而三家各有其一也。然《周禮》有大國作三軍之說，諸儒多謂三軍乃魯之舊而今以爲作。劉氏《意林》曰至襄而作三軍，明襄之前未有三軍也。及其舍之也，又曰舍三軍，明二軍猶在也。孫復《發微》曰大國三軍，次國二軍，魯以次國而作三軍，亂聖王之制也。此一說也，謂魯舊止二軍，今始分而三之也。葉石林曰僖公之詩曰公徒三萬，此三軍之數也。至成公而季孫行父、臧孫許、叔孫僑如、公孫嬰齊以四卿見於鞌之戰，則有加於三軍也。鄭夾漈曰宣成以來，魯有五卿，卿專一軍。及季氏逐東門氏而立，嬰齊又將逐臧孫紇而立臧爲，東門與臧氏二家弱而不能軍其民，故三家分爲三軍而專之。此又一說也，謂魯舊不止三軍，今始並而三之也。二說未知孰是。然前一說以周之舊制言，後一說以魯之強僭言，恐春秋時無復守周制，若強而僭者則魯卿大夫之實也。在來者考。〔註7〕

黃震發現注家對《春秋》「（成公）十有一年春王正月，作三軍」的解釋存在完全相反的兩種觀點，一種以劉敞《春秋意林》、孫復《春秋尊王發微》爲代表，認爲「魯舊止二軍，今始分而三之也」；另一種以葉夢得《春秋傳》和鄭樵之說爲代表，認爲「魯舊不止三軍，今始並而三之也」。在沒有旁證的情況下，黃震同樣以「未知孰是」的方式並列異說，希望「來者考焉」。但是黃震認爲「前一說以周之舊制言，後一說以魯之強僭言。恐春秋時無復守周制，若強而僭者，則魯卿大夫之實也」，也就是說劉、孫之說不符合春秋歷史事實，而葉、鄭之說符合歷史事實。

並存異說的考異形式，正如黃震所說「在來者考焉」，實際上是把判斷是非的權力交給讀者和後人。值得注意的是，儘管黃震在沒有別的證據可資利

〔註6〕　《黃氏日抄》卷46讀《（正）史一・史記》，《四庫全書》本，第708冊，第265頁。

〔註7〕　《黃氏日抄》卷11讀《春秋五・成公》，《四庫全書》本，第707冊，第270頁。

用的情況下，以考異的形式兼存異說，但是他卻自覺運用自己的知識對異說進行分析推理，闡明自己的想法和傾向，以期給後人以有益的指示。這是《黃氏日抄》「考異」的鮮明特點。考證學的特質是要追求學問的真相。《黃氏日抄》的此種考證風格正說明黃震不遺餘力地追求學問的真相。這恰恰與考證學的特質是相通的，難怪後人稱「東發才真正是朱子的考證派」〔註8〕。

黃震非常推重考異的形式。北宋蘇轍曾以司馬遷《史記》所載堯、舜、禹三代之事不得聖人之意為由，遂據《史記》中的上古史事，參之他書，作《古史》六十卷。黃震對此雖有一些讚語，但對蘇轍隨意改動《史記》所載內容的做法則表示不滿，他在讀《古史》「吳太伯世家」時，說：「大率《古史》之作實祖《索隱》，《索隱》不敢輕議史遷，而特以異同者隨事疏其下，俟來者擇，使蘇子亦如之，則盡善矣。」〔註9〕這種「以異同者隨事疏其下，俟來者擇」的主張，正是黃震以考異的形式研究典籍的真實寫照，《黃氏日抄》中即多「實則當兩存以考異」〔註10〕之類的結語。

考異的形式，體現了《黃氏日抄》的考證謹守孔子「多聞闕疑，慎言其餘」之誡，即「其無反證者姑存之」。這也是黃震回歸傳統儒學的證據。所謂「闕疑」，即在沒有充分的論據對值得懷疑的觀點加以否定或肯定之前，暫時不下斷語，留待以後或後人研究。所以「考異」是在幾種不同的觀點同時並存，無法斷定誰是誰非之時，且使幾種看法並存，留待以後或後人查考。考異保存了異文資料，為後世學者的比較研究和輯佚古書提供了文獻資料。

二、考辨

考辨是在有其他旁證的條件下，辨明異說是非。考辨是搜求證據，明確疑、信、去、取，去偽存真。黃震積極地搜證、推理，以定各家是非，以明去取之由。

黃震讀《史記》至《宋世家》時，曰：

> 《史》載宋昭公四年敗長翟緣斯於長邱，而《魯世家》稱當宋武公之世。武公實為昭公九世祖，是《史》自為矛盾也。今考《魯世

〔註8〕 劉節《中國史學史稿》，中州古籍出版社，1982 年，第 191 頁。
〔註9〕 《黃氏日抄》卷 51 讀《雜史一·蘇子古史》，《四庫全書》本，第 708 冊，第 350 頁。
〔註10〕 《黃氏日抄》卷 51 讀《雜史一·蘇子古史》，《四庫全書》本，第 708 冊，第 350 頁。

家》文公十一年獲長翟喬如，而追載宋武獲長翟緣斯之事。緣斯
者，喬如之祖也。宋昭公之四年正當魯文公之十一年，是獲喬如之
歲非獲緣斯之歲也。緣斯於喬如爲祖，則獲緣斯者爲宋武公，非宋
昭公也。二事參考，則《魯世家》所載近是，《宋世家》所載非是
也。〔註11〕

這個例子說明黃震通過比較發現《宋世家》和《魯世家》所載「獲緣斯」之
事在時間上自相矛盾，而《魯世家》在記載文公十一年獲長翟喬如時，追載
宋武獲長翟緣斯之事，黃震據此加以考辨，認爲魯文公十一年獲喬如，是年
正當宋昭公四年，而緣斯是喬如之祖，則獲緣斯者必不爲宋昭公，故《魯世
家》所稱「當宋武公之世」正確。黃震考辨環環相扣，邏輯清晰，語言簡練，
這說明他對考辨有深刻的認識。

　　茲再舉一例以證之，黃震讀《毛詩》「螟蛉有子，蜾蠃負之」，曰：

螟蛉，青蟲；蜾蠃，蠮螉。古說皆謂蜾蠃負螟蛉之子爲子，置空桑
中七日而化，如揚子雲所謂類我類我者。嚴華谷載解頤新語，曰近
世詩人取蜾蠃之巢，毀而視之，乃自有細卵如粟寄螟蛉之身以育之，
其螟蛉不生不死，蠢然在穴中，久則螟蛉盡枯，其卵日益長大，自
爲蜾蠃之形，穴窾而出，非蜾蠃以螟蛉之子爲子也。愚戊辰考試省
闈，聞同官宮教台州董華翁云蜾蠃負螟蛉埋土中而寄子其身，如雞
抱子暖之而使生，然其子即蜾蠃之子，非以螟蛉之子爲子。《詩》之
說得之，揚子雲則失之耳！時有監簿永嘉戴侗聞其說，亦云嘗親見
蠮螉負螟蛉入筆管，有兩蠮螉互飛而共營之，初非獨陽無子而外取
螟蛉之子爲子也，如腐草化螢，亦螢宿其子於腐草，既成形則自腐
草而出。杜詩云幸因腐草出，最精於物理。〔註12〕

是蜾蠃育其自子，還是育螟蛉之子？嚴說與揚說相持不下。董華翁與戴侗之
說分別與揚、嚴之說相同，黃震認爲育其自子者爲是，育螟蛉之子者爲非。

　　《黃氏日抄》中的考辨不僅辨明異說是非，而且能自覺地證成疑說，釋
疑解惑。

　　黃震讀《論語》「泰伯至德章」，曰：

〔註11〕《黃氏日抄》卷 46 讀《（正）史一・史記》，《四庫全書》本，第 708 冊，第
　　　　262 頁。
〔註12〕《黃氏日抄》卷 51 讀《毛詩》，《四庫全書》本，第 707 冊，第 51～52 頁。

《或問》有疑泰伯父死不赴，傷毀髮膚，皆非賢者之事。晦庵辨以
太王之欲立賢子聖孫，爲其道足以濟天下，而非有憎愛之間，利欲
之私也。是以泰伯去之而不以爲狷，王季受之而不爲貪。父死不
赴，傷毀髮膚而不爲不孝。使泰伯而不有以深自絕焉，則亦何以必
致國於王季而安其位哉？愚按：王充《論衡》謂泰伯知太王欲立王
季，入吳採藥，斷髮文身以隨吳俗。太王薨，泰伯還，王季再讓，
泰伯不聽，三讓，曰：吾之吳越，吳越之俗斷髮文身，吾刑餘之
人，不可以爲宗廟社稷主。王季始知其不可而受之。此其所載頗
詳，且與吾夫子三以天下讓之說合，可以破或者信史書言泰伯父死
不赴之疑。〔註13〕

此處黃震因王充《論衡》所載泰伯傷毀髮膚之事，自覺地引之以釋《或問》
之疑。

《黃氏日抄》對於蘇轍《古史》的考證，則最能體現其考辨「無證不信」
的精神，黃震說：「其（《古史》）謂史遷不得聖人之意，而自謂追錄聖賢之遺
意，則非參考不可見。」〔註14〕黃震對於《古史》與《史記》所載不同之處，
一一羅列，搜集證據，以見《古史》之改作是否符合歷史事實。

總的說來，《黃氏日抄》中的考辨體現了「續證漸信，反證棄之」〔註15〕
的求實精神，同時說明《黃氏日抄》的考證非常注重證據，強調資料的全面
性，在全面佔有材料的前提下，摒棄主觀的偏見和臆斷。

三、糾謬

糾謬是指糾正文獻記載中的錯誤或牴牾。對於有確鑿事實根據可證其謬
誤者，黃震即明確指出其謬誤。

歷史上都稱劉備政權爲蜀，黃震則認爲這一稱法有誤。他說：「蜀者，地
之名，非國名也。昭烈以漢名，未嘗以蜀名也。不特昭烈未嘗以蜀名，雖孫
氏之盟亦曰：『漢、吳既盟，同討魏賊。』是天下未嘗以蜀名之也。」〔註16〕

〔註13〕《黃氏日抄》卷2讀《論語》，《四庫全書》本，第707冊，第13頁。
〔註14〕《黃氏日抄》卷51讀《雜史一・蘇子古史》，《四庫全書》本，第708冊，
　　　　第347頁。
〔註15〕梁啓超《清代學術概論》，上海古籍出版社，1998年，第47頁。
〔註16〕《黃氏日抄》卷48讀《（正）史三・三國志》，《四庫全書》本，第708冊，
　　　　第311頁。

他認為後人所以稱之為蜀，實據陳壽《三國志》，而陳壽稱漢為蜀，則完全出於尊魏之私心。〔註17〕黃震的糾謬，雖替劉氏政權爭正統，其實是為南宋政權的合法性提供依據，辨之有據。錢穆先生對此曾說：「此一檢舉，陳壽以來發其覆者不多。朱子以《通鑑》承《三國志》書蜀入寇，遂起意欲為《綱目》，然於昭烈國號為漢非蜀，竟亦未能辨正，東發始發此正名之議，然此下魏、蜀、吳三國稱號，竟亦莫之能改，陳壽私舉，遂成歷史定案，亦可怪也。」〔註18〕可見，黃震的這一糾謬，還是為後世史家所認同。

黃震讀《呂氏春秋・孟春紀》，糾正高誘注釋之誤，曰：

> 命之曰：招蹷之機，注云蹷機，門內之位也，遊翔至於蹷機。愚按：此章以車輦為招蹷之機，以酒肉為爛腸之食，以聲色為伐性之斧，三條並列，旨義甚明。蹷者，蹷蹶顛踣之意，若曰自佚太過，乃招致蹷蹶之機耳！若以蹷機為門內之位，則下文以腸食為一味，以性斧為一物，可乎？〔註19〕

黃震認為《孟春紀》「招蹷之機」之「蹷」當為「蹷蹶顛踣」，若高氏注以「蹷機」為「門內之位」，則「下文以腸食為一味，以性斧為一物」不符合常理，因此予以糾謬。

黃震讀《呂氏春秋・仲夏紀》，又糾正高誘注釋之誤，曰：

> 齊之衰，作大呂。注云：陰律十二。愚按：樂毅伐齊，遷其大呂，蓋齊初為樂器之大者，非十二月之律名。〔註20〕

高誘以「大呂」為「陰律十二」，黃震據《史記》所載以糾之。《史記》卷八十《樂毅列傳》載樂毅伐齊，稱「輕卒銳兵，長驅至國。齊王遁而走莒，僅以身免；珠玉財寶車甲珍器盡收入於燕。齊器設於寧臺，大呂陳於元英」。《史記索隱》注曰「大呂，齊鍾名。元英，燕宮殿名也。」可見，黃震的糾謬是非常正確的。

值得注意的是，《黃氏日抄》中的糾謬已經超越文獻領域，而進入社會生

〔註17〕《黃氏日抄》卷48讀《（正）史三・三國志》，《四庫全書》本，第708冊，第311～312頁。

〔註18〕錢穆《黃東發學述》，《宋史研究集》第8輯，臺灣國立編譯館，1976年，第28頁。

〔註19〕《黃氏日抄》卷56讀《諸子二・呂氏春秋》，《四庫全書》本，第708冊，第422頁。

〔註20〕《黃氏日抄》卷56讀《諸子二・呂氏春秋》，《四庫全書》本，第708冊，第424頁。

活範圍。黃震讀《史記》「司馬相如列傳」，糾正人們對「盧橘」的傳聞之誤，曰：

> 盧橘世俗多用以稱枇杷，今按《遊獵賦》云盧橘夏熟，黃甘橙楱枇
> 杷然柿。夫盧橘與枇杷並列，則盧橘非枇杷明矣。〔註21〕

這個例子說明《黃氏日抄》的考證並不是所謂「鑽故紙堆」的學問，而是將學問與社會生活聯繫起來；並不是爲考證而考證，而是質樸求實、不尚虛談的學問；同時說明宋代考證之學的範圍寬廣，視界開闊，注重人倫日用。

《黃氏日抄》的糾謬是以確鑿的證據爲基礎的，其結論多正確可從，對於糾正文獻在傳衍中形成的各種謬誤起了積極作用。

四、探源

《黃氏日抄》中的考證還注意到事物的歷時性，即所謂縱向的聯繫，故而詳其始末，參以佐證，疏通源流，能夠揭示事物局部或全體眞相。

黃震讀范成大文集，追溯「狼石」的由來：

> 「狼石」二字三見此冊。《湘口夜泊詩》云「狼石蹲清漲」，《土門詩》
> 云「狼石臥中路」，《離峰行》云「殘山狼石雙虎鎖」。又後冊二十卷
> 《瞿唐行》云「鑿峽疏川狼石破」。愚按：皇甫湜《狼石銘》謂秦皇
> 發石驪山爲墳，礎有石屹立，人力莫施，故老相傳，遂以「狼」名。
> 此語雖不經而「狼石」之名已有自來。〔註22〕

此處黃震因范石湖文中屢見「狼石」，故追溯「狼石」之名始自秦始皇時。

黃震讀《東萊大事記》，云：

> 威烈王十二年中山武公初立，先是魯昭公十二年晉假道於鮮虞以滅
> 皷。杜預曰鮮虞，白狄別種，在中山新市縣。中山名見於傳始此。
> 及定公四年晉合諸侯伐楚，荀寅曰：諸侯方貳，中山不服，是中山
> 是時勢已漸強。至是武公初立，意如備侯之制與諸夏抗歟？威烈王
> 十八年，魏文侯克中山，後三十八年其子武侯之世，又與中山戰於
> 房子，其時蓋已復國。後七年中山築長城以備趙，又後二十六年，
> 魏以中山君爲相，則此時中山服屬於魏。又二十年，韓、燕、中山

〔註21〕《黃氏日抄》卷46讀《（正）史一・史記》，《四庫全書》本，第708冊，第286頁。

〔註22〕《黃氏日抄》卷67讀《文集九・范石湖文》，《四庫全書》本，第708冊，第603頁。

皆稱王，則中山益強。又十八年趙武靈王攻中山，中山獻西邑以和。
又五年趙再攻中山，又四年當報王十九年趙遂滅中山。戰國惟中山
世系不明，愚故總錄於此。〔註23〕

黃震因中山世系不明，而《東萊大事記》所載詳且備矣，故錄之以便觀覽，
是探求中山世系之源以釋《史記》所載中山世系不詳之缺憾。

　　黃震讀《史記・衛康叔世家》，云：

衛獻公亡在外十二年而入，稱「後元年」。出公亡在外四年復入，亦
稱「後元年」。漢文之稱後元，其殆昉於此歟？〔註24〕

《漢書》稱「後元年」者，有「孝景後元年」，如《諸侯王表二》「孝景後元
年，頃王延嗣，二十六年薨」；有「孝文後元年」，如《高惠高后文功臣表第
四》「三月丙申封，三十八年，孝文後元年薨」；有「孝武后元年」，如《景武
昭宣元成功臣表第五》「侯則嗣，孝武后元年坐祝詛上，要斬」；有「高后元
年」，如《刑法志》「至高后元年，乃除三族罪、襖言令。」黃震以《史記》
有「後元年」之說，故認爲《漢書》之稱「後元年」蓋發源於《史記》。因此
及彼，上下聯繫，自由探討，有所創獲。

　　凡此皆是《黃氏日抄》所作的探源工作。自然，探源所運用的範圍當是
有源流可考的內容。探源將許多零散的相關材料由表及裏地連綴貫穿起來，
考察某一問題的源流本末，從而使我們獲得對所考事物的全面的、系統的
認識。這就再次說明《黃氏日抄》的考證不是爲考證而考證，而是具有不極
不止的自覺精神。探源的形式，不僅僅是對原文的考證，而且也是對原文
事實的增補，這樣把各種資料搜集起來，在考證的同時，也具有很高的資料
價值。

　　考異、考辨、糾謬、探源，四種考證形式的運用條件視材料各異，疑、
信、去、取皆能因事制宜，體現出黃震從事考證的或審慎、或自覺的風格，
是清代考據學「孤證不爲定說」的優良傳統的先導，即「其無反證者姑存之，
得有續證則漸信之，遇有力之反證則棄之」。〔註25〕《黃氏日抄》的考證熔考
異、考辨、糾謬、探源於一爐，四者融會貫通，渾然一體。從考證形式看，

〔註23〕《黃氏日抄》卷54讀《雜史四・東萊大事記》，《四庫全書》本，第708冊，
　　　　第386～387頁。
〔註24〕《黃氏日抄》卷46讀《（正）史一・史記》，《四庫全書》本，第708冊，第
　　　　261頁。
〔註25〕梁啓超《清代學術概論》，上海古籍出版社，1998年，第47頁。

《黃氏日抄》的考證不拘一格，具有廣泛和系統的特點。較之以考異、糾謬爲務的專書，這種綜合性所體現出的會通氣象，正說明考證在宋代已運用得非常精到。

第二節 參伍錯綜的考證方法

「考證，又稱考據。它的具體途徑一般是廣集資料，鑒別眞僞，究明正詁，分類歸納，以求得對正確解釋歷史問題的史料依據。」〔註 26〕可見，證據是考證的靈魂。考證方法是指從事考證所採取的手段，亦即從事考證所採取的證據形式。以從事考證所用證據的形式言之，則今人常說的書證、物證、理證，在《黃氏日抄》的考證實踐中已有靈活變通、參伍錯綜的運用。

一、書證

書證的方法，實質上是文獻記載的比較和互證。文獻記載的差異是運用書證的條件。在《黃氏日抄》進行考證的提問致疑、搜證推理階段，黃震都運用到書證的方法。

（一）運用書證發現矛盾

陳垣先生指出，「考證貴能疑，疑而後能致其思，思而後能得其理。」〔註 27〕懷疑是求是的開端。沒有懷疑，一切視爲當然，就很難有新的發現。運用書證發現矛盾即是致疑。

首先是正史紀、志、表、傳、世家間的比較。《黃氏日抄》考證的重要對象之一是紀傳體正史，紀傳體的一個重要特徵是「同爲一事，分在數篇，斷續相離，前後屢出」〔註 28〕，通過書證往往可以見異。前述所引《黃氏日抄》考證《史記》所載獲長翟緣斯之事，即以《史記》中《宋世家》與《魯世家》所載互證。而《黃氏日抄》考證《晉世家》所載吳晉爭長，曰：「黃池之會，吳晉爭長，而史於《吳世家》曰長晉，於《晉世家》曰長吳。自相矛盾。未知孰是。《趙世家》亦曰吳長。」〔註 29〕

〔註 26〕白壽彝《史學概論》，寧夏人民出版社，1983 年，第 111～112 頁。
〔註 27〕陳垣《通鑒胡注表微‧考證篇第六》，遼寧教育出版社，1997 年，第 76 頁。
〔註 28〕《史通通釋‧內篇‧二體》，上海古籍出版社，1982 年，第 28 頁。
〔註 29〕《黃氏日抄》卷 46 讀《（正）史一‧史記》，《四庫全書》本，第 708 冊，第 263 頁。

以此類推，黃震把此種運用書證對正史各部進行比較，從而發現矛盾的方法推廣到對子部著錄的考證中。黃震考證《越絕書》的作者時，說「謂子貢所作，又疑子胥所作，而所載乃及建武二十八年，何其自爲矛盾耶！」〔註30〕《隋書·經籍志》以及《舊唐書·經籍志》、《新唐書·藝文志》著錄《越絕書》時，認爲其作者是孔子弟子子貢。宋代編定的《崇文書目》，既承認子貢爲其作者，又加上「或曰子胥」，是黃震以子之矛攻子之盾，指摘《崇文總目》之謬。黃震所辨甚是，目前學界普遍認爲《越絕書》的作者是袁康和吳平。

其次是史書間的比較。《黃氏日抄》所考正史和其他雜史或爲時代相同，或爲前後相繼，交叉的內容很多，這就爲運用書證發現矛盾提供了方便。《黃氏日抄》用蘇轍《古史》與《史記》互證，指出《史記》中自相矛盾處，是此種史書間比較的最典型的例證。黃震自言其治《古史》，就貫穿這一方法，他說：「其謂史遷不得聖人之意，而自謂追錄聖賢之遺意，則非參考不可見，故即《古史》與太史公所記，參而錄之下方。」〔註31〕通過比較，黃震認爲《古史》「乃不過於《帝紀》增入道家者說，謂『黃帝以無爲爲宗，其書與《老子》書相出入耳』。於《老子傳》附以佛家者說，謂『釋氏視老子體道愈遠而立於世之表耳』。太史言申不害學本黃老，蘇子則諱而改之，曰『緣飾以黃老』。太史公言諱，非其本歸於黃老，蘇子則諱而改之，曰『借老子爲說』。凡其論贊之間，又往往顯斥孟子而陰詆正學。嗚呼，以是爲得聖人之意，《古史》不若不作。」〔註32〕此類例子甚多，茲不一一舉證。

最後是正史與其他部類文獻間的比較。黃震讀《史記》，至《魯世家》，考證曰：「周公卒後之事，皆與《詩》、《書》不合。」〔註33〕即是以《史記》與《詩》、《書》比較。黃震也把此種比較擴大到對正史以外的文獻的考證中。黃震讀《葉水心文集》，至《科舉》，即以《邵氏見聞錄》所載與其比較，曰：「謂一預鄉貢，錫之官。蓋藝祖閔天下士，有更五代場困場屋者因爲之

〔註30〕《黃氏日抄》卷52讀《雜史二·越絕書》，《四庫全書》本，第708冊，第371頁。

〔註31〕《黃氏日抄》卷51讀《雜史一·蘇子古史》，《四庫全書》本，第708冊，第347頁。

〔註32〕《黃氏日抄》卷51讀《雜史一·蘇子古史》，《四庫全書》本，第708冊，第342頁。

〔註33〕《黃氏日抄》卷46讀《（正）史一·史記》，《四庫全書》本，第708冊，第260頁。

賜。愚按《邵氏聞見錄》載富鄭公以私故交段希元等耳。今謂藝祖當考。」
〔註34〕

　　值得注意的是，黃震還注意運用版本間的比較。黃震讀《論衡》，云「微
子曰：我舊云孩子王子不出，謂識紂惡於孩子之時。按：今本作刻子。」〔註35〕
雖然《黃氏日抄》中此類例子不多，但說明黃震注意到雕版印刷革命出現以
後，文獻在流傳過程中產生的同一文獻版本不同的新問題，並能夠以版本為
切入點，通過這種新資料解決新問題，開闢通過版本從事考證的新途徑，說
明黃震治學與時俱進，具有敏銳的學術眼光。

　　通過書證發現矛盾，這正是考證的第一步。這是一種綜合運用本證、他
證，由比較異同而考覈書籍得失的方法。實際上清人以紀、志、表、傳互證
的方法亦受其影響。

（二）運用書證辯正是非

　　作為一種基本的考證方法，書證的方法不僅在考證的致疑階段起重要作
用，而且在搜證推理階段也很關鍵。

　　懷疑須以事實為基礎，推論更須建立在證據之上。上述黃震不僅運用《古
史》與《史記》互證，指出《史記》中的自相矛盾之處，而且用《古史》糾
正《史記》之誤。《黃氏日抄》卷五十一讀《雜史一‧蘇子古史》「楚世家」，
曰「若《史記》以懷王十一年六國攻秦為蘇秦，而《古史》刪之，則此時蘇
秦已為齊人所殺也。《史記》以考烈王六年為遷景陽救趙，而《古史》改稱春
申君，則春申、平原傳與《年表》皆言春申也。此可改之而無疑。」〔註36〕

　　黃震據《呂氏春秋》考訂出《禮記‧月令》文辭訛誤達二十處，從而論
定《月令》所記既非盡是夏、商、周三代之制，也非秦制，而是漢儒根據《呂
氏春秋》編纂而成，指出後世儒者捨《呂氏春秋》而治《月令》，無異於「溯
流而不知源」，實不足取。〔註37〕

〔註34〕《黃氏日抄》卷68讀《文集十‧葉水心文集》，《四庫全書》本，第708冊，
　　　　第664頁。

〔註35〕《黃氏日抄》卷57讀《諸子三‧論衡附錄》，《四庫全書》本，第708冊，第
　　　　750頁。

〔註36〕《黃氏日抄》卷51讀《雜史一‧蘇子古史》，《四庫全書》本，第708冊，第
　　　　353頁。

〔註37〕《黃氏日抄》卷16讀《禮記三‧月令第六》，《四庫全書》本，第707冊，第
　　　　460～461頁。

　　黃震讀《歐陽修文集》之《杜祁公墓誌》，曰：「公，越人，葬應天府，三代皆顯官，家故饒財。然愚按《邵氏聞見錄》謂其貧，依濟陰宰。蓋初年流落事也。」〔註38〕《杜祁公墓誌》與《邵氏聞見錄》所載其家境迥異，黃震以《墓誌》所記推斷《邵氏聞見錄》所載「其貧，依濟陰宰」爲初年之事，合乎情理。

　　黃震讀《戰國策》，至「魏惠王問公孫痤病，痤薦其子公孫鞅，且曰弗能聽，勿使出竟。惠王謂其言悖矣。鞅果之秦而魏日削。《策》曰此非公叔之悖，惠王之悖，悖者固以不悖者爲悖」時，曰：

> 愚謂戰國亦何事而非悖哉？惠王不能信痤之言固悖矣，痤爲人父而屬其君殺其子非悖乎？且《史記》載鞅爲痤之中庶子。中庶者，官稱，非嫡庶之庶也。《策》之所載亦自悖矣。〔註39〕

黃震所稱「《史記》載鞅爲痤之中庶子」，見《史記·商君列傳》「鞅少好刑名之學，事魏相公叔痤爲中庶子」，又公孫痤向魏惠王舉薦商鞅，稱「痤之中庶子公孫鞅，年雖少，有奇才，願王舉國而聽之。」《史記索隱》注「中庶子」，曰「官名也。魏已置之，非自秦也。《周禮·夏官》謂之『諸子』，《禮記·文王世子》謂之『庶子』，掌公族也。」《通典·職官十二》云：「古者天子有庶子之官，秦因之，置中庶子，庶子員。」可見，黃震所稱「中庶者，官稱，非嫡庶之庶也」非常正確，《戰國策》稱「鞅爲痤之子」是錯誤的。

　　書證的方法是文獻考證的最基本的方法，也是《黃氏日抄》中運用的最多的考證方法，用之致疑、用之搜證，使《黃氏日抄》的考證建立在堅實的文獻基礎之上。

二、物證

　　物證屬於實證的範疇。寬泛意義上的實證，應包括物證、地證、事證等各種途徑，並不僅限於實物資料。黃震特別重視以所考之事驗之目睹。《黃氏日抄》物證的特點是證之以見聞、親歷。

　　黃震讀《毛詩》「載弄之瓦」，曰：

> 古說瓦，紡磚也。今所見紡無用磚者，而瓦亦與磚爲二物，恐風俗

〔註38〕　《黃氏日抄》卷61讀《文集三·歐陽文》，《四庫全書》本，第708冊，第512頁。

〔註39〕　《黃氏日抄》卷52讀《雜史二·戰國策》，《四庫全書》本，第708冊，第369頁。

　　　古今不同爾。嘗見湖州風俗：婦人皆以麻線為業，人各一瓦，覆膝
　　而索麻線於其上，歲久瓦率成坎。古亦豈有此事而詩人因指之歟？
　　〔註40〕

《毛詩》鄭玄注稱瓦為紡磚，黃震因未見紡磚，而所見瓦與磚並非一物，故
對鄭注持保留態度，後來見湖州有婦人索麻線於瓦上，日積月累，瓦成坎，
而信鄭玄注之說。

　　黃震讀《尚書》，至「朔南暨聲教」，曰：

　　　古注以聲教斷句，諸家皆從之。余友蔣榮甫云昔徐履赴試，道渴，
　　求水村舍，有老士人教四五童蒙以朔南暨為句，徐言其誤，老士人
　　者怒曰獨朔南暨聲教而東西無預耶？東西皆有所止之地，故以海與
　　流沙言朔南，地廣故以暨言，而下文總以聲教，訖於四海耳。使如
　　眾說，當云聲教暨朔南，何云聲教耶？徐用其說魁南省。〔註41〕

注家皆從鄭玄，注釋「朔南暨聲教」時，以「聲教」斷句。黃震引用其友蔣
榮甫所聞以「朔南暨」為句之說以備異說。

　　讀《尚書》「三江既入」，黃震考證云：

　　　三江之說極眾。程尚書盡闢其說，主蘇氏，指豫章江為南江，以足
　　經文中江、北江之數。愚按：豫章江於經未嘗稱江，審如其說，則
　　三江皆在上流，於揚州何預焉？蔡氏闢其說，而主庾仲初《〈吳都賦〉
　　注》：松江下七十里分流，東北入海者為婁江，東南流者為東江，並
　　松江為三江，其地名曰三江口。《吳越春秋》所謂范蠡乘舟出三江口
　　者是也。蔡之說的矣。愚按：《越絕書》云出三江之口，入五湖之中，
　　為越伐吳之路。五湖既共今之太湖，則三江豈外於今之松江？又秦
　　語云越王擒之於三江之浦，越語載子胥曰三江環之，民無所移。及
　　越欲釋吳，范蠡諫曰與我爭三江五湖之利者，非吳耶！則三江與五
　　湖相連，又可知矣。然愚嘗泛松江至海口，不見《〈吳都賦〉注》之
　　婁江、東江也。《吳志》載青龍江、白蜆江，今皆塞。姑錄之以翼蔡
　　氏之說。〔註42〕

這段專考「三江」的文字，黃震所用的方法是考之古記而驗之目睹。這是非

〔註40〕《黃氏日抄》卷4讀《毛詩》，《四庫全書》本，第707冊，第51頁。
〔註41〕《黃氏日抄》卷5讀《尚書》，《四庫全書》本，第707冊，第67頁。
〔註42〕《黃氏日抄》卷5讀《尚書》，《四庫全書》本，第707冊，第66頁。

常科學的。

在《黃氏日抄》中，黃震注意從親歷見聞中求證的例子還很多。以文獻記載與親歷見聞相印證，不僅僅輾轉於古文字之間以求佐驗，可以說是典型的「實證」。這說明黃震將搜證範圍擴大到文獻以外的實踐中。

三、理證

在考證的過程中，黃震更多地會遇到文獻不足徵的情況，這就需要他在現有的資料上，憑藉非凡的學識，作出合乎邏輯的推理。

黃震在讀呂祖謙《東萊大事記》載「顯王三十年，楚聘莊周爲相」，即以記載的時間判斷。楚聘莊周爲相一事，《史記·老子韓非列傳》有詳細記載，云：「其言洸洋自恣以適己，故自王公大人不能器之。楚威王聞莊周賢，使使厚幣迎之，許以爲相。莊周笑謂楚使者曰：『千金，重利；卿相，尊位也。子獨不見郊祭之犧乎？養食之數歲，衣以文繡，以入太廟，當是之時，雖欲爲孤豚，豈可得乎？子亟去，無污我！我寧遊戲污瀆之中自快，無爲有國者所羈，終身不仕，以快吾志焉！」黃震則認爲「史無此事」，他分析說：「時君尚攻戰權術，未必有禮聘岩穴之事，雖孟子之於梁、齊，亦聞其好士而往說之，非聘也。縱其聘之，何至預名爲相而聘之？就使欲聘之爲相，何關世道？」因此，他認爲，所謂楚王聘莊周爲相，類同《列子》、《子華子》等方外橫議之士的自誇之詞，僅能作寓言看待，而不可「著之信史」〔註43〕。這裡，他結合春秋戰國時期諸侯割據爭霸的現實，指出在以功伐爲賢的時代，不可能聘任像莊子這樣以世務爲累的道家之徒爲相。這一推斷，雖無充足的史料依據，卻合乎情理，令人信服。

黃震還根據常識或常理進行考證。黃震讀《毛詩》中「英英白雲，露彼管茅」，云：「《詩傳》謂：白雲，水土輕清之氣，當夜而上騰，露即其散而降下者。其說甚工。然有雲之夜必無露，有露之夜必無雲，蓋露乃天地清氣之合。倘無翳隔，即草木上自然凝結，非待自上而降，如雨雪之比也。今所謂『英英白雲，露彼管茅』，當是覆露之露，非雨露之露。」〔註44〕

黃震所言極其正確。傍晚或夜間，地面或地物由於輻射冷卻，使貼近地表的空氣也隨之降溫。當其溫度降到露點以下，即空氣中水汽含量飽和時，

〔註43〕《黃氏日抄》卷54讀《雜史四·東萊大事記》，《四庫全書》本，第708冊，第389頁。

〔註44〕《黃氏日抄》卷4讀《毛詩》，《四庫全書》本，第707冊，第55頁。

在地面或地物的表面就會有水汽凝結。如果此時露點溫度在 0℃ 以上，在地面或地物上就會出現微小的水滴，稱爲露。可見，露並不是從天而降，而是地面附近空氣中的水蒸氣達到飽和時直接凝結而成的。如果夜裏天空有雲層，地面上的熱量向空間難以散發，散發的熱量碰到雲層後，一部分被折回大地，一部分被雲層吸收，而被雲層吸收的這部分熱量，又會慢慢地放射到地面，因此，夜間滿天是雲，近地面的氣溫不易下降，露水就難出現。「英英白雲，露彼管茅」中的「露」絕非雨露之露。黃震所稱「覆露」，是漢代的古語，《漢書・晁錯傳》、《嚴助傳》、《淮南子・時則篇》中都曾出現。東漢劉熙《釋名》稱「露，慮也，覆慮物也」，「覆慮」即「覆露」，是「蔭庇」、「霑潤」之義。黃震的解釋以物理知識爲基礎，具有自然科學的價值，使我們獲得關於「英英白雲，露彼管茅」的正確認識。

黃震根據常識進行考證，很少囿於傳統上的成見，從而得出非一般「空言義理」學者所能得出的結論。不過，更多的時候，黃震的理證免不了以理學家的眼光從事理證。

黃震讀《論語》「季氏將伐顓臾」章，云：

> 《集注》云：遠人謂顓臾，分崩離析謂四分公室，家臣屢叛。《或問》載蘇氏考究定公十年，子路爲季氏宰，哀公十一年，冉求爲季氏宰，則伐顓臾在季康子之世。哀公七年，季康子伐邾，以召吳寇，故曰遠人不服而不能來也。十五年，公孫宿以成叛。故曰邦分崩離析而不能守也。恐當以《或問》所載爲正，蓋顓臾在邦域之中，難指其爲遠人。而夫子此語正因季氏將伐顓臾而槩及當時之國事，謂他有當理者尚多也。所謂遠人，非正指將伐之顓臾也。〔註45〕

黃震指出「遠人」非指「顓臾」，而是泛指當時之國事類此者，其原因不僅是因爲顓臾在邦域之中，更重要的是因爲孔子之用意是由此事而及當時類此之事。非深明當時歷史大勢及孔子之深意，焉能使之昭然若揭？可見，黃震將考證一途也納入了其理學的範圍。

在《黃氏日抄》中，黃震對理證方法的運用，既從客觀現實出發，按照記載的時間和常識進行考證，凸顯文獻的原貌；又從主觀意志出發，將理學思想貫穿于考證，不可避免地帶著濃重的理學色彩。這與黃震所處的時代背景密切相連。

〔註45〕《黃氏日抄》卷2讀《論語》，《四庫全書》本，第707冊，第17頁。

　　《黃氏日抄》對書證、物證、理證方法的運用體現出其考證方法「參伍錯綜」的實質。運用三種考證方法進行資料的搜集和排比，會通這些資料，其方法較爲簡易而疏略，可視爲「參伍」；運用三種方法進行比較鑑別與綜合條理，其目的在於窮考證之「理」，其方法較爲複雜而嚴密，可視爲「錯綜」。

　　黃震以參伍錯綜的考證方法對史事、詞語、地理、制度、文獻、人物、風俗、天文、曆法、名物等進行考證，其考證內容之寬廣可見一斑。黃震「實爲考據派之大宗，其所從事者至廣博」〔註46〕，可謂的論。《黃氏日抄》寬廣博涉的考證內容在一定程度上說明宋人治學氣象磅礡，不拘一路，寓開放於博洽之中。

第三節　考論結合的考證特點

　　考證學在學術上有其特質，即先求瞭解此一學爲問的眞相，然後批評其是非得失，因此追本溯源，明其是非，此後不再誤解。《黃氏日抄》在考經、考史、考諸子上用力深厚，體現出分類考證的特點，同時黃震又結合所考內容闡發思想，具有考論結合的特點。

一、分類考證

　　在以「所閱經史諸書隨手考訂」〔註47〕所成的《黃氏日抄》中，黃震將所讀書籍分爲經、孔氏書、本朝諸儒理學書、本朝諸儒書、諸儒書、史、子、集。

　　《黃氏日抄》首列三十一卷《讀經》之作，包括《爾雅》以外的十二部經書。卷三十二《讀孔氏書》，包括《孔子家語》、《孔叢子》、《闕里譜系》。卷三十三至四十五《讀本朝諸儒理學書》、《讀本朝諸儒書》、《讀諸儒書》，包括朱熹在內的二十一位理學家的著作。卷四十六至五十四《讀史》，包括《史記》、《漢書》、《東漢書》在內的二十部史書。卷五十五至五十八《讀諸子》，包括《老子》、《莊子》在內的五十四部子書。卷五十九至六十八《讀集》，包括韓愈、柳宗元等十位唐宋文人的文集。

　　《黃氏日抄》的結構如上，其考證是按照上述不同類的典籍的重要性進

〔註46〕劉節《中國史學史稿》，中州書畫社，1982 年，第 192 頁。
〔註47〕《黃氏日抄・沈遠序》，元刊本。

行分類考證。由於《黃氏日抄》並非以考證爲務的專書，從各部考證的比重角度來說，全書的考證以考經、考史、考子爲重點。這應該是清人重視此書的原因之一。清代考據學在清初即以考經爲重點，後來才逐漸轉向以考經的方法帶動考史。從內容上看，各部分的考證特點不盡相同。

　　對經書的考證，大致按各經篇次順序，分別擇取某些材料加以考辨。一般先從大序開始，然後及於各篇。徵引各家之說對經書本文或注文作具體考證，以詞語、名物典制的訓詁爲主是考經的特點。黃震讀《毛詩》「甘棠」，考證云：「古說謂召伯聽訟，不欲勞民而就之也。岷隱謂召伯行省，風俗偶憩棠下，非必受民訟，亦非有意於不擾。晦庵、雪山、華谷併合。」〔註48〕讀《毛詩》「絺綌」，考證云：「諸家皆以絺爲去，綌爲暑氣，謂縐絺能去暑氣也。惟晦庵《詩傳》以絺綌爲縛束之意，謂以展衣蒙縐絺而爲之，絺綌所以自斂飭也。愚意縐絺何嘗能去暑，特以暑熱，宜此輕疏之衣耳！絺字從糸，非從水之泄也，何所見訓絺爲去？綌字從衣，非煩暑之煩也，何所見而訓綌爲暑？夫子當暑，袗絺綌必表而出之，尚不欲其露肌膚，況婦人乎？晦庵以絺綌爲斂飭，其得之矣。」〔註49〕

　　在《黃氏日抄》中，史書的考證篇幅不及經書的考證，然作者擅長考證，言多精粹。這部分的考證特點是以考正史爲主。黃震之前的全部正史都包括在內，同時將朱熹《名臣言行錄》也納入正史的範疇，實開清代錢大昕《廿二史考異》、趙翼《廿二史箚記》、王鳴盛《十七史商榷》三大考史名著之先河。就考證方法而言，對史書的考證以書證爲主。最爲特出的即黃震以蘇子《古史》與《史記》比較，發現異同，或以《古史》駁《史記》，或以《史記》糾《古史》，取捨之間，皆得其宜。對《史記》的考證也基本上以《史記》的紀、志、表、傳、世家互證，發現矛盾，究明正誤。

　　子書考證最有特色，因子部書眞僞相雜，故《黃氏日抄》的考證以辨僞爲主。《六韜》一書，相傳爲太公所著，唐人多信之不疑。連著名軍事家李靖也說：「張良所學，太公《六韜》、《三略》是也。」〔註50〕黃震在作了縝密的考辨後，斷定其爲僞書。他說：「春秋荀吳始嘗捨車而步，漢以後始有騎將，今其書以車、騎、步分三，太公時有之乎？春秋後始霸，三代雖有伯，不以

〔註48〕《黃氏日抄》卷4讀《毛詩》，《四庫全書》本，第707冊，第30頁。

〔註49〕《黃氏日抄》卷4讀《毛詩》，《四庫全書》本，第707冊，第33～34頁。

〔註50〕唐李靖《李衛公問對》卷上，《四庫全書》本，第726冊，第148頁。

霸稱也，今其書歷敘皇帝王霸，太公時有之乎？春秋霸主始有結連與國，深入人境者，今其書稱『必得大國之與，鄰國之助』；又云『行數百里，人馬倦休』，太公時有之乎？又謂『取天下者，若逐野獸，天下皆有分肉之心』，此襲用『秦失其鹿，天下共逐』之語。而『贅婿』者，秦始有之，其書亦稱『贅婿』。」同時他在證之以史書之後，指出：此書是後人剽竊老子之說，掇拾吳子、尉繚子、孫子等人兵書及其他史書編集而成，不可信其為太公所著。〔註51〕四庫館臣在對《六韜》作了考訂後，亦認為是書「其文大抵詞意淺近，不類古書」，「依託之迹，灼然可驗」。〔註52〕這與黃震的結論基本一致。今人亦多持這一觀點。雖然出土簡帛證明《六韜》是偽書，但是黃震的考證自有其合理性。

二、考論結合

在《黃氏日抄》的分類考證，並下以結論之後，黃震即繼以評論，則其考證具有考論結合的特點。在《黃氏日抄》中，黃震旁引博徵，可謂精審細密，這不僅使得他多能刊正前人記事、立說之誤，而且也使其評論立足於較為厚實的基礎之上，所發頗為的當。

《黃氏日抄》「讀經」諸卷中，在詞語、名物、典制的訓詁之後，黃震即加以評論。《論語・憲問篇》「霸諸侯」條，黃震先考證「霸」的意義，稱「注（指朱子《論語集注》）云霸與伯，同長也。愚意天下之主謂之王，諸侯之長謂之伯，此指其定位而名也。以德方興而為天下所歸則王平聲，聲轉而為王去聲。王政不綱，而諸侯之長自整齊其諸侯則伯，聲轉而為霸，皆有為之稱也。正音為靜字，轉聲為動字」，然後評論到「商周之初，諸侯猶未強大，故有德易以興。周衰，諸侯強大，地醜德齊，莫能相一。管仲輔齊，僅能以智力總率之，使之尊周攘夷，其濟世之功亦不少，故夫子稱之。若《孟子》之言，則又存萬世之常道。」〔註53〕黃震的評論是對《論語・憲問篇》「管仲相桓公，霸諸侯，一匡而天下，民到於今受其賜」的進一步發揮，認為管仲相齊的濟世之功在於使天下尊周攘夷。黃震生當南宋政權岌岌可危之際，極力強調尊王，也具有重要的現實意義。

〔註51〕《黃氏日抄》卷 58 讀《諸子四・黃石公三略六韜》，《四庫全書》本，第 708 冊，第 460～461 頁。
〔註52〕《四庫全書總目・子部・兵家類・六韜》，中華書局，1981 年，第 836 頁。
〔註53〕《黃氏日抄》卷 2 讀《論語》，《四庫全書》本，第 707 冊，第 16 頁。

「霸諸侯」條的評論是黃震針對經文而發，「讀經」中更多的是對注家解說的感言。黃震讀《詩經·小雅·黍苗》，評論到「《詩》中明言美召公，而《詩序》乃以爲刺幽王，此類亦何訝晦庵之去《序》耶！」〔註54〕此處，黃震糾正《詩序》之謬，並稱《詩序》此舉令人吃驚的程度不亞於朱子去《序》。深味其言，可見黃震的嚴謹態度，雖不主張廢《序》，但《序》之錯誤亦不可忽視。

黃震讀《詩經·小雅》「民之無良，相怨一方，受爵不讓，至於已斯亡」，首先羅列古說與華谷之說，「古說以爵爲爵祿，或以下民無爵祿之可爭也，又以民爲人之通稱。華谷主錢氏之說以爵爲酒爵，云民之相怨，各執一偏，或因盃酒失歡至亡其身，《詩》蓋持平之說以解之也。」繼而，評論兩說，認爲華谷之說「稍平易」。〔註55〕從黃震的隻言片語中，即可明瞭黃震反對好爲高論之說，主張採納立論平易的解說。

黃震讀《史記·滑稽列傳》，揭發《史記》記載矛盾之處，曰「『三年不蜚不鳴』之語，《楚世家》以爲伍舉說莊王，今《滑稽傳》又以爲淳于髡說齊威（桓），果孰是孰非耶？楚莊王時三晉未分，今載優孟諷諫，莊王預有齊趙陪位，韓魏翼衛之語。而《扁鵲傳》載扁鵲起虢太子於已死，考其時虢已亡百二十餘年，又其可信耶？」於此兩說，黃震認爲「自古可怪可笑、人情樂聞之說往往轉相附會，未必盡有其實。我朝東坡蘇公一世人豪，惟其善於談笑，喜納浮屠，故至今謔浪俚談類必託之東坡，佛印且曰東坡之見辱於佛印者如此，而本無其實也。嗚呼！其殆此類歟？」〔註56〕黃震「自古可怪可笑、人情樂聞之說往往轉相附會，未必盡有其實」的觀點亦人情之至論。

黃震認爲諸子之書，言人人殊，各自爲方，高者流於虛誕，卑者流於功利，爲害至巨。〔註57〕故黃震既明辨其書之真僞，又評論其說之正邪。

黃震讀《說苑》，先辨《說苑》之僞，指出《說苑》中「桑穀之祥」、「龍蛇之章」自相矛盾之說，一事兩傳，則必有一誤者；又指出「鴻鵠六翮之喻」、「宗衛解衣就鼎以諫佛肸」等，《說苑》與《新序》重出而異者，兩書同定於一人，卻自相矛盾，實在令人費解，如果《說苑敘錄》不誣，則《說苑》必

〔註54〕《黃氏日抄》卷4讀《毛詩》，《四庫全書》本，第707冊，第55頁。
〔註55〕《黃氏日抄》卷4讀《毛詩》，《四庫全書》本，第707冊，第55頁。
〔註56〕《黃氏日抄》卷46讀《（正）史一·史記》，《四庫全書》本，第708冊，第290頁。
〔註57〕《黃氏日抄》卷82《餘姚縣學講義》，《四庫全書》本，第708冊，第844頁。

經後人附益。因此黃震認爲《說苑》「非必皆劉向本文」。後評論其主旨，稱「其指歸皆出於勸善懲惡，冀扶世教，雖不盡純而最多精語，過於諸子之雜書橫議遠矣。君子亦不可以不觀也。」〔註 58〕黃震認爲《說苑》有益世教，希望學者不可因其僞而廢罷其精語。

黃震讀《春秋繁露》，辨其僞，提出「隋、唐、國初《繁露》已未必皆董仲舒之舊。中興後，《繁露》又非隋、唐、國初之《繁露》」；論其義，認爲「今書惟對膠西王越大夫問，辭約理精而具在本傳。餘多煩猥，甚至於理不馴者有之」〔註 59〕。「於理不當」是黃震對《春秋繁露》的總體評價。

自《黃氏日抄》考證與論述結合出，後來清人的考證著作在一定程度上繼承了這一優良傳統。所以，對中國考證學要作具體分析，不能一概視考證爲逃避現實鬥爭的純學術工作，應當探討這些著作中作者的思想和認識。

《黃氏日抄》考論結合的特點對清代考證學影響甚大。吳懷祺先生指出，「無論從體例上說，還是從考與論相結合的特點上說，《困學紀聞》與黃震的《黃氏日抄》、顧炎武的《日知錄》乃至錢大昕的《十駕齋養新錄》等都相似。」〔註 60〕其中顧炎武的《日知錄》尤爲《黃氏日抄》之同道，第七章將專門予以論述。

第四節　實事求是的考證精神

《黃氏日抄》集中體現了黃震考證之學的風格和特點。分析這些特點，庶可略窺黃震考證之學的精神。

一、用宏取精，博通簡出

宋儒治學，兼包經、史、子、集之學而爲一，大有回覆到先秦諸子之學的風氣與魄力。這在黃震身上表現得尤爲突出，《黃氏日抄》遍考經、史、子、集四部是其一證。

《黃氏日抄》考證的宏博不僅表現在其考證範圍寬廣上，而且表現在其

〔註 58〕《黃氏日抄》卷 56 讀《諸子二·說苑》，《四庫全書》本，第 708 冊，第 442 頁。

〔註 59〕《黃氏日抄》卷 56 讀《諸子二·春秋繁露》，《四庫全書》本，第 708 冊，第 447 頁。

〔註 60〕吳懷祺《中國史學思想通史·宋遼金卷》，黃山書社，2002 年，第 393 頁。

搜證範圍寬廣上。黃震所以能兼采諸儒之善而糾其偏，且多有己見，與其博覽多識、精於考訂是密不可分的。《黃氏日抄》徵引書籍之多，在當時亦少與堪比。只不過所引一般只出人名，出人名者大都用名號或姓氏。只有在引用同一人的不同作品時才出書名以示區別。出書名往往用簡稱，所以書中確切的徵引數量難以統計。以「讀經」為例，黃震讀《春秋》所引約 30 餘家，《毛詩》約 20 餘家，《禮記》約 60 家，加上讀《論語》、《尚書》等的徵引，《黃氏日抄》「讀經」所引書籍不下 200 家，亦可知全書之大略。

黃震引書的簡略，蓋出於全書文筆的簡淨。黃震的考證，一般言到意明為止，力求精煉，每條不作繁徵廣錄。其隨手箚記，遇有精言妙語出人意表者則錄之，事關大體後學不明者則發之，前賢解說有疑誤者則辨之，妄人謬說者則駁之，求出己意，有益後學，故內容不可能不精，行文不可能不簡。此種風格，較之清儒之繁瑣考證，其高下亦不言而喻也！

二、求實是正，不守門戶

由於考證主要是針對前人著述中的錯誤而發，所以不少學者往往譏議往昔學者欠於考證，從而炫耀自身考證所得〔註 61〕，結果流入指責前人，擡高自己，失去了考證的本旨。因此反躬自省，在考證過程中以公允之心對待前人學術是彌足珍貴的。

《四庫全書總目》稱《黃氏日抄》「不堅持門戶之見」〔註 62〕。泯門戶的學術精神，不僅體現在《黃氏日抄》的注釋學中，而且體現在《黃氏日抄》的考證學中。黃震能夠平心靜氣地進行學術討論，黃震淵源出自朱子，然《黃氏日抄》中辨正朱子之誤者屢見不鮮，《四庫全書總目》所稱「雖朱子校正《陰符經》、《參同契》，亦不能無疑」即是明證。另一方面，黃震的考證就事論事，絕無「一有差失，則餘無可觀」的觀點。黃震以其考證的實踐證明考證學的目的是去疑堅信，指瑕見美。黃震的心無成見，求實是正告訴我們他爭論的是是非，而不爭訐。

清代考據派阮元以提倡「實事求是」著稱，把考据學實事求是與宋學的師心自是進行對比，指出「後儒（宋明理學家）之自遁於虛而爭是非於不可究詰之境也」，「我朝儒者，束身修行，好古敏求，不立門戶，不涉二氏，似

〔註61〕 尹達《中國史學發展史》，中州古籍出版社，1985 年，第 346 頁。

〔註62〕 《四庫全書總目・子部・儒家類二・黃氏日抄》，中華書局，1981 年，第 786 頁。

有合於實事求是之教。」〔註 63〕誠所謂知流忘源之論，其實《黃氏日抄》的考證已經具有「實事求是」的精神。

三、寓鑒戒於考證

考證之學容易流入煩瑣的檢討，甚至脫離現實，純在故紙堆中討生活。此種傾向在清代特殊環境中表現得更為明顯。但宋人的考證，乃是宋代新儒學（不僅是理學）的一部分，其寓訓戒於考證的特點很鮮明。孫欽善先生指出，下至宋代，「古文獻學以義理之學為主，但是訓詁考據之學也還在發展，並且向義理之學滲透。」〔註 64〕「義理與考據兼重，是宋代後期古文獻學家的共同特點。」〔註 65〕

《黃氏日抄》即是義理與考據並重的典範之作。《黃氏日抄》中由考證而說理的條目比比皆是，至於因具體材料而闡述其鑒戒史觀者，則是全書寓意的一個重要側面。《黃氏日抄》以考論結合的形式創造性地熔考據與義理於一爐，從而提煉出一套自成規格的文獻之學方法論，即考證要出之以「理」，求歸「至當」。

考證學的任務是，從語言文字、名物制度等的考證入手，以求掌握古文獻的本來意義，恢復古文獻的本來意義。黃震既重視義理，又不廢訓詁、考據，分析義理不僅不脫離訓詁考據，而且以訓詁考據為前提和先導，不至於流於空泛和臆測。

四、謙謹嚴肅

《黃氏日抄》的考證，徵文考獻，糾謬極多。但是作者行文，除對個別內容荒謬的野史雜記有嚴厲的批評外，凡前賢著作之失，均以「愚按」、「愚謂」等字標出，據實辯論，平心商略，或以小注的形式並存異同，絕無詆訶攻擊之辭。換言之，全書所錄乃謹守「君子不輕立議」的古訓，凡有所建明則必求有據，議論歸於平實，不尚標新立異。

當然，由於文獻不足，自然有不少內容已無從考證，對此，黃震也很少

〔註 63〕阮元《揅經室三集》卷 5《惜陰日記序》，清道光間《文選樓叢書》本，第 12頁。
〔註 64〕孫欽善《中國古文獻學史》上冊，中華書局，1994 年，第 498 頁。
〔註 65〕孫欽善《從古文獻學看宋代思想文化的基本特徵》，《國際宋代文化研討會論文集》，四川大學出版社，1991 年，第 145 頁。

妄下論斷，往往實事求是地注明「未知然否」、「未知孰是」、「合審」、「錄（存）之以俟來者」、「讀者更詳之」等語，留待後人考辨，指示後學門徑。這說明黃震強調充分地佔有材料，堅守「無徵不信、孤證不立」的論證規範。學問乃千秋萬載之事，匡謬規過，非以訾毀前人，實以嘉惠後學，其人其事，足可針砭學術上妄自尊大之膏肓。

《黃氏日抄》的考證對於所採書證悉注明出處，雖然黃震有的徵引沒有引用原文，而是屬於意引，但是「注明出處是考證學的標誌之一」〔註 66〕，這說明黃震謹守考證學書證必寫出處的書證規範。

清代學者阮元在《潛研堂集》中主張「儒者之學，貴乎闕疑存異，不可專己守殘」與黃震謹愼嚴肅的考證精神息息相通。

第五節　下啓清代的考證影響

考證學的發達是在清代，其淵源有自。有的學者認爲清代考据學起於清初，有的認爲淵源於明代前後七子的古文運動。另外一種觀點則認爲「考證學的根源可以追溯到宋代」〔註 67〕，主張宋學才是考證學之源，黃震的《黃氏日抄》才是清代考證學的淵源。

較早持這種觀點的人是章學誠，他認爲清代的考据學是由朱子之學數傳而來，稱：

> 今人有薄朱氏之學者，即朱氏之數傳而後起者也……其人亦不自知也……沿其學者，一傳而爲勉齋（黃榦）、九峰（蔡沈），再傳而爲西山（眞德秀）、鶴山（魏了翁）、東發（黃震）、厚齋（王應麟），三傳而爲仁山（金履祥）、白雲（許謙），四傳而爲潛溪（宋濂）、義烏（王褘），五傳而爲寧人（顧炎武）、百詩（閻若璩），則皆服古通經，學求其是，而非專己守殘，空言性命之流也。〔註 68〕

其後晚清張佩綸，主張考据學起源於宋代黃震和王應麟。他說：「余向持論，以爲國朝人之漢學，大抵皆宗黃氏《日抄》、王氏《困學紀聞》兩派而加

〔註66〕　（美）艾爾曼著、趙剛譯《從理學到樸學——中華帝國晚期思想與社會變化面面觀》，江蘇人民出版社，1995 年，第 10 頁。

〔註67〕　（美）艾爾曼著、趙剛譯《從理學到樸學——中華帝國晚期思想與社會變化面面觀》，江蘇人民出版社，1997 年，第 43 頁。

〔註68〕　《文史通義校注》卷 3《內篇三‧朱陸》，中華書局，1985 年，第 264 頁。

詳。」〔註 69〕

　　梁啓超先生也主張考据學起源於黃震和王應麟。他指出：「朱子涵養用敬的工作，以後沒有多大發展，進學致知的工作，開後來考證一派。朱派最有光彩的是黃震（東發）、王應麟（伯厚）二人，黃的《黃氏日抄》、王的《困學紀聞》，爲朱派最有價值之書，清代考證學者就走他們這條路。」〔註 70〕

　　張舜徽先生同意章學誠的觀點，認爲「當乾嘉樸學極盛時，舉世以徵實博考相高，鄙蔑宋儒空疏爲不足道，譏詆朱子尤厲。章學誠獨昌言矯之。」他進一步推廣章學誠的觀點，認爲「有清一代學術無不賴宋賢開其先，乾、嘉諸師特承其遺緒而恢宏之耳。」〔註 71〕又認爲「若夫《困學紀聞》、《黃氏日抄》諸編，包羅群書，考覆精審，後之《日知》、《養新》諸錄，實其嫡嗣矣。由此觀之，有清一代之學，莫不淵源於兩宋，後之從事實事求是之學者，數典忘祖，反唇相譏，多見其不知量也。」〔註 72〕

　　分析上述觀點，可見有些學者把宋學和清學看成是截然不同的學術，失之偏頗。同時可以測知《黃氏日抄》在清代考据學中的淵源地位。《黃氏日抄》對清代考證學的影響不僅表現在治學方法上，即繼承《黃氏日抄》分類考證和考論結合的特點，而且表現在治學精神上，清代考證學在實事求是、博而能精諸方面，可以說是頗得黃震之心於其後。

〔註 69〕　張佩綸：《澗於日記》壬辰閏六月二十九日，轉引自張舜徽《清人筆記條辨》
　　　　　卷 9，中華書局，1986 年，第 373 頁。
〔註 70〕　梁啓超《二千五百年儒學變遷概略》，《梁啓超全集》第 9 冊，北京出版社，
　　　　　1999 年，第 4978 頁。
〔註 71〕　張舜徽《廣校讎略》，中華書局，1963 年，第 123 頁。
〔註 72〕　張舜徽《廣校讎略》，中華書局，1963 年，第 124 頁。

第六章　影響深遠的辨偽學

在我國歷史上，乘朝廷懸賞徵求古書之機，行私牟利，偽造所謂古書以取賞於朝；也有為了某種政治鬥爭的需要，而憑空製造出來的偽文獻。這是真正嚴格意義上的偽書。

是非之心存乎天地之間。所以，有作偽，也就有辨偽。文獻辨偽的工作起源甚早。到西漢司馬遷，提出了「學者載籍極博，猶考信於六藝」的辨識史料的標準，一直為後世學者所遵循。「但在漢唐的時候，辨偽書的人畢竟是太少了，辨偽書的人所辨的偽書也很有限。到了宋朝，這種事情才算比較地活潑起來。如歐陽修之辨《易繫辭》，王安石之疑《春秋》，鄭樵之攻《詩序》，汪應辰之不信《孝經》，葉適之不信《管子》、《晏子》，差不多辨偽書的事已成了一種小小的風氣。」〔註1〕

「宋朝晚年……考定辨疑的精神，有些很使人驚異的。」〔註2〕黃震是朱熹之後南宋辨偽的又一先鋒。梁啟超先生稱「朱熹的再傳弟子黃震著了一部《黃氏日抄》，裏頭很有幾條是辨偽《古文尚書》的，有幾條是辨偽諸子的」。〔註3〕梁先生可以稱得上是黃震屈指可數的知音之一。

第一節　承先後繼的辨偽方法

古人的辨偽遍及四部，每一時期都有名家，並在方法上各有所長，如東

〔註1〕白壽彝《朱熹辨偽書語》，《白壽彝史學論集》下，北京師範大學出版社，1994年，第1100頁。

〔註2〕王子今《歷史文獻研究百年回顧》，《博覽群書》，2003年，第1期，第52頁。

〔註3〕梁啟超《古書真偽及其年代》，《梁啟超國學講錄兩種》，中國社會科學出版社，1997年，第166頁。

漢的范升提出《左傳》的傳授系統不明；馬融據古佚文指出《泰誓》為偽；鄭玄用《呂氏春秋》比勘《禮記・月令》，指出《月令》與《周禮》不合，斷其非周公作；南北朝顏之推採《本草》、《爾雅》等書檢核《山海經》，用反切起源推斷《通俗文》非服虔所作。

關於辨偽方法，朱熹曾談他自己的經驗，說：

> 竊謂生於今世而讀古人之書，所以能別其真偽者，一則以其義理之所當否而知之，二則以其左驗之異同而質之。未有捨此兩途，而能直以臆度懸斷之者也。〔註4〕

所謂「義理之所當否」，是就理論方面說的；所謂「左驗之異同」，是就證據方面說的。白壽彝先生《朱熹辨偽書語序》曾據此加以總結，認為在理論方面，朱熹所應用的是根據常識來推測；在證據方面，約有五種：(1)因確知作偽者是誰，而知其書為偽書的。(2)因一書底內容與歷史上的事實不符，而知其書為偽書的。(3)因一書中的思想與其所依託的人之思想不符，而知其為偽書的。(4)因一書中的內容之抄襲湊合之迹顯然可見，而知其書是偽的。(5)從一書之文章的氣象上、體制上，知其書偽的；從一書所用的詞句上，知其書偽，並能斷定其作偽的時代的。〔註5〕朱熹使「一批批的偽書更不得不血肉狼藉，屍身橫陳」的辨偽成績即證明其所用的辨偽方法無往不利。黃震所用的方法即承朱熹而來，而愈加細密。

一、就書籍的內容辨偽

再高明的作偽者也一定會把自己的作偽意圖體現在偽書中，所以從書籍的內容中可以找出偽書的蛛絲馬迹。黃震特別注重就書籍的內容從事辨偽。

（一）判相互間矛盾者偽

依常理而言，同一人必不持自相矛盾之兩說，故凡矛盾之說，其中必有一偽，甚或二者俱偽。

《說苑》，舊題漢劉向撰。黃震辨《說苑》之偽，謂：

> 《說苑》者，劉向之所校讎，去其復重，與凡已見《新序》者而定為二十卷，名《說苑》。然自今觀之，其間煩重，與《新序》混清者

〔註4〕 《晦庵集》卷38《答袁機仲》，《四庫全書》本，第1147冊，第147頁。
〔註5〕 白壽彝《朱熹辨偽書語序》，《白壽彝史學論集》下，北京師範大學出版社，1994年，第1103～1104頁。

尚亦多有，且亦多傅會。如唐虞三代孔門問答，其詞旨議論殊非聖賢氣象。楚莊王，賢君，而謂其築臺殺諫者七十二人。秦皇嚴誹謗之誅，而反謂其能受茅焦、鮑白令與侯生三人之極諫。凡欲言其臣之節，必先甚其君之惡，形容文致，殆非人情。曾皙，大賢，謂其因耘瓜而擊其子，幾死。子路，高弟，謂其欲釋古學。揆之事理，皆未必然。又桑穀之祥，既以爲太戊，又以爲武丁，於《書》，則武丁乃鼎雉之事耳！龍蛇之章，既以爲介子推，又以爲舟之僑，於《傳》則僑乃戮於城濮之役耳！鴻鵠六翮之喻，《新序》以爲因桑告晉平公，《說苑》以爲古乘告趙簡子；不屑扶君之事，《新序》以爲虎會事趙簡子，《說苑》以爲隨會事晉文侯；君不能致士之說，《新序》以爲大夫對衛相，《說苑》以爲田饒對齊相；宗衛解衣就鼎以諫佛肸之說，《新序》以爲田單，《說苑》以爲田基。是二書定於一人而自爲異同。若嚴則音聾之訟，一以爲公叔文子告楚，《說苑》以爲晏子告齊。是一書重出而亦自異同。劉向自以爲去其復重而尚若是，何哉？〔註6〕

劉向《說苑敘錄》嘗言校讎此書時，已除去與《新序》重出者，而今本《說苑》則不然。黃震既指出《說苑》中「桑穀之祥」、「龍蛇之章」自相矛盾之說，一事兩傳，則必有一誤者；又指出「鴻鵠六翮之喻」、「宗衛解衣就鼎以諫佛肸」等，《說苑》與《新序》重出而異者，兩書同定於一人，卻自相矛盾，實在令人費解，如果《說苑敘錄》不誣，則《說苑》必經後人附益。因此黃震認爲《說苑》「非必皆劉向本文」。〔註7〕黃震之說誠是。

除了故意作僞，書籍也有名僞而實不僞的情況。《管子》，原題周齊管夷吾撰。黃震辨《管子》作者之僞，繼承了葉適關於《管子》「非一人之筆，亦非一時之書」的觀點，深入研究《管子》的龐雜矛盾，指出「《管子》之書，不知誰所集，乃龐雜重複，似不出一人之手……大抵《管子》之書，其別有五：《心術》、《內業》等篇，皆影附道家以爲高，《侈靡》、《宙合》等篇皆刻斫隱語以爲怪，管子責實之政，安有虛浮之語？使果出於管子，則謬爲之以欺世。殆權術之施於文字間爾，非管子之情也。……若《輕重》篇則何其多

〔註6〕　《黃氏日抄》卷56讀《諸子二・說苑》，《四庫全書》本，第708冊，第441～442頁。
〔註7〕　《黃氏日抄》卷56讀《諸子二・說苑》，《四庫全書》本，第708冊，第442頁。

術哉？管子雖多術，亦何至如此之屑屑哉？……未必皆管子之眞，愚故疑其
爲附會。……若其書載鮑叔薦仲，與求仲於魯，及入國謀政，與戈廩鴻飛，
四時三弊，臨死戒勿用豎刁、易牙、開方等說，屢載而屢不同。或本文列前，
而解自爲篇；或並篇；或無解。或云『十日齋戒以召仲，觴三行而仲趨出』，
又云『樂飲數旬而後諫』。自相矛盾，若此不一，故曰龐雜重複，似不出一人
之手。」〔註8〕

　　黃震所辨甚是。《管子》內容之錯雜重複，經黃震之辨而彰。清代陳澧亦
以其書除《史記》採入本傳者外，餘甚駁雜，因而詳錄其類似法家、名家、
老子、告子與農家之語，凡九處，蓋一家之書，而有五家之學矣。是知《管
子》確非一人一時之作。

　　《申鑒》，舊題荀悅撰。黃震辨《申鑒》之僞乃從《申鑒》文體的自相矛
盾處著手。黃震謂：「(《申鑒》) 大抵辭繁理寡，體亦不一。政體第一、時事
第二多舉凡目，頗用《汲冢周書》之體；俗嫌第三、雜言第四、第五多用或
問，頗效揚雄《法言》之體……未知果悅之眞否？」〔註9〕通常一書不用兩種
文體。《申鑒》文體既如此龐雜，前後不一，不能不令人懷疑而辨僞，《四庫
全書總目》稱其「一曰政體，二曰時事，皆制治大要及時所當行之務。三曰
俗嫌，皆禨祥讖緯之說。四曰雜言上，五曰雜言下，則皆泛論義理，頗似揚
雄《法言》」〔註10〕就繼承了黃震的觀點。

　　《鬻子》，舊題周鬻雄撰。黃震在葉夢得認爲「或有附益」〔註11〕、高似
孫以爲漢儒綴輯〔註12〕的基礎上，從書中言論矛盾處，對其進行辨僞，謂「每
篇多以『政曰』起語，而以昔者『追述』文王之問。既託文王而下又云魯周
公，且亦未知自稱『政曰』者爲誰。逢行珪既不能明言而反釋以爲政術之間，
則非辭也。」〔註13〕黃震的辨僞是正確的。《鬻子》多以「政曰」起語，追述
周文王、鬻雄之間問答之事，稱「昔者文王有問於鬻子」，由此可知該書絕非

〔註8〕　《黃氏日抄》卷55讀《諸子一・管子》，《四庫全書》本，第708冊，第405
　　　　～407頁。
〔註9〕　《黃氏日抄》卷57讀《諸子三・申鑒》，《四庫全書》本，第708冊，第454
　　　　～455頁。
〔註10〕　《四庫全書總目・子部・儒家類一・申鑒》，中華書局，1995年，第773頁。
〔註11〕　轉引自鄧瑞全、王冠英《中國僞書綜考》，黃山書社，1998年，第405頁。
〔註12〕　高似孫《子略》，江蘇廣陵古籍刻印社，1988年《四明叢書》本，第16頁。
〔註13〕　《黃氏日抄》卷55讀《諸子一・鬻子》，《四庫全書》本，第708冊，第412
　　　　～413頁。

鬻雄自著，大概是名「政」的鬻子後學所作，或者「政」亦是僞託。

《化書》，原題南唐宋齊丘撰，分道化、術化、德化、仁化、食化、儉化六篇。黃震辨《化書》之僞，依次指出其內容龐雜，謂「一曰道化，則竊用莊、列之故智，借物類偶然之變以槪人事實然之常……二曰術化，則陰祖咒術之小見，指蕩穢者能召五帝之氣與伏尪者能役五星之精……三曰德化……殆以儒爲戲之劇語耳！四曰仁化……殆聖人不死，大盜不止之狂論耳！五曰食化……是得許行之說而又推衍大過也。六曰儉化……是得墨子之說而又刻畫太深也。凡此六化，謬妄曉然。」〔註14〕

是《化書》之僞與《管子》性質相同。張綸於《林泉隨筆》中繼承了黃震的觀點，認爲此書文雖高妙而意則駁雜，其中或祖黃、老、莊、列，或本釋氏，或述晏、墨，語皆親切，至其言儒，則不相似，由其本不知儒，故言愈精而意愈遠矣。〔註15〕

（二）判乖離其思想者僞

如果書中的內容與其作者的主要思想以及身份作風相矛盾，則可以斷其爲僞。

黃震辨《劉子》之僞即因《劉子》文體與劉晝的身份不符，謂「《劉子》之文類俳」〔註16〕。誠然，劉晝是典型的北朝經學儒生。要劉晝這樣一個「舉秀才，策不第，乃恨不學屬文，方復緝綴辭藻，言甚古拙」，且對自己的古拙作品「自謂絕倫」〔註17〕，吟諷不輟的人寫出這樣諧諧戲謔的作品，是難以置信的。目前學界公認《劉子》出於劉勰之筆，更證明黃震所辨正確。

黃震辨《文中子》之僞，揭露《文中子》內容與王通身份不和。黃震認爲「諸子惟荀子、揚雄、王通知宗尙孔氏」〔註18〕，則王通著《文中子》不當雜道家之說，而今本《文中子》多用老子之說，「其指歸大要亦不出老子慈

〔註14〕《黃氏日抄》卷55讀《諸子一・說苑》，《四庫全書》本，第708冊，第419～420頁。
〔註15〕張綸《林泉隨筆》，民國二十六年（1937）上海商務印書館影印《今獻彙言》本，第13～14頁。
〔註16〕《黃氏日抄》卷55讀《諸子一・劉子》，《四庫全書》本，第708冊，第418頁。
〔註17〕《北史・劉晝傳》，中華書局，1974年，第2729頁。
〔註18〕《黃氏日抄》卷55讀《諸子一・管子》，《四庫全書》本，第708冊，第405頁。

儉之說，於聖門未有得焉。至其主摽枝野鹿之說，謂上無爲，下自足；至治之代，人老死不相往來，則習老子之說而不之考也。」〔註19〕「摽枝」、「野鹿」出自《莊子・天地篇》，雖語出莊子，而意祖老子。同時《文中子》「借聖門以掩釋教之弊，謂「《詩》、《書》盛而秦滅，非仲尼之罪；虛玄長而晉亂，非老莊之罪；齋戒修而梁亡，非釋迦之罪。」〔註20〕以儒、釋、道並列，「知宗尚孔氏」的王通所宜有。

《曾子》，舊題周曾參撰。黃震辨《曾子》之僞，認爲書中思想議論與曾子行事作風不合，謂：

> 若云「與父言，言畜子；與子言，言孝父；與兄言，言順弟；與弟言，言承兄」皆世俗委曲之語。而「良賈深藏如虛」又近於老子之學，殊不類曾子弘毅氣象。〔註21〕

曾子雖魯笨，卻有執著的「苦行」修養工夫。曾子曰：「士，不可以不弘毅，任重而道遠。仁以爲己任，不亦重乎，死而後已，不亦遠乎。」〔註22〕修養的奮鬥目標和所維繫的中心思想是仁，是立仁、行仁。其任重道遠，必須具備宏大堅毅之志，自強不息，死而後已！如果仁德和官祿發生矛盾而不能兼得時，是要仁德而不要官祿的。如曾參曰：「晉楚之富，不可及也；彼以其富，我以吾仁；彼以其爵，我以吾義；吾何慊乎哉！」〔註23〕爲維護和實現仁德的崇高理想，甚至可以犧牲自己的生命。因此，曾參具有爲這種信念鬥爭到底的大丈夫之勇的精神氣概。他說得很明白，如果正義不在我方，縱然對方是卑賤者，我也不去欺侮人家；如果正義在我方，縱然對方是個千軍萬馬的高貴者，也要毫不畏懼地和他拼殺到底。與那種狹隘的匹夫之勇、明哲保身相比，曾參這種仁德之勇、信念之勇的大丈夫氣概並以其灌注的修養精神，顯然高出一籌並爲人們所稱道。因此黃震所辨甚是。

《商子》，原題爲周商鞅撰。黃震辨《商子》之僞，謂「《商子》者，公孫商鞅之書也……或疑商鞅亦法吏之有才者，其書不應煩亂若此，眞僞殆未

〔註19〕《黃氏日抄》卷55讀《諸子一・文中子》，《四庫全書》本，第708冊，第403頁。

〔註20〕《黃氏日抄》卷55讀《諸子一・文中子》，《四庫全書》本，第708冊，第403頁。

〔註21〕《黃氏日抄》卷55讀《諸子一・曾子》，《四庫全書》本，第708冊，第404頁。

〔註22〕《論語・泰伯》。

〔註23〕《孟子・公孫丑下》。

可知。」〔註24〕

　　《商子》亦稱《商君》或《商君書》。《漢書・藝文志》著錄二十九篇，現存二十四篇。卷目為：卷一，更法、墾令、農戰、去強；卷二，說民、算地、開塞；卷三，壹言、錯法、戰法、立本、兵守、靳令、修權；卷四，徠民、刑約、賞刑、畫策；卷五，境內、弱民、□□、外內、君臣、禁使、慎法、定分。傳世之宋本，第十六、二十一兩篇皆有錄無書。《商子》的大多數篇章都涉及軍事，其軍事思想包括積極主張戰爭，主要反映在《開塞篇》「萬乘莫不戰，千乘莫不守」和《畫策篇》「以戰去戰，雖戰可也」，但是《開塞篇》和《畫策篇》卻分別在卷二和卷四；重刑厚賞，主要反映在《外內篇》「賞使之忘死，威使之苦生……何不陷之有哉！」和《賞刑篇》「民聞戰而相賀也，起居飲食所歌謠者，戰也」，但是《外內篇》和《賞刑篇》卻分別在卷五和卷四中。由此可見《商君書》的內容的確煩亂，以出身貴族的政治家、軍事家商鞅的修養與學識而言，這的確不應該。

　　另外，《商君書》中提到的垂沙之戰、華陽之戰、長平之戰等，這些戰役都發生於商鞅卒後幾十年，更可見該書非商鞅所作。

（三）判與事實不符者偽

　　各時代的思想與事實，必定帶有該時代的烙印，為該時代所獨有。若某書中所表現的思想或事實與其時代不相銜接，或者該事實根本不可能存在於該時代，即可斷定其偽。

　　《亢倉子》，舊題周庚桑楚撰。唐天寶中賜名《洞靈真經》，下詔求之，不得。後襄陽處士王士源獻之。黃震因書中使用後世的文體而判其偽，謂：「稱『無誰私兮，羌忽不知其讀』，此仿後世之楚詞而字多用古文，又欲以自蓋其今文而益彰者也。」〔註25〕文體因世而異，黃震從文體的後出辨其偽。該書《漢書・藝文志》、《隋書・經籍志》俱不載，《新唐書・藝文志》始載之，可見該書唐時才出現。另據王士源、韋滔在給《孟浩然集》所作序中已言及士源自作《亢倉子》。蓋唐天寶中崇尚道家，詔求道書，《亢倉子》一書求而不得，王士源以《莊子・庚桑楚》為本，雜採《列子》、《文子》、《呂氏春秋》、

〔註24〕《黃氏日抄》卷55讀《諸子一・商子》，《四庫全書》本，第708冊，第413頁。

〔註25〕《黃氏日抄》卷55讀《諸子一・亢倉子》，《四庫全書》本，第708冊，第411頁。

《新序》、《說苑》、《大戴禮記》等書中相類之文，纂輯而成《亢倉子》。

黃震既從使用後代的文體上辨《亢倉子》之偽，又因書中提及後世的事實、服飾而判其偽，謂：

> 其書稱「自鄉而縣」，「自縣而州」，此後世之區劃也。稱「被以青紫章服」，此後世之品式也。〔註26〕

據《史記·商君列傳》記載，戰國時秦國商鞅變法「集小鄉邑聚爲縣，置令、丞，凡三十一縣」，是爲縣制的最早起源；而《新唐書·車服志》和《舊唐書·輿服志》始有「青紫章服」的記載。黃震之辨使其偽昭然若揭。該書《漢書·藝文志》、《隋書·經籍志》俱不載，《新唐書·藝文志》始載之，可見至唐時《亢倉子》才出現。

《老子注》，據晉葛玄《序》，爲漢河上公所作，並以之授漢文帝。黃震因辨《老子》之書而及《老子注》，認爲葛玄序《老子注》所云河上公之事與史實不符，是偽造事實，曰：

> 八十一章之解，直謂河上公坐虛空中授漢文帝。其事發於裴楷，不知漢文帝在位二十三年，僅嘗勞軍及郊雍，未嘗幸河上，而裴楷乃晉人，非漢人也。一本作裴偕，又未詳其何人。且史稱河上丈人爲安期生之師，六傳而至蓋公，蓋公尚在文帝前，河上公豈當文帝之世？其說不經，全類市井小說，略不知古今，辱老子之書又甚矣。
>
> 〔註27〕

黃震所言極是。據《史記·樂毅傳》：「樂臣公學黃帝、老子，其本師號河上丈人，不知其所出。河上丈人教安期生，安期生教毛翕公，毛翕公教樂瑕公，樂瑕公教樂臣公，樂臣公教蓋公。」則河上丈人當在周朝末期，漢文帝是不可能親見的。《史記》載文帝十四年冬，伐匈奴，勞軍隴西、北地、上郡及渭北。次年四次幸雍，郊見五帝。又越年，亦郊見渭陽五帝廟。則文帝也絕不可能與先秦之河上公謀面。

《文子》，舊題周辛計然撰。史傳文子爲老子弟子，與孔子同時。或傳文子姓辛名銒，號計然，文子爲其字，嘗爲春秋末年范蠡之師。《文子》之偽，班固《漢書·藝文志》已言之。北魏李暹《〈文子注〉序》云：「文子姓辛，

〔註26〕《黃氏日抄》卷55讀《諸子一·亢倉子》，《四庫全書》本，第708冊，第411頁。

〔註27〕《黃氏日抄》卷55讀《諸子一·老子》，《四庫全書》本，第708冊，第398～399頁。

名鈃，葵邱濮上人，號曰計然。范蠡師事之。本受業於老子，錄其遺言爲十二篇。」黃震辨《文子》之僞，曰：「孔子沒於周平王幾百年，及見老子，安有生於平王之時，已先能師老子耶！范蠡，戰國人，又安得上師平王時之老子耶！此僞一也。」〔註28〕文子與老子不同時，則文子何能以老子爲師！今本《文子》爲僞書無疑，黃震辨李氏序之謬以辨《文子》，甚是。

　　文子與老子既不同時，二人思想亦互異，黃震謂：「老子所談者清虛而計然之所事者財利。此僞二也。」〔註29〕若文子學於老子，則文子必傳老子虛無之學，而文子則不然，文子學於老子是僞造事實。參考《史記・貨殖列傳》老子「至治之極，鄰國相望，雞狗之聲相聞，民各甘其食，美其服，安其俗，樂其業，至老死不相往來」之說，與「計然曰：「知鬥則修備，時用則知物，二者形則萬貨之情可得而觀已。故歲在金，穰；水，毀；木，饑；火，旱。旱則資舟，水則資車，物之理也。六歲穰，六歲旱，十二歲一大饑。夫糴，二十病農，九十病末。末病則財不出，農病則草不闢矣。上不過八十，下不減三十，則農末俱利，平糴齊物，關市不乏，治國之道也。積著之理，務完物，無息幣。以物相貿易，腐敗而食之貨勿留，無敢居貴。論其有餘不足，則知貴賤。貴上極則反賤，賤下極則反貴。貴出如糞土，賤取如珠玉。財幣欲其行如流水」之說，以及句踐用計然之說「修之十年，國富，厚賂戰士，士赴矢石，如渴得飲，遂報彊吳，觀兵中國，稱號『五霸』」，可知黃震之言是也。

　　黃震還從《文子》中使用後代的事實辨其僞，謂「其書述皇、王、帝、霸，而霸乃『伯』字，後世轉聲爲霸耳！平王時未有霸之名。此僞三也。」〔註30〕「霸」，許愼《說文解字》云：「月始生魄然也。」段玉裁注《說文解字》，以爲後世「魄」行而「霸」廢，俗用爲王「霸」字，實「伯」之假借字也。因此，可知黃震之說爲是。黃震又謂「相坐之法，咸爵之令，皆秦之事，而書以爲老子之言。此僞四也。」〔註31〕

〔註28〕《黃氏日抄》卷55讀《諸子一・文子》，《四庫全書》本，第708冊，第410頁。

〔註29〕《黃氏日抄》卷55讀《諸子一・文子》，《四庫全書》本，第708冊，第410頁。

〔註30〕《黃氏日抄》卷55讀《諸子一・文子》，《四庫全書》本，第708冊，第410頁。

〔註31〕《黃氏日抄》卷55讀《諸子一・文子》，《四庫全書》本，第708冊，第410～411頁。

據《史記・商君列傳》記載，秦孝公十二年商鞅變法，始「令民為什伍，而相牧司連」，故黃震定其為偽，梁啓超先生亦認為《文子》是偽書〔註32〕。

黃震所辨雖不誣，然 1973 年，河北定縣八角廊一座西漢墓葬（時間為漢宣帝元鳳二年，即西元前 56 年）出土了一批簡牘，其中有被指為偽書的《文子》殘簡，與《漢書》所說相同，也與今本《文子》相似，只是今本把平王問文子改成了文子問老子而已。根據今本《文子》，定州漢簡屬於《道德篇》的有 1000 餘字，另外少量竹簡文字與《道原》、《精誠》、《微明》、《自然》中的內容相似，還有今本《文子》不見的佚文。整理者認為竹簡《文子》與《漢志》所述相同，「從幾個與今本相同的章節證明，凡簡文中的文子，今本都改成了老子，並從答問的先生變成了提問的學生。平王被取消，新添了一個老子。……兩相比較，其竄改的痕迹，便一目了然。這就使《文子》得以部分地恢復其本來面目，證明《文子》本非偽書，今本《文子》實經後人竄亂。其佚文部分，大半是對天道、仁、義、功、德和教化的闡發」〔註33〕。這說明從事辨偽工作必須注意到書籍在流傳中出現的問題，而黃震時竹簡未出，因此也不必苛責。

黃震辨《周易乾鑿度》、《周易坤鑿度》之偽，乃因二者假託孔子為言，黃震曰：「《周易乾鑿度》、《周易坤鑿度》二篇，又皆矯孔子而為之言，竊取《繫辭》。」〔註34〕

《周易乾鑿度》、《周易坤鑿度》皆為《易緯》。所謂「緯」是相對儒家經典著作之「經」而言的，是對儒家經書所作的解釋。據《漢書・李尋傳》，李尋在《上大司馬王根書》中言：「五經六緯，尊術顯士」。王根輔政是在成帝末年，說明緯書的形成在漢哀帝即位前後，則其作者必不為四千多年前的黃帝與春秋時期的孔子，因此黃震以《周易乾鑿度》、《周易坤鑿度》皆假孔子為言，其偽固無容辨說，黃震言之鑿鑿。

《隋書・經籍志》未著錄《易通卦驗》，黃震是第一個對其進行辨偽的人。黃震謂：

〔註32〕梁啓超《古書眞偽及其年代》，《梁啓超國學講錄兩種》，中國社會科學出版社，1997 年，第 172 頁。
〔註33〕國家文物局古文獻研究室等《河北定縣 40 號漢墓出土竹簡簡介》，《文物》，1981 年，第 8 期，第 12 頁。
〔註34〕《黃氏日抄》卷 57 讀《諸子三・乾坤鑿度》，《四庫全書》本，第 708 冊，第 455 頁。

《卦驗》有於七經於河洛之目，於理無所考，而亦矯孔子爲之辭。
首云「太皇之先，與耀合元，精五帝期，以序七神。」此不過爲無
所考以相欺。大率爲卦氣發，然僻書耳！〔註35〕

《易通卦驗》之僞，其性質與《乾坤鑿度》相同。卦氣之說，出於西漢孟喜，喜傳焦延壽，延壽傳京房，然訖隋禁絕。後有出現者，更不可能是孔子時所應有。故黃震首揭其僞。

《莊子》之書，唐陸德明在《經典釋文・序錄》中即認爲有後人增竄的部分。黃震因《莊子》中使用後世名詞，認爲《莊子》書中有僞作，曰：

莊子生於戰國，「六經」之名始於漢，而《莊子》之書稱「六經」，意《莊子》之書亦未盡出於莊子。〔註36〕

黃震認爲「六經」之名出於漢的觀點是否正確，值得商榷。《莊子・天運》篇明確提出「六經」一詞，載孔子對老聃說：「丘治《詩》、《書》、《禮》、《樂》、《易》、《春秋》六經，自以爲久矣」，老聃則說：「夫六經，先王之陳迹也，豈其所以迹哉」；《莊子・天下》篇則六經並稱，「《詩》以道志，《書》以道事，《禮》以道行，《樂》以道和，《易》以道陰陽，《春秋》以道名分」。提及「六經」的《天下》、《天運》等篇，確非莊周自著，宋以來辨之者已多。黃震之說，盡有啓迪之功。郎擎霄嘗論之云「東發斯種疑古之論，最精闢，爲開後世考證學之先河也。」〔註37〕

（四）判抄古書舊文者僞

如果書籍中抄襲古書舊文，則其書有僞之嫌疑。

黃震不僅從《六韜》使用後世的兵制、名詞和事實上辨其僞，而且從《六韜》抄襲古書舊文，無主見處辨其僞，葉適《習學記言》嘗言《六韜》有抄自《孫》、《吳》兵書者〔註38〕，黃震則分別羅列其證：

《六韜》言猶豫狐疑之戒，乃《吳子》之所已言也。言山兵者，即
《吳子》之谷戰。言澤兵者，即《吳子》之水戰。十四變，即《吳
子》之十三擊。十一卒，即《吳子》之五練。銳教戰，即其士先教

〔註35〕《黃氏日抄》卷57讀《諸子三・易通卦驗》，《四庫全書》本，第708冊，第456頁。

〔註36〕《黃氏日抄》卷55讀《諸子一・莊子》，《四庫全書》本，第708冊，第401頁。

〔註37〕郎擎霄《莊子學案》，天津市古籍書店，1990年，第339頁。

〔註38〕葉適《習學記言》卷46，上海古籍出版社，1992年，第426～427頁。

戒之說。分險，即其過敵溪谷之說。『雨不張蓋』等語出《尉繚子》
書。火戰等說亦備《孫子》書。而「涓涓不絕」等語，又遍集古書
者也。〔註39〕

《六韜・龍韜・軍勢篇》所言「猶豫狐疑之戒」，與《吳子・治兵第三》曰：
「凡兵戰之場，立尸之地，必死則生，幸生則死。其善將者，如坐漏船之中，
伏燒屋之下，使智者不及謀，勇者不及怒，受敵可也。故曰：用兵之害，猶
豫最大，三軍之災，生於狐疑」合。

《六韜・豹韜・鳥雲山兵》所言「山兵」，《吳子・應變第五》中「此謂
谷戰，雖眾不用。募吾材士與敵相當，輕足利兵以爲前行，分車列騎隱於四
旁，相去數里，無見其兵，敵必堅陳，進退不敢。於是出旌列旆，行出山外
營之，敵人必懼。車騎挑之，勿令得休。此谷戰之法也」已經言及。

《六韜・豹韜・鳥雲澤兵》所言「澤兵」，與《吳子・應變第五》「此謂
水戰，無用車騎，且留其傍。登高四望，必得水情，知其廣狹，盡其淺深，
乃可爲奇以勝之。敵若絕水，半渡而薄之」暗合。

《六韜・犬韜・武鋒篇》所言「十四變」，與《吳子・料敵第二》：「用兵
必須審敵虛實而趨其危。敵人遠來新至，行列未定，可擊；既食未設備，可
擊；奔走，可擊；勤勞，可擊；未得地利，可擊；失時不從，可擊；旌旗亂
動，可擊；涉長道後行未息，可擊；涉水半渡，可擊；險道狹路，可擊；陳
數移動，可擊；將離士卒，可擊；心怖，可擊。凡若此者，選銳衝之，分兵
繼之，急擊勿疑」暗合。

《六韜・犬韜・練士篇》所言「十一卒」，與《吳子・圖國第一》：「古之
明王，必謹君臣之禮，飾上下之儀，安集吏民，順俗而教，簡募良才，以備
不虞。昔齊桓募士五萬，以霸諸侯；晉文召爲前行四萬，以獲其志；秦繆置
陷陳三萬，以服鄰敵。故強國之君，必料其民。民有膽勇氣力者，聚爲一卒。
樂以進戰效力，以顯其忠勇者，聚爲一卒。能逾高超遠，輕足善走者，聚爲
一卒。王臣失位而欲見功於上者，聚爲一卒。棄城去守，欲除其醜者，聚爲
一卒。此五者，軍之練銳也。有此三千人，內出可以決圍，外入可以屠城矣」
暗合。

《六韜・犬韜・教戰篇》所言「銳教戰」，與《吳子・治兵第三》：「夫人

〔註39〕《黃氏日抄》卷58讀《諸子四・黃石公三略六韜》，《四庫全書》本，第708
冊，第461頁。

（當）〔常〕死其所不能，敗其所不便。故用兵之法：教戒爲先。一人學戰，教成十人；十人學戰，教成百人；百人學戰，教成千人；千人學戰，教成萬人；萬人學戰，教成三軍。以近待遠，以佚待勞，以飽待饑。圓而方之，坐而起之，行而止之，左而右之，前而後之，分而合之，結而解之。每變皆習，乃授其兵。是爲將事」暗合。

《六韜・豹韜・分險篇》所言「分險」，與《吳子・應變第五》：「〔遇〕諸丘陵、林谷、深山、大澤，疾行亟去，勿得從容。若高山深谷，卒然相遇，必先鼓譟而乘之，進弓與弩，且射且虜。審察其政，亂則擊之無疑」暗合。

《六韜》所言「雨不張蓋」，不知所出何處。《尉繚子・戰威篇》作「暑不張蓋」。

《六韜・虎韜・火戰篇》所言「火戰」，實際上《孫子・火攻第十二》：「凡攻火有五：一曰火人，二曰火積，三曰火輜，四曰火庫，五曰火隊。行火有因，因必素具。發火有時，起火有日。時者，天之燥也。日者，月在箕、壁、翼、軫也。凡此四者，風起之日也。火發於內，則早應之於外。火發，其兵靜而勿攻。極其火殃，可從而從之，不可從而止之。火可發於外，毋待於內，以時發之。火發上風，毋攻下風。畫風久，夜風止。凡軍必知五火之變，以數守之。故以火佐攻者明，以水佐攻者強。水可以絕，不可以奪。夫戰勝而得，不隨其攻者，凶，命之曰『費留』」已有此論。

經過黃震的辨僞，至梁啓超稱《六韜》爲「漢以後人僞撰」〔註40〕，《六韜》之僞已成定讞。1973 年河北定縣八角廊 40 號漢墓發掘出土了一批竹簡，其中有《儒家者言》、《文子》、《論語》、《六韜》等漢代佚籍。根據漢簡的簡型、內容和字體等被確認爲《六韜》的竹簡共有 144 枚，上有許多有文王、武王問、太公曰的字樣，與今本《六韜》內容相同或近似，證實了《六韜》絕非僞書，是僞書之說不攻自破。一部古籍在幾千年的流傳過程中，會出現各種各樣的問題，不能以我們想像的古人思想去看待古籍，這就要求我們對古人的辨僞方法和成果進行辨證分析。

二、就書籍的來歷辨僞

清末學者葉德輝說：「鑒別之道，必先自通知目錄始。」〔註41〕以前代古

〔註40〕梁啓超《中國近三百年學術史》，東方出版社，1996 年，第 316 頁。
〔註41〕葉德輝《藏書十約》，載《書林清話外二種》，北京燕山出版社，1999 年，第

籍目錄的著錄爲依據，看是否曾經著錄，如無著錄的證據，則可疑爲僞書。有些古籍前志著錄，後志不載，而隔代又重新出現，其眞實程度也頗可疑。這就是利用古籍目錄辨古書眞僞的方法。黃震因古籍的來歷不明，判其僞或可疑，就是如此。

《古三墳書》，從文獻資料來看，關於其記載是比較早的。《周禮》曰：「外史掌三皇五帝之書。」漢鄭玄、賈逵分別注解爲：「楚靈王所謂《三墳》、《五典》」，「《三墳》，三皇之書；《五典》，五帝之書。」形成這麼早的《三墳書》，自春秋、戰國以後，關於該書的記載卻沒有了，甚至連《漢書·藝文志》都未著錄，而直至宋代，該書卻又忽然從民間復出。

宋人毛漸序《三墳書》，敍述其發現《三墳書》的經過說：「《春秋左傳》云：『楚左史倚相能讀《三墳》、《五典》、《八索》、《九丘》。』孔安國序以爲伏羲、神農、黃帝之書。《漢書·藝文志》錄古書爲詳，而《三墳》之書不載，豈當漢而亡歟？元豐七年余奉使西京，至唐州北陽道，無郵亭，得《三墳書》於民家。《三墳》皆有《傳》，《墳》乃古文，而《傳》乃隸書。復有《姓紀》、《皇策》、《政典》之篇，文辭質略，信乎上古之遺書也。好事者往往指爲僞書。《胤征》引《政典》曰：『先時者殺無赦，不及時者殺無赦。』今《政典》之文頗合，豈後人能僞耶？」

由此，毛漸發現《三墳書》之前，它是藏在哪裏？爲什麼目錄書中沒有著錄？這甚令人可疑。故黃震說：「孔安國作《書序》，明言孔子去三墳而斷自唐虞二典爲書，今信安毛漸正仲乃稱元豐七年奉使京西，得《古三墳書》於唐州北陽道民間，爲僞固不待辨而知。」〔註42〕《四庫全書總目提要》認爲：「古來僞書之拙，莫過於是，故宋元以來，自鄭樵外無一人信者。至明何鏜刻入《漢魏叢書》，又題爲晉阮咸注，僞中之僞，益不足辨矣。」〔註43〕黃震之辨正確可從。

《關尹子》，舊題周關令尹喜撰。《漢書·藝文志》載「《關尹子》九篇。名喜，爲關史，老子過關，喜去史而從之。」可見，關尹喜與老子同時。隋、唐史志及宋朝國史志皆不著錄，可知古本亡佚已久。今本《關尹子》是南宋

334 頁。

〔註42〕《黃氏日抄》卷58 讀《諸子四·古三墳書》，《四庫全書》本，第 708 冊，第456 頁。

〔註43〕《四庫全書總目提要·經部·易類存目四附錄·古三墳》，海南出版社，1999年，第 68 頁。

孫蔵從孫定處求得。黃震辨《關尹子》之偽即從其來歷處著手，《關尹子》書前有漢劉向《敘錄》，說明其書出現的原委，云：「蓋公授曹相國參。相國薨，書葬。至孝武皇帝時，有方士來，以七篇上。」因此，黃震認爲此書的來歷可疑，曰「序以爲關尹喜之書，漢有方士來上，則其偽可知矣。」〔註44〕關尹喜本與老子同時，而其書卻由方外之士獻上，於情於理，皆不通。

今本《關尹子》爲偽書，證據確鑿。《關尹子》中的名詞多取自佛經，如「受想行知」、「眼耳鼻口心意」之類皆爲佛家用語，則黃震之辨是非常正確的。《四庫全書總目提要》亦因黃庭堅詩「尋師訪道魚千里」句已稱引《關尹子》語，故認爲今本未必出於南宋孫定；而疑今本爲「唐、五代方士解文章者所爲」〔註45〕。

三、對辨偽方法的認識

這五種辨偽方法，有時黃震只運用一種或兩種，有時運用到兩種以上。分析黃震所運用的辨偽方法，其就書籍的內容辨偽所用的四種方法是在朱熹辨偽方法的基礎上，進一步推闡加密；就書籍的來歷辨偽的方法卻爲黃震所首創。《黃氏日抄》的辨偽學中也體現出黃震繼承與創新的工夫。

明代胡應麟對辨偽方法作了總結，提出八條辨偽法則。胡應麟在《四部正訛》卷末的「覆偽書之道」中說：「覆之《七略》以觀其源，覆之群志以觀其緒，覆之並世之言以觀其稱，覆之異世之言以觀其述，覆之文以觀其體，覆之事以觀其時，覆之撰者以觀其託，覆之傳者以觀其人。覆茲八者，而古今贗籍亡隱情矣。」〔註46〕意思是說，遇有一部可疑的書，第一，查看最早的目錄書，看有無著錄；第二，檢閱歷代的《經籍志》、《藝文志》，考察其流傳情況；第三，看同時代人的著作，是否談到或徵引過這部書；第四，從後世人的著作中，看有無人引證或發揮過這部書的內容；第五，從文體上，看是否與作者同時代人的文風、用字相符；第六，從內容上，看是否與作者所處的時代之事實相合；第七，看作者姓名，是否爲依託；第八，看傳佈此書

〔註44〕《黃氏日抄》卷55讀《諸子一・關尹子》，《四庫全書》本，第708冊，第412頁。
〔註45〕《四庫全書總目提要・子部・道家類・關尹子》，海南出版社，1999年，第751頁。
〔註46〕胡應麟《少室山房筆叢・四部正訛下》，上海書店出版社，2001年，第322頁。

者，是些什麼人。

黃震所運用的辨偽方法基本與胡應麟所提出的辨偽法則暗合，而胡應麟所提出的辨偽法則較之黃震的辨偽方法又愈加精細。從朱熹到黃震，從黃震到胡應麟，從中可見辨偽方法之與日成熟，也可見黃震及其所用的辨偽方法在中國辨偽學史上佔有重要的一席之地。

但是囿於其理學的牢籠，黃震也對一些本來不應懷疑、不該否定的內容加以否定，如此容易造成打擊面過寬、辨之太過，造成「冤假錯案」。黃震定《抱朴子》爲偽僅僅是因爲《抱朴子》貽誤後世。黃震以爲莊子眞人、至人之寓言，猶未盡誤世；而抱朴子之長生術，則誤天下之愚不肖者多矣。謂所謂長生術，實乃違反自然生死之常理。析言之，則其導引之術，欲使人養胎息；房中之術則將致使人縱於情欲；又其金丹太藥之說，教人服金石而求延年。凡其立意固善，而其實則反成速死之具，貽誤甚大，故黃震定其爲偽書，謂「《抱朴子》其偽書哉！不然，葛稚川何以獨誤天下後世之愚、不肖者耶！」其意蓋以爲若能定其爲偽，則世人當不信其書，而可免爲所惑也。黃震辨《抱朴子》之偽寓有強烈的輔助教化之意。這一點有失去偽存眞的辨偽本義。因此黃震之後，胡應麟即對此提出異議，謂「黃東發詆洪不應以神仙誤天下後世，持論甚公，而以此書爲偽則失考。」〔註 47〕

儘管如此，瑕不掩瑜，《黃氏日抄》進步的辨偽方法仍不失爲中國辨偽學史上的重要的一環。

當然，黃震所用的辨偽方法只是就書論書，一般只能是揭示古書內容可能存在的種種矛盾。而現代考古學的成果在書籍之外提供了客觀依據。「在定縣八角廊出土了《文子》竹簡，更加強了其爲古書的論證。」〔註 48〕「銀雀山簡中又有《尉繚子》，證明這也實爲古書，《六韜》的情形也是一樣。古代兵家典籍的研究，於是得到可靠的依據。」〔註 49〕同時，出土簡帛的發現還啓示人們不能用靜止的眼光看古書，「研究新發現的大量簡帛書籍，與現存古書相對比，不難看到，在古書的產生和傳流的過程中，有下列十種值得注意的情況：第一，佚失無存；第二，名亡實存；第三，爲今本一部；第四，後人增廣；第五，後人修改；第六，經過重編；第七，合編成卷；第八，篇章

〔註 47〕胡應麟《少室山房筆叢・四部正訛中》，上海書店出版社，2001 年，第 309 頁。
〔註 48〕李學勤《簡帛佚籍與學術史》，江西教育出版社，2001 年，第 10 頁。
〔註 49〕李學勤《簡帛佚籍與學術史》，江西教育出版社，2001 年，第 11 頁。

單行；第九，異本並存；第十，改換文字。」〔註50〕而古代文獻成之者非一人，錄之者非一世的情況尤爲突出。

由此，「對古書形成和傳流的新認識，使我們知道，我國古代大多數典籍是很難用『眞』、『僞』二字來判斷的。」〔註51〕黃震在辨僞方法上做出了很大貢獻，但是其辨僞方法有被出土材料證明不能適用的情況，其局限性是時代的因素造成的，黃震沒有見到出土簡帛，這並不妨礙其在中國辨僞學史上的卓著地位。能以出土材料從事科學研究，這實在是我輩之幸。

第二節　大有可觀的辨僞成果

前人已經說某書爲僞的情況，即便不一定可信，至少該書值得懷疑，因此黃震重視前人的辨僞成果。前述黃震辨《鶡子》之僞即在葉夢得、高似孫的基礎上進行；辨《春秋繁露》之僞，是在《崇文總目》「疑後人取而附著」和程大昌《春秋繁露書後》「疑非董氏書」、「今書之非本眞」的基礎上，提出「隋、唐、國初《繁露》已未必皆董仲舒之舊。中興後，《繁露》又非隋、唐、國初之《繁露》」〔註52〕的觀點。

明代的辨僞學家胡應麟稱「凡四部書之僞者，子爲盛，經次之，史又次之，集差寡。」〔註53〕黃震在吸收利用前人辨僞成果的基礎上，對五十四部書籍，展開了辨僞的工作，其中絕大部分是子部書籍，成爲大規模地從事子書辨僞的第一人。黃震所辨多正確可從，影響後世甚巨。

一、辨僞成果之概覽

黃震《黃氏日抄》對五十四部古書進行辨僞質疑，取得了非常可觀的成果，下面就宋濂《諸子辨》、胡應麟《四部正訛》、姚際恒《古今僞書考》、梁啓超《古書眞僞及其年代》和《〈漢書·藝文志·諸子略〉考釋》中所辨書籍與黃震相同者進行比較，以見黃震辨僞成果之大概。爲行文方便，仿照梁啓超所作《宋胡姚所論列古書對照表》，將黃震的成果表述如下：

〔註50〕 李學勤《簡帛佚籍與學術史》，江西教育出版社，2001 年，第 11 頁。
〔註51〕 李學勤《簡帛佚籍與學術史》，江西教育出版社，2001 年，第 32 頁。
〔註52〕 《黃氏日抄》卷 56 讀《諸子二·春秋繁露》，《四庫全書》本，第 708 冊，第 447 頁。
〔註53〕 胡應麟《少室山房筆叢·四部正訛下》，上海書店出版社，2001 年，第 322 頁。

黃宋胡姚梁五家所論列古書對照表〔註54〕

書　名　　判　語	黃氏日抄	諸子辨	四部正訛	古今偽書考	古書眞偽及其年代與諸子考釋等
《老子》	隱士疾亂世而思無事者爲之	疑	戰國末人作		書出甚晚，概在莊周前後
《老子注》	偽				
《孔子家語》	闕疑			偽	偽
《孔叢子》	眞	偽	眞偽疑		晉人偽造，有依託孔臧語
《莊子》	未必盡出於莊子	《盜跖》、《漁父》、《說劍》疑後人剿入		《盜跖》、《漁父》、《說劍》、《讓王》非莊子作	《內篇》爲莊子所作，外、雜篇非莊子所作
《荀子》	眞	眞			內四、五篇有後人竄附痕迹
《揚子》	眞	眞			眞
《文中子》	後世附會	偽	眞偽相雜	偽	偽
《曾子》	不知誰所依仿爲之	《大孝篇》非曾子作			後人輯遺篇遺說而成
《子華子》	眞	偽	偽	宋以後人偽作	北宋人偽作
《管子》	龐雜重複，不出一人	非管仲自作	眞偽相雜	眞雜以偽	戰國末雜抄類書，誤題書名，內部分有偽
《列子》	非皆列子所作	後人會粹而成	眞雜以偽	漢明帝之後人附益	晉張湛偽作
《墨子》	眞	眞			內三四篇有竄亂痕迹

〔註54〕《黃氏日抄》之說以文淵閣《四庫全書》本爲準。宋濂之說以 1926 年樸社出版顧頡剛標點本《諸子辨》爲準。胡應麟之說以 2001 年上海書店出版社出版的《少室山房筆叢‧四部正訛》爲準，並參考梁啓超之說。姚際恒之說以 1933 年樸社出版顧頡剛校點《古今偽書考》爲準。梁啓超之說以《古書眞偽及其年代》（載《梁啓超國學講錄兩種》，中國社會科學出版社，1997 年）和《〈漢書‧藝文志‧諸子略〉考釋》（《梁啓超全集》第 8 冊，北京出版社，1999 年）爲準。

《文子》	作注的唐人默希子偽作	文姓之人祖老聃而託之者偽作	駁雜	不全偽，疑李暹所偽	偽中出偽，大半勦自《淮南子》
《亢倉子》	偽	偽	偽益	偽	唐以後人偽
《關尹子》	偽	疑即孫定偽作	偽	偽	唐以後人偽
《鶡冠子》	眞	不全偽	偽雜以眞	偽	魏晉以後偽
《鬻子》	戰國處士假託	非鬻雄自著	偽殘	偽	原書已依託，今本蓋魏晉後偽
《商子》	眞偽殆未可知	眞		偽	戰國末法家雜著，部分有偽，且誤題書名
《韓非子》	眞	眞			《初見秦篇》後人錯入
《鄧析子》	眞	眞			原書爲戰國人依託，今本爲戰國後所偽
《慎子》	眞	眞		偽	部分偽，部分殘
《公孫龍子》	眞	眞		偽	殘缺且有竄附
《尹文子》	眞	偽		偽	似劉向前依託
《淮南子》	眞	眞			眞
《抱朴子》	偽	眞	眞		
《劉子》	疑注者唐袁孝政作	非劉晝作	非劉晝作	未知誰作	
《聱隅子》	宋黃曄作	眞			
《化書》	齊丘作	譚峭著，齊丘竊	譚峭著，齊丘竊	未知誰作	
《子家子》	宋頤養正作				
《呂氏春秋》	眞				眞
《黃石公素書》	張商英偽作		張商英偽撰	張商英偽作	
《新語》	非陸賈本眞				似隋唐間偽補
《新書》	眞			偽	原佚，今本似補綴改竄而成
《新序》	眞				眞
《說苑》	殘斷錯誤，未必皆劉向本文				眞

《春秋繁露》	今書非本眞		訛	書不僞，書名僞	眞，然較《漢志》已佚多篇
《論衡》	眞				
《申鑒》	疑僞				
《乾坤鑿度》	僞託黃帝作		僞中僞		
《周易乾鑿度》	僞託孔子作		僞	宋人掇拾類書而成	僞託孔子作，今本僞中益僞
《易緯稽覽圖》	僞				
《易通卦驗》	僞託孔子作				
《周易參同契》	非魏伯陽作				
《周易參同契考異》	朱子作				
《古三墳書》	僞		僞		
《孫子》	孫武所作	眞	亡（無？）可疑	未知誰作	非孫武作
《吳子》	眞	眞	戰國人掇其議論而成	僞	
《司馬法》	眞	疑亦非僞	眞雜以僞	僞	
《唐太宗李衛公問對》	眞	後人依託	僞	僞	
《尉繚子》	眞	眞	亡（無？）可疑	僞	今本恐屬兵家
《三略》	非太公作	後人依託	非圯上老人作	僞	
《六韜》	非太公作	後人依託	僞	僞	依附周史六弢之名而僞撰
《陰符經》	僞		唐李筌僞	寇謙所作，李筌得之	戰國末人作，誤題黃帝之書
所辨書數	54	34	27	29	35

　　據上表統計，黃震所論辨之書凡五十四種，遠遠超過宋、胡、姚、梁四人所爲。與《黃氏日抄》的辨僞成果相比較，宋濂《諸子辨》三十四部書中與其結論相同或相似者爲二十三部，占其總數的大半；胡應麟《四部正訛》二十七部書中與其結論相似或相同者爲十七部，亦占其總數的大半；姚際恒《古今僞書考》二十九部書中與其結論相似或相同者爲十五部，差不多占其

總數的一半；梁啓超所辨三十五部書中，與其結論相似或相同者爲二十一部，亦占其總數的大半。

　　至於黃震的觀點與諸書不同的情況，多數情況下是黃震的觀點正確可從。關於《孔子家語》，姚際恒和梁啓超皆稱其僞，黃震則認爲：

> 孔子之言散見於經，不獨《論語》也。他如《莊》、《荀》諸書以及諸子百家，亦多傳述，第記載不同，辭氣頓異，往往各肖所記者之口吻，幾有毫釐千里之謬。至《家語》，莫考纂述何人，相傳爲孔子遺書，觀《相魯》、《儒行》及論禮樂等篇，揆諸聖經，若出一轍，乃各篇中似尚有可疑處。蓋傳聞異辭，述所傳聞又異辭，其間記載之不同，亦無足怪。或有竟疑是書爲漢人所僞託，此又不然。然盡信爲聖人之言，則亦泥古太甚。夫去聖已遠，何從質證，千載而下，儻有任道者出，體任微言，闡揚奧旨，與《莊》、《荀》及諸子百家所傳述，節而彙錄之，別爲一書，其有功於聖門匪淺鮮矣。〔註55〕

可見，黃震注意到古書傳世既久，學者加以增補，內容加多，與起初已大不同，這種情況既不能視其爲僞書，也不能定其爲聖人之本眞。

　　1977年，安徽阜陽雙古堆1號漢墓出土竹簡6000餘枚，內容有《詩經》、《蒼頡篇》等佚籍，都是現存最早的古本，同時出土的木牘文書中，許多語句在今本《孔子家語》中可以見到。李學勤先生據此認爲：「早在漢初確已有《家語》的原型，《史記》世家、列傳很可能參考過此書。劉向編集《說苑》，也收錄了其中文字。王肅作解的今本《家語》，大約就是在簡本的基礎上經過幾次擴充編纂形成的。」〔註56〕可見，李先生根據新發現的簡帛佚籍，斷定「今本《家語》久爲人所懷疑，指爲王肅僞作。從新發現看，《家語》還是有淵源的，只是多經增廣補輯而已。」〔註57〕黃震對《孔子家語》的闕疑態度被千百年下的新材料證明是正確的。

　　宋濂、胡應麟、姚際恒、梁啓超或稱《鶡冠子》僞，或稱其眞僞相雜，

〔註55〕《黃氏日抄》讀《孔子家語》，《四庫全書》本已散佚。轉引自《宋元學案》卷86《東發學案》，《黃宗羲全集》第6冊，浙江古籍出版社，1992年，第409～410頁。

〔註56〕李學勤《簡帛與漢初學術史》，《李學勤學術文化隨筆》，中國青年出版社，1999年，第370頁。

〔註57〕李學勤《簡帛佚籍與學術史》，江西教育出版社，2001年，第30頁。

而黃震認為《鶡冠子》為眞，則和者寡儔。1973 年長沙馬王堆出土的帛書《老子》卷前佚書《黃帝書》中，有不少與《鶡冠子》相同或相似的語句，李學勤先生據此認為「《鶡冠子》自唐代以來就被斥為偽書，現在看來，無疑是一種漢以前的子書，而且在道家的統系中非常重要。」〔註58〕「《鶡冠子》的年代比較清楚，它的上、下限連二十年都沒有。因為很明顯的是，龐煖死的年代是已知的，書中稱他作『龐子』，是龐煖學生的口吻，另外有些地方還避秦始皇的諱，可見一定也經過秦代。仔細考慮，這部書的時代不出戰國的最後幾年到秦代的焚書以前。」〔註59〕黃震之論正可謂千載有光。

二、辨偽成果之影響

前述《黃氏日抄》與宋濂《諸子辨》、胡應麟《四部正訛》、姚際恒《古今偽書考》、梁啓超《古書眞偽及其年代》等辨偽結語頗多契合。究竟後代學者在多大程度上重視《黃氏日抄》的辨偽成果也值得探究，這是反映黃震辨偽成果的一個側面。

宋濂於黃震之說多持異議。宋濂《諸子辨》辨《鬻子》、《文子》、《鶡冠子》、《劉子》、《聲隅子》皆反對黃震之說。其辨《鬻子》，云「黃氏疑為戰國處士偽託，則非也。」〔註60〕辨《文子》，云「黃氏屢發其（《文子》）偽，以為唐徐靈府作，亦不然也。其殆文姓之人，祖老聃而託之者歟？」〔註61〕辨《鶡冠子》，云「黃氏又謂『韓愈獵取二語之外，餘無留良者』，亦非知言也。」〔註62〕又謂「黃氏遂謂（《劉子》）孝政所託，亦非也。」〔註63〕辨《聲隅子》，云「黃氏間採其語，謂二氏反有所不及，非知言也。」〔註64〕宋濂直言黃震之誤，但其繼承黃震之說者亦頗多卻不予以說明，實際上宋濂之說有失公允，從其辨《文子》即可窺見。黃震為致疑之詞，宋濂也是假設之辭，在沒有其他佐證的前提下，二者本可以並存。而宋濂則是己非人，有失方家風範。宋濂在其論著中五次直接反對黃震之說，這恰好從反面說明他重視《黃氏日抄》

〔註58〕李學勤《簡帛佚籍與學術史》，江西教育出版社，2001 年，第 10 頁。

〔註59〕李學勤《走出疑古時代》，《走出疑古時代》，遼寧大學出版社，1994 年，第 15 頁。

〔註60〕（明）宋濂著、顧頡剛標點《諸子辨》，樸社，1926 年，第 1 頁。

〔註61〕（明）宋濂著、顧頡剛標點《諸子辨》，樸社，1926 年，第 9 頁。

〔註62〕（明）宋濂著、顧頡剛標點《諸子辨》，樸社，1926 年，第 13 頁。

〔註63〕（明）宋濂著、顧頡剛標點《諸子辨》，樸社，1926 年，第 39 頁。

〔註64〕（明）宋濂著、顧頡剛標點《諸子辨》，樸社，1926 年，第 44～45 頁。

的辨偽成果，以《黃氏日抄》爲主要的參考對象。

　　而胡應麟則直言不諱地說明自己很重視《黃氏日抄》，胡氏嘗云：「余少閱諸子書，輒思有所撰述以自附，而恒苦於二家之弗合，則於誦讀之暇，遍取前人詮擇辯難之舊，以及洪氏《隨筆》、晁氏《書志》、黃氏《日抄》、陳氏《解題》、馬氏《通考》、王氏《玉海》之評諸子者，……復稍傳諸作者履歷之概，會爲一編。」〔註65〕

　　胡應麟不僅於《九流緒論》中採摘黃震評論《列子》〔註66〕、《墨子》〔註67〕之語，而且於《四部正訛》中吸取其辨偽成果。胡氏採納黃震之說者，有《乾坤鑿度》、《鷸子》。胡應麟辨《乾坤鑿度》，曰「是書（《乾坤鑿度》）余尚疑爲近人掇拾者，讀黃氏《日鈔》詳載其言，政與今傳本合，乃信其爲宋世書。」〔註68〕其辨《鷸子》，曰「《鷸子》，前輩去取殊不一，宋太史謂『其文質，其義弘』，余讀之信然。第如王長公所稱『七大夫』，其名姓誠有可疑者，決匪商末、周初文字，黃東發以戰國依託，近之。」〔註69〕

　　而胡應麟對於黃震辨《文子》、《抱朴子》、《劉子》之說則不以爲然，曰：

　　　　《文子》九篇，元魏李暹注，稱老氏弟子，姓辛，葵丘濮上人。自柳子厚以爲駁書，而黃東發直以注者唐人徐靈府所撰。余以柳謂駁書是也，黃謂徐靈府撰則失於深考。案，班史《藝文志》道家有《文子》九篇，注云「老子弟子，與孔子同時而稱周平王問，似依託者。」則漢世固已疑之。及考梁目、《隋志》皆有此書，則自漢歷隋至唐固未嘗亡，而奚待於徐氏之偽？〔註70〕

　　　　《抱朴子》內外篇四十卷，晉葛洪稚川撰。洪以博洽名江左，身所著書殆六百餘卷，自漢以來稱撰述亡盛於洪，蓋篤志負才而遊方外也。黃東發詆洪不應以神仙誤天下後世，持論甚公，而以此書爲偽則失考。洪本傳明言《抱朴》諸篇，歷唐、宋以還未有疑其偽者。今讀其言，比物聯類，紆徐鬱茂，滑稽不窮。其外篇蓋擬王氏《論

〔註65〕胡應麟《少室山房筆叢・九流續論引》，上海書店出版社，2001年，第259頁。
〔註66〕胡應麟《少室山房筆叢・九流續論上》，上海書店出版社，2001年，第264頁。
〔註67〕胡應麟《少室山房筆叢・九流續論上》，上海書店出版社，2001年，第266頁。
〔註68〕胡應麟《少室山房筆叢・四部正訛上》，上海書店出版社，2001年，第292頁。
〔註69〕胡應麟《少室山房筆叢・四部正訛中》，上海書店出版社，2001年，第302頁。
〔註70〕胡應麟《少室山房筆叢・四部正訛中》，上海書店出版社，2001年，第304頁。

衡》，故旁引曲喻，必達其詞，雖時失繳冗，非淺見狹識所窺也。且
洪既為神仙之學，其異於吾儒勢固應爾，又曷僞焉。〔註71〕

黃東發直以袁孝政作（《劉子》），託名於畫，則亦未然。凡依託之書，
必前代聖賢墳籍，冀以取重廣傳。畫之聲價在六朝甚泯泯，即孝政
何苦託之？〔註72〕

胡應麟所糾東發之失，甚為中肯，斯為黃震之諍臣。不過，胡應麟也有失之
深考者。黃震辨《陰符經》，謂「言用兵而不能明其所以用兵，言修煉而不能
明其所以修煉，言鬼神而不能明其所以鬼神，蓋異端之士掇拾異說而本無所
定見者，豈其所以為陰符歟？」〔註73〕而胡應麟卻忽略了黃震之說，曰「前
人無取證者（《陰符經》），故餘首發之，俟博雅士定焉。」〔註74〕黃氏的首辨
之功不可奪。

梁啓超先生在《〈漢書·藝文志·諸子略〉考釋》中，辨管子作者之僞，
稱「黃震曰『《管子》之書，不知誰所集，乃龐雜重複，似不出一人之手』」，
以黃震的成果與葉適、朱熹並列，認為「此諸論皆切中其病，要之此書決非
管仲所作，無待深辨。」〔註75〕這說明梁先生不僅注意，而且吸收《黃氏日
抄》的辨僞成果。

可見《黃氏日抄》的辨僞成果對後代辨僞大家影響之巨，可以說黃震及
《黃氏日抄》的辨僞成果在中國辨僞學史上是舉足輕重的。

此外，《黃氏日抄》的辨僞成果中，還有以下兩個方面值得注意：

其一，探求造僞者。曾貽芬先生指出「繼續探求誰為造僞者的做法值得
注意，因考出造僞者，即可瞭解僞書出現的時代，還僞書的本來面貌，使其
成為研究某些問題的可信文獻。」〔註76〕《黃氏日抄》中，黃震探求造僞者，
有《文子》、《劉子》、《聲隅子》、《子家子》、《黃石公素書》，在辨僞的同時，
為後世提供了研究某些問題的可信文獻。

其二，分析真僞程度。通過黃震對所辨僞書的結語，可見，在《黃氏日

〔註71〕 胡應麟《少室山房筆叢·四部正訛中》，上海書店出版社，2001年，第309頁。
〔註72〕 胡應麟《少室山房筆叢·四部正訛中》，上海書店出版社，2001年，第310頁。
〔註73〕 《黃氏日抄》卷58讀《諸子四·陰符經》，《四庫全書》本，第708冊，第462頁。
〔註74〕 胡應麟《少室山房筆叢·四部正訛中》，上海書店出版社，2001年，第303頁。
〔註75〕 梁啓超《〈漢書·藝文志·諸子略〉考釋》，《梁啓超全集》第8冊，北京出版社，1999年，第4715頁。
〔註76〕 曾貽芬《胡應麟與古籍辨僞》，《史學史研究》，1996年，第1期，第69頁。

抄》中，黃震將所辨僞書的眞僞程度分爲眞、僞、疑僞、闕疑、半眞半僞、全
眞而小僞、眞僞雜糅等。這些關於書籍眞僞程度的結論是黃震的苦心結晶，後
世可以在黃震的研究成果上繼續進行辨僞證眞的工作。這一點，已經被宋濂
和胡應麟所證實。在辨僞的同時，爲身後的研究者提供了可資借鑒的參考。

第三節　發揮僞書的濟世價值

　　僞書並非全無價值，僞書有自己的歷史背景和內涵，若其僞造的時間和
背景能夠考辨清楚，則也可以用作研究該時代歷史問題的一種史料。

　　因此現代學者都注重僞書的史料價值，如梁啓超先生認爲僞書可以當做
類書利用，功用在存古書；保存古代的神話，可用來研究古代的文化和古民
族的心理；也有的保存古代的制度，也有的保存古代的思想。〔註77〕其實僞
書不僅具有史料價值，而且具有思想史價值，還是考察學術源流的依據和研
究辨僞學、進行其他辨僞的參考。〔註78〕

　　黃震辨僞書，並指明作僞者，但不因書廢言，「不以人廢言」〔註79〕，而
是重視僞書的濟世作用。黃震於諸子，辨僞之後即繼以舉其說之正偏而摘錄
之，如摘錄《列子》最粹和最舛者〔註80〕、《子華子》正偏者〔註81〕、《文
子》其言之偶合理者和其言之最害理者〔註82〕、《亢倉子》近理者和背理者
〔註83〕、《聱隅子》近於理者和繆戾者〔註84〕，勸善懲惡，歸之於理義，使後

〔註77〕梁啓超《古書眞僞及其年代》，《梁啓超國學講錄兩種》，中國社會科學出版社，
　　　　1997年，第188～189頁。
〔註78〕楊燕起、高國抗《中國歷史文獻學》，書目文獻出版社，1989年，第283～284
　　　　頁。
〔註79〕《黃氏日抄》卷55讀《諸子一・宋齊丘化書》，《四庫全書》本，第708冊，
　　　　第420頁。
〔註80〕《黃氏日抄》卷55讀《諸子一・列子》，《四庫全書》本，第708冊，第409
　　　　頁。
〔註81〕《黃氏日抄》卷55讀《諸子一・子華子》，《四庫全書》本，第708冊，第404
　　　　～405頁。
〔註82〕《黃氏日抄》卷55讀《諸子一・文子》，《四庫全書》本，第708冊，第411
　　　　頁。
〔註83〕《黃氏日抄》卷55讀《諸子一・亢倉子》，《四庫全書》本，第708冊，第411
　　　　頁。
〔註84〕《黃氏日抄》卷55讀《諸子一・聱隅子》，《四庫全書》本，第708冊，第419
　　　　頁。

學有所適從。

　　黃震於諸子說之正者，雖隻言片語，必加讚揚，以為法式。黃震以《老子》作者偽，是「隱士疾亂世而思無事者為之」〔註85〕，儘管如此，黃震卻重視《老子》中濟世的內容，「錄《老子》書之有補於世者，因其舊分二章」：

　　保身章第一：不見可欲，使心不亂。身與貨孰多？甚愛必大費，多藏必厚亡。知足不辱，知止不殆。知足之足，常足。輕諾必寡信，多易必多難。柔之能剛，弱之能強。強梁者不得其死。夫唯不爭，故天下莫能與之爭。故善人者，不善人之師；不善人者，善人之資。天下之道，其猶張弓乎？高者抑之，下者舉之。損有餘而補不足。金玉滿堂，莫之能守，富貴而驕，自違（當為『遺』）其咎，功成名遂身退，天之道。

　　保國章第二：天之道不爭而善勝。天得一以清，地得一以寧，王侯得一以為天下貞。江海所以能為百谷王者，以其善天下之夫。我有三寶，一曰慈，二曰倫，三曰不敢為天下先。人之所惡，惟孤、寡、不穀，而王公以為稱。治大國若烹小鮮。圖難於其易，為大於其細。為之於未有，治之於未亂。合抱之木，生於毫末；九層之臺，起於累土；千里之行，始於足下。聖人無常心，以百姓心為心。其政悶悶，其民淳淳；其政察察，其民缺缺。禍兮福之所倚，福兮禍之所伏。見小曰明，守柔曰強。以道佐人主者，不以兵強天下。師之所處，荊棘出焉。大軍之後，必有凶年。佳（衍）兵不祥之器，不得已而用之。戰勝以喪禮處之。含德之厚，比於赤子。〔註86〕

黃震所述「保身章」內容，按照順序採自《老子》第3、44、46、63、78、42、22、27、77、9章；「保國章」內容，按照順序採自《老子》第73、39、66、67、42、63、64、49、58、52、30、31、55 章。黃震摘錄《老子》的內容，並按照自己的思想，打亂其原有的順序，自出心裁地冠以「保身」、「保國」之名，不恰恰說明其重視發掘《老子》中有助於治道的內容嗎？

〔註85〕《黃氏日抄》卷55讀《諸子一‧老子》，《四庫全書》本，第708冊，第398頁。

〔註86〕《黃氏日抄》卷55讀《諸子一‧老子》，《四庫全書》本，第708冊，第399頁。

黃震認爲《莊子》「未必盡出於莊子」〔註87〕，仍摘錄《莊子》中的相關內容，按照內、外、雜篇的順序排列：

> 內篇：爲善無近名，緣督以爲經。仲尼曰：天下有大戒二，其一命也，其一義也。子之愛親，命也，不可解於心。臣之事君，義也，無適而非君也。無所逃於天地之間。是之謂大戒。是以夫事其親者，不擇地而安之，忠之盛也。知其不可奈何而安之，若命德之至也。

> 兩喜必多溢美之言，兩怒必多溢惡之言。

> 尅核太至，則必有不肖之心。應之無私，安時而處順。

> 外篇：麤而不可不陳者，法也；親而不可不廣者，仁也；節而不可不損者，禮也；一而不可不易者，道也。愛人利物謂之仁。上必無爲而用天下，下必有爲爲天下用，此不易之道也。夫尊卑先後，天地之行也，故聖人取象焉。宗廟尚親，朝廷尚尊，鄉黨尚齒，行事尚賢。

> 雜篇：無財謂之貧，學而不能行謂之病。貴賤之分在行事之美惡，平爲福，有餘爲害，物莫不然，而財其尤甚者也。〔註88〕

黃震所列按照順序，《內篇》，節錄其間之《養生主》、《人間世》；《外篇》，節錄其間之《在宥》、《天地》、《天道》；《雜篇》，節錄其間之《讓王》、《盜跖》。分析黃震所節錄的內容，雖按照原書的順序，實際上無一不益於「保身」與「保國」。黃震之用意亦深矣。

黃震雖認爲《說苑》「殘斷錯誤，非必皆劉向本文」，但卻指出「其指歸皆出於勸善懲惡，冀扶世教，雖不盡純而最多精語，過於諸子之雜書橫議遠矣，君子亦不可以不觀也。」〔註89〕《鬻子》，黃震認爲「必戰國處士假託之辭」，但是論其內容，卻謂「其語亦多可採，如『以知其身之惡而不改爲大忘』，如『以自謂賢者爲不肖』，如曰『察吏於民』，凡皆足以警世。」

〔註87〕《黃氏日抄》卷 55 讀《諸子一・莊子》，《四庫全書》本，第 708 冊，第 401 頁。

〔註88〕《黃氏日抄》卷 55 讀《諸子一・莊子》，《四庫全書》本，第 708 冊，第 400 頁。

〔註89〕《黃氏日抄》卷 56 讀《諸子二・說苑》，《四庫全書》本，第 708 冊，第 442 頁。

〔註90〕黃震以《子家子》爲「近世眉山頤養正所著」，但是「多律己處世之言，有補世俗，如世所編省心雜言之類。」〔註91〕黃震以《三略》、《六韜》「非太公所作」〔註92〕，但又曰「以義誅不義，若決江河而溉焰火，臨不測而擠於墜，其克必矣，所以優遊恬淡而不進者，重傷人物也。此語足以發明仁人用兵之本心。曰天下非一人之天下，乃天下之天下，亦至今爲名言。」〔註93〕

　　黃震雖辨僞，仍鉅細不捐，不厭其詳地搜羅其中有助於治道的內容，務爲有補於世，可見一斑。

　　顯然，經過黃震的整理，僞書的濟世作用被發揮得淋漓盡致。黃震認爲「諸子之書與凡文集之行於世者，雖累至千百言，但其中僅有一二合於理者」〔註94〕，黃震不厭其詳地「明道」，發揮這「一二合於理者」，務爲有補於世，與他對辨僞的重要性的認識是分不開的。黃震於咸淳四年輪對，云「夫天下之說，有眞有僞，有正有邪。邪者未能洞照，則正者非實得；僞者未能盡絕，則眞者尚雜粹。」可見，黃震認爲學說有正邪，書籍有眞僞，辨書籍眞僞是闡學說正邪的基礎。基於這種認識，《黃氏日抄》辨書之眞僞，繼而論其說之正邪，發揮其中的濟世作用。

　　這一特點的是非功過，後世固然言人人殊，但從當日的背景分析，實在是勢有必然。以道統維護者自居的黃震，對儒家學者沉溺諸子學說，怎能不痛心疾首？以前言往行矜式後人，反映出黃震深沉的經世致用思想。

　　黃震繼承朱熹，從書籍的內容和來歷出發，主要對子部書籍展開了大規模的辨僞工作，其成果多正確可從，後代宋濂、胡應麟、姚際恒、梁啓超受其影響頗深。黃震在辨僞的同時，又注意發揮僞書的濟世作用，因辨僞是廣義考證之一途，故黃震辨、論結合是與其考證學考論結合相適應的特點，體現出黃震思想積極入世的經世色彩。

〔註90〕《黃氏日抄》卷55讀《諸子一‧鶡子》，《四庫全書》本，第708冊，第412頁。

〔註91〕《黃氏日抄》卷55讀《諸子一‧子家子》，《四庫全書》本，第708冊，第420頁。

〔註92〕《黃氏日抄》卷58讀《諸子四‧黃石公三略六韜》，《四庫全書》本，第708冊，第460頁。

〔註93〕《黃氏日抄》卷58讀《諸子四‧黃石公三略六韜》，《四庫全書》本，第708冊，第460頁。

〔註94〕《黃氏日抄》卷33讀《本朝諸儒理學書一‧周子太極通書》，《四庫全書》本，第708冊，第3頁。

在《黃氏日抄》中，黃震全面匯總評議一切現有的研究成果，以一種洪爐鼓鑄的氣概進行四部文獻研究，反映出宋人治學門徑之廣與氣象之大。

《黃氏日抄》體現出黃震「著書陳治本，庶以回蒼穹」〔註95〕的思路，即通過著書立說，將文獻的求眞與思想的經世聯繫起來。

求眞與經世在本質上是統一的。求眞是文獻學學術性的根本原則，經世則是文獻學社會性的必然要求。求眞是經世的基礎，經世是求眞的提升。經世思想以文獻工作爲徵實的基礎，就不是離事而言理的馳騁空論；文獻工作借助經世思想，完成了理性認識的提升，兩者互爲依存，共同發展。

通過對文獻的注釋、考證、辨僞，黃震將考據與義理融合，實現了文獻求眞與思想經世的相互滲透與轉化，使文獻學從單純的整理走向了使用，使徵文考獻走向知人論世，從而重新確立了思想經典系統。

黃震的注釋學，主張由字通詞，由詞明道；考證學，以考證爲基礎，考論結合；辨僞學，兼重僞書的濟世作用。這樣，黃震通過觀照歷史，而矚目現實，傳揚禮教，接續薪火，其考據取向是帶有問題意識的，是手段，其目的則是經世。

全祖望所撰《澤山書院記》云：「朱徽公之學統，累傳之雙峰、北溪諸子，流入訓詁派。迨至咸淳（度宗年號）而後，北山、仁山、魯齋起於婺（金華），先生（東發）起於明（四明），所造博大精深，徽公瓣香爲之重振。」〔註96〕就《黃氏日抄》的注釋學、考證學、辨僞學而言，可堪此博大精深之論。

〔註95〕顧炎武《贈衛處士嵩》，《亭林詩集》卷5，《顧亭林詩文集》，中華書局，1983年，第426頁。
〔註96〕轉引自《宋元學案》卷86《東發學案》，《黃宗羲全集》第6冊，浙江古籍出版社，1992年，第396頁。